# 情報処理エンジニア 職業ガイド

## プログラマ・ITエンジニア・SEのための
## キャリアデザイン

豊沢 聡／大間 哲●共著　加藤ゆきの●イラスト

本書で取り上げられているシステム名／製品名は、一般に開発各社の登録商標／商品名です。本書では、™および®マークは明記していません。本書に掲載されている団体／商品に対して、その商標権を侵害する意図は一切ありません。本書で紹介しているURLや各サイトの内容は変更される場合があります。

# はじめに

　コンピュータにかかわりのある仕事をしたいと思っている人は多いでしょう。

　ソーシャルネットワークで友だちとつながったり、オンラインショッピングをしたり、映像や電子書籍などのデジタルコンテンツを楽しんだりと、その技術が身近なのが理由でしょう。また、政府や産業界やマスコミが IT だ AI だ IP だとよくわからない略語を交えて騒いでいるので、旬な話題と思ったからかもしれません。将来なりたいものといえば野球選手やお花屋さんだった小学生たちも、今ではゲーム制作者やユーチューバーを挙げるようになっています。

　しかし、具体的にどんな仕事かとなると、プログラマやシステムエンジニアくらいしか出てこないのではないでしょうか。仕事内容も、ぼんやりと想像できるくらいです。就職してその先のキャリアにいたっては見当もつきません。

　本書は、コンピュータソフトウェアエンジニアリングにかかわる約 120 種の職を具体的な求人例を引きながら紹介したものです。各職では、職務内容と必要な技能を示したので、何をするのか、どのような知識や経験が求められているのかがわかるようになっています。ソフトウェア業界に進もうとは思うものの仕事の具体的なイメージのわかない学生さん、あるいは次のステップを模索しているエンジニアの皆さんなら、各職の特徴を他と対照しながら調べるハンドブックとして利用できます。教育機関で就職支援をされる教職員、就職センターやキャリアコンサルタントの方々なら、それぞれの職で必要とされる技能や経歴を調べるのに活用できます。米国を中心とした英語圏の最近の求人例を参考にしているので、先駆的な人事制度やポジションを考えているコンピュータ関連企業の人事担当の方にも参考になると思います。

　とはいうものの、残念ながら、これでソフトウェアエンジニア職すべてをカバーできたわけではありません。もちろん、労働統計や求人サイトの見出しに登場する一般的な職は積極的に採用していますが、取捨選択には筆者らのこれまでの業界経験が作用しており、バイアスがかかっていないとはいえません。しかも、ポピュラーでもなさそうなのに、筆者らがこんな仕事ならやってみたいと思っただけで掲載したものもあります。読者のご宥恕を乞う次第です。

本書の企画は、コンピュータ業界に長く身を置いている筆者らでも聞いたこともない、周りにもいない職がたくさんあることに驚いたところからスタートしています。

　「13歳のハローワーク」もあります[1]。理工系、特にコンピュータ系の仕事が手薄に思え、その分野の適切な紹介が必要だと感じたのも、モチベーションのひとつです。もっとも、実際に着手すると、バランスよく主要な職を列挙するのがいかに困難かわかりました。しかも、「13歳のハローワーク 公式サイト」に掲載されている1,000ちょっと（執筆時点の数）の職業のうち、コンピュータ技術関連が約3%を占めていることも遅まきながら知りました。3%というと少なさそうですが、日本の労働者人口に対するIT系従事者の割合が1.3%程度なので、他の職よりも多く紹介されているといってよいでしょう[2]。

　本書の大部分は120種の職を並べている便欄のようなものですが、末尾の章では、これからのキャリアを設計する上で便利な方法を説明しました。自分に合う生き方、そしてそれを実現する職を探すにあたって、本書を羅針盤として活用していただければ幸いです。

著者一同

---

[1] 　村上龍，はまのゆか：「13歳のハローワーク」，幻冬舎.

[2] 　統計は2017年度のもの。労働者人口は総務省統計局からで6,750万人、IT人材数は経済産業省からで約90万人として計算しています。もっとも、値は定義や調査方法で変わってくるので、1.3%は目安程度です。

## ● 本書の構成

　本書掲載のコンピュータソフトウェアエンジニア職は、コンピュータ関連学術団体の ACM と IEEE が示す大学カリキュラムの分類に従ってそれぞれの分野別の章に収録しました。

- 第 1 章はソフトウェア工学（Software Engineering）にかかわる職です。要求分析、設計、開発、テスト、品質管理、運用、保守といったソフトウェア開発工程を内包する開発職で、いわゆるソフトウェアエンジニアです。プログラマもこのカテゴリーに含まれますが、より広い範囲をカバーしています。
- 第 2 章は情報システム（Information Systems）の職です。ソフトウェアやハードウェアを直接には開発しませんが、これらの要素を組み合わせてコンピュータシステムを構築する職で、システムエンジニアです。ただし、この章でも説明しますが、日本で SE と総称される職とはニュアンスが異なります。
- 第 3 章は情報技術（Information Technology）の職です。第 1 章、第 2 章の職がモノを作り上げることに力点を置いているのに対し、このカテゴリーはそうして作られたコンピュータを効果的に利用することが主目的です。略すと IT で、コンピュータ関連ならなんでも総称する略語として日本では扱われがちですが、本書では英語圏の定義に従ってより限定的にこの語を用います。コンピュータ関連ならなんでも包括する職業カテゴリーは、本書では「コンピュータ関連職」と呼びます。
- 第 4 章はコンピュータ科学（Computer Science）の職です。第 1 章から第 3 章の活動のもととなる基盤知識を生み出す科学的な活動に従事します。工学に対する物理、化学、数学といった自然科学分野に相当します。
- 第 5 章はその他の職です。ここには、第 1 章から第 4 章にかかわる活動の管理やサポートなど、技術そのものが仕事の中心ではないものの、技術にはある程度明るいことが求められる職を収録しています。たとえば、開発工程を管理するプロジェクトマネージャ、技術文書を書くテクニカルライター、技術を教えるインストラクターなどです。

　各章の冒頭では、その分野の説明、分野に共通する職の概要、そしてキャリアパスにかかわるトピックを示しました。いずれの章も職種別に節で分けていますが、

v

おおむね一般的な職種から専門性の高い職種の順に並べてあります。また、それぞれの節では、初心者レベルから難易度が高い、あるいは専門性の強い職へとレベルアップしていく順にリストアップしています。

最後の第6章では、キャリアデザインを取り上げます。まずキャリアデザインの考え方から始め、実際にキャリアデザインを行う方法を具体例を挙げて説明します。続いては、コンピュータ関連の仕事環境におけるキャリアパスの描き方を、第1〜5章の情報を用いて考えます。

最初から通読する必要はありません。必要に応じて、必要な箇所だけ読んでくれてかまいません。

## ● 本書掲載の職について

前述の章立てからわかるように、本書で取り上げているのはコンピュータソフトウェア系のエンジニアあるいはその周辺の職だけです。コンピュータを活用するものの技術的ではない職、たとえばゲームストーリーライター、ユーチューバー、CGアーティストなどは取り上げていません。また、紙面の都合からソフトウェア系に限っているので、回路設計や半導体製造などハードウェアや素材開発といったコンピュータ工学系も割愛しています。ハードウェア指向の方々には、ソフトウェア屋の筆者らの怠慢をお詫び申し上げます。

参照した求人サイト、大学、労働統計はいずれも米国を主とした英語圏のものです。

それぞれの職で参照している求人例は、これらの情報からエッセンスを抽出して数段落でまとめたものです。1段落目が職務内容、2段落目が要求される技術および経験です。求められる認証資格は各項目では名称くらいにとどめ、まとめて付録Aに説明を記載しました。その他の要求条件は、特記すべきものがあれば3段落目に加えました。技術そのものを避けることはできませんが、専門家を相手にした専門的な記述はわかりやすいように言い換えています。そのため、技術的には正確ではない記述もありますが、ご容赦ください。

求人には正社員（長期雇用）やパートタイムなど雇用形態が記載されていますが、これらは本文から省いています。同様に、雇用条件や福利厚生制度などの特典も省きました。参考までに、それらはまとめてそれぞれ付録Bと付録Cに掲載しました。

日本の求人例は含まれていませんが、これは意図的なものです。

日本の求人も、最近では中途採用のものは職務や技能の記述が充実してきているので、職の具体的イメージはつかみやすくなってきました。しかし、ひとつの求人に複数の職やポジションを盛り込んでいるためか、求人元の望みがあいまいです。たとえば、とある大手総合エレクトロニクスメーカーの中途採用向けのソフトウェア開発者の求人に列挙されている技術は「AI、IoT、ブロックチェーン、モバイル、クラウド、ディープラーニング、ビッグデータ、アナリティックス、Elasticsearchおよび Kibana、Mattermost など主としてオープンソース系の最先端技術」で、ターゲットが絞れているとはいえません。また、ポジションや待遇も不明瞭です。初級なのか上級なのかといった社内での地位（イコール給与水準）および要求される技術レベル、単体実装担当なのか全体を掌握するアーキテクトなのかという仕事の範囲がわからないと、自分の現在の立ち位置と職をマッチできませんし、ましてやキャリアパスを描くのは困難です。加えて、日本の労働市場は年齢制限がある、内部登用が多い、年季を経ると技術から遠ざかる傾向が現実にはあり、上級レベルのエンジニア職の事例が少ないこともあります。

これは、日本では会社全体として新卒一括採用をし、のちに部署に割り振る手順が主流のためでしょう。また、どこの部署でも通用するジェネラリストが好まれるため、広く浅くとったほうが融通がきくという思惑もあるでしょう。

これに対し、英語圏の求人は求める職務をきわめて限定するため、その職の内容や要求レベルを読み取るのに適しています。また、エントリーからエキスパートまで幅広いレベルの職が求人されており、キャリアパスを考える上でも参考になります。

さらに、本書に示したどちらかといえば新しめな職種や職名も、技術そのものと同時に日本にも導入されることが見込まれるので、将来を見込んだ職を盛り込めるというメリットもあります。昨今では就職活動もグローバル化しており、同じ会社であっても日本と海外では採用基準が異なることもまれではありません。そうしたグローバルな環境を志向する方にも、本書の情報は有益だと思います。

# 目次

はじめに .................................................................................. iii

## 1 ソフトウェア工学 .................................................................. 1

ソフトウェアエンジニア .................................................................. 2
職業としてのソフトウェアエンジニア .................................................. 2

### 1.1 ソフトウェア開発者（一般） ...................................................... 4

　コラム 「職級」 ----------------------------------------------------------- 5
ソフトウェア開発インターン ............................................................ 6
ソフトウェア開発者・初級 .............................................................. 7
ソフトウェア開発者・中級 .............................................................. 9
ソフトウェア開発者・上級 ............................................................. 10
ソフトウェアアーキテクト ............................................................. 13

### 1.2 ソフトウェア開発者（対象別） .................................................. 15

Python 開発者 ........................................................................... 16
C/C++ 開発者 ............................................................................ 17
COBOL・メインフレーム開発者 ....................................................... 19
　コラム 「プログラミング言語トップ 10」 -------------------------- 20
プログラマアナリスト .................................................................. 22
組み込みソフトウェアプログラマ .................................................... 23
ゲームプレイプログラマ .............................................................. 25
GPU プログラマ ........................................................................ 26
IoT ソフトウェアエンジニア ......................................................... 28
ブロックチェーンエンジニア ........................................................ 30
API 開発者 ............................................................................... 31
コンパイラ開発者 ...................................................................... 33

### 1.3 ウェブ開発者 ........................................................................ 34

フロントエンド開発者 ................................................................. 36

ix

バックエンド開発者 ..................................................... 37

フルスタック開発者 ..................................................... 39

## 1.4 デジタル信号処理エンジニア .................................. 40

オーディオ信号処理エンジニア ..................................... 41

画像処理エンジニア ..................................................... 42

ソフトウェア信号処理エンジニア ................................. 45

コラム 「国籍条項」 ------------------------------------------------- 46

自動運転エンジニア ..................................................... 46

## 1.5 グラフィックスエンジニア ...................................... 48

3DCG エンジニア ........................................................ 49

VR エンジニア ............................................................ 50

テクニカルアーティスト ............................................... 51

## 1.6 開発工程管理 ........................................................... 52

ソフトウェアビルドエンジニア ..................................... 53

ソフトウェアテストエンジニア ..................................... 54

リリース管理エンジニア ............................................... 55

## 1.7 その他 .................................................................... 57

UI/UX デザイナー ....................................................... 57

国際化エンジニア ........................................................ 59

# 2 情報システム ................................................................ 63

情報システムエンジニア ............................................... 64

職業としてのシステムエンジニア ................................. 66

## 2.1 営業エンジニア ....................................................... 66

プリセールスエンジニア ............................................... 68

ポストセールスエンジニア ........................................... 69

営業エンジニア ........................................................... 71

コラム 「新人レベルに最もポピュラーな職種」 ----------------- 73

アカウント営業エンジニア ........................................... 74

営業ソリューションアーキテクト ................................. 75

**2.2　フィールドエンジニア** ......................................................**77**

　フィールドエンジニア ................................................................78

　　　コラム　「身体負担のある職業」------------------------------**80**

　システム設置エンジニア .............................................................80

**2.3　データベースエンジニア** ....................................................**81**

　データベースエンジニア .............................................................83

　NoSQL データベースエンジニア .................................................84

　SQL プログラマ ........................................................................86

　ETL プログラマ ........................................................................87

　データアーキテクト ..................................................................89

　　　コラム　「一番儲かるコンピュータエンジニア職は」----------**91**

　データモデラー .........................................................................92

　ビジネスインテリジェンスエンジニア .........................................94

**2.4　エンタープライズソフトウェアエンジニア** .....................**96**

　CRM エンジニア ........................................................................97

　ERP エンジニア .........................................................................99

　EHR エンジニア ......................................................................100

**2.5　アナリスト** ............................................................................**102**

　データアナリスト ....................................................................103

　ビジネスアナリスト .................................................................104

　ワークフローアナリスト ..........................................................107

　システムアナリスト .................................................................108

**2.6　コンサルタント** ...................................................................**109**

　営業コンサルタント .................................................................111

　対外コンサルタント .................................................................113

　情報セキュリティコンサルタント .............................................114

**2.7　スペシャリスト** ...................................................................**116**

　ネットワークシステムエンジニア .............................................117

　クラウドエンジニア .................................................................120

　サイト信頼性エンジニア ..........................................................122

　CAE エンジニア ......................................................................123

　セキュリティエンジニア ..........................................................125

　　　コラム　「セキュリティとゲーマー」------------------------------**126**

xi

RPA スペシャリスト ............................................................................ 127

VFX パイプラインエンジニア ........................................................... 128

# 3 情報技術 .................................................................... 131

IT エンジニア ..................................................................................... 132

職業としての IT エンジニア ............................................................. 133

## 3.1 オペレータ .......................................................................134

IT オペレータ ..................................................................................... 134

ネットワークオペレータ .................................................................. 137

IT システム導入オペレータ ............................................................. 139

IT 資産管理オペレータ ...................................................................... 141

IT オペレーションアナリスト ......................................................... 143

## 3.2 システム管理者 ...............................................................145

システム管理者 .................................................................................. 146

仮想化システム管理者 ...................................................................... 148

データベース管理者 .......................................................................... 149

ネットワーク管理者 .......................................................................... 151

ウェブ管理者 ...................................................................................... 152

## 3.3 技術サポートエンジニア ..............................................154

顧客サービス担当 .............................................................................. 157

技術サポートエンジニア・レベル 1 .............................................. 158

技術サポートエンジニア・レベル 2 .............................................. 160

技術サポートエンジニア・レベル 3 .............................................. 161

コラム 「上級サポート職と開発職」 .................................... 163

IoT サポートエンジニア .................................................................... 163

DevOps エンジニア ............................................................................ 165

## 3.4 その他 ................................................................................167

技術助監督 .......................................................................................... 167

IT コーディネータ ............................................................................. 168

# 4 コンピュータ科学 ......... 171

コンピュータサイエンティスト ....................................... 172

職業としてのコンピュータサイエンティスト ....................................... 174

## 4.1 基礎系 ....................................... 174

コンピュータサイエンティスト ....................................... 175

人工知能サイエンティスト ....................................... 177

プログラミング言語サイエンティスト ....................................... 179

## 4.2 応用系 ....................................... 181

コラム 「博士（はくし）が 100 にんいるむら」 ------------- 182

人工知能サイエンティスト（応用） ....................................... 182

自然言語処理サイエンティスト ....................................... 183

画像処理サイエンティスト ....................................... 185

コンピュータグラフィックスサイエンティスト ....................................... 187

データサイエンティスト ....................................... 189

通信システムサイエンティスト ....................................... 191

ユーザインタフェースサイエンティスト ....................................... 192

## 4.3 複合系 ....................................... 194

計算化学サイエンティスト ....................................... 194

生物計算学サイエンティスト ....................................... 195

社会科学系コンピュータサイエンティスト ....................................... 196

# 5 その他 ......... 199

## 5.1 技術マネージャ ....................................... 199

プロジェクトマネージャ ....................................... 200

プロダクトマネージャ ....................................... 203

プログラムマネージャ ....................................... 204

IT 変更管理マネージャ ....................................... 206

最高情報責任者 ....................................... 208

コラム 「CIO になるための 5 つのステップ」 ------------------ 209

## 5.2 文書・デザイン ....................................... 210

テクニカルライター ....................................... 210

xiii

ローカライゼーションスペシャリスト .................................................. 212

翻訳家 .................................................................................................. 214

コラム 「言語の熟達レベル」 ----------------------------------------------**215**

UI/UX コピーライター .......................................................................... 216

SEO スペシャリスト .............................................................................. 218

テクニカルアーティスト ........................................................................ 219

## 5.3 教育 .................................................................................... 220

教材開発者 ........................................................................................... 222

インストラクター .................................................................................. 223

## 5.4 法務 .................................................................................... 225

知的財産パラリーガル ........................................................................... 225

特許分類付与担当 .................................................................................. 227

カウンセル ........................................................................................... 228

IT コンプライアンスアナリスト ............................................................. 229

データ保護責任者 .................................................................................. 232

デジタル法科学者 .................................................................................. 234

AML スペシャリスト ............................................................................. 235

## 5.5 その他 ................................................................................ 237

ゲーム店店員 ........................................................................................ 237

通信料金分析担当 .................................................................................. 237

データ入力事務員 .................................................................................. 239


# 6 キャリアデザインの実践 ................................................. 241

## 6.1 キャリアデザインとは .......................................................... 242

## 6.2 キャリアデザインの実践 ....................................................... 243

ライフラインチャート（過去）................................................................ 244

バリューカード ..................................................................................... 248

ライフラインチャート（未来）................................................................ 252

Want-Can-Must 図 ................................................................................ 253

今後のキャリアデザイン ........................................................................ 257

## 6.3 コンピュータ関連職のキャリアパス ..................................................258

一般的なキャリアパス ..................................................259

キャリアパス上の障害と考え方 ..................................................263

キャリアパス再訪 ..................................................264

## 6.4 キャリア相談 ..................................................264

## 6.5 おわりに ..................................................267

# 付 録 ..................................................269

## 付録A 認定資格 ..................................................269

## 付録B 雇用形態 ..................................................276

問題が生じたら ..................................................281

## 付録C 特典 ..................................................283

## 付録D キャリアデザインツールキット ..................................................290

ライフラインチャート ..................................................290

バリューカード ..................................................291

Want-Can-Must 図 ..................................................292

# 索 引 ..................................................293

# 1

## ソフトウェア工学

　ソフトウェア工学（Software Engineering）はソフトウェア（プログラム）の要求分析、設計、開発、テスト、品質管理、運用、保守にかかわる工学分野です。「工学」とあるように、コンピュータ科学（第 4 章）で得られた基礎知識を応用し、経済性、実用性といった制約のもと、目標を達成するベストなソフトウェアを生み出すことを目的としています。

　学術分野としてのソフトウェア工学には次のトピックが含まれます。

- 要求分析と仕様化
- 開発手法
- ソフトウェアモデル
- ソフトウェア設計（アーキテクチャ、ハードウェア、データモデルとその実装、トレードオフ解析、ヒューマンインタフェースを含む）
- プロセス解析
- ソフトウェアセキュリティ
- テスト手法
- 品質管理
- プロジェクト管理

　ソフトウェア工学とコンピュータ科学の違いは、あまり明確ではありません。モノづくりの立場からコンピュータの新しい知識を生み出すエンジニアもいれば、実

1

用的なソフトウェアを書くサイエンティストもいるからです。あえていえば、コンピュータ科学は理論的側面を扱い、ソフトウェア工学はその成果物を利用するという分けかたが一般的です。たとえば、プログラム言語そのものを設計するのはコンピュータサイエンティストで、それを使って実際に動作するアプリケーションを構築するのがソフトウェア開発者です。

## ● ソフトウェアエンジニア

ソフトウェアエンジニア（Software Engineer）はソフトウェア工学の知識と技術を用いてソフトウェアを生み出していく職です。一般にプログラマと呼ばれる職はこれに含まれます。

もっとも、ソフトウェアエンジニアはプログラムを書くだけの存在ではありません。ソフトウェアの設計にあたっては、ユーザの顕在的潜在的なニーズを満たし、実用性を高めるようにユーザの要求を分析します。そして、要求を技術的な言葉で書き起こした仕様を作成します。設計では、最終的な製品からバグを減らし、信頼性を高くし、メンテナンスも容易になるように考察もします。コストも重要な観点のひとつです。ひとつのプログラムは、それぞれ個別に作成する多数のモジュールや外部から導入するライブラリを組み立てることで構築されますが、これらの要素のそれぞれの関係や組み立てかたを決めるのも仕事のうちです。ソフトウェアができあがったら、もともとのユーザニーズを満たしているか、バグがないか、性能上の問題はないか、安定しているかなど品質を評価します。また、こうした活動を担当する多くのエンジニアを集めたソフトウェア開発プロジェクトを円滑に実行するべく、スケジュールやリソース（人員や資材）を管理します。

## ● 職業としてのソフトウェアエンジニア

ソフトウェア開発にかかわる活動は上記のように多岐にわたりますが、ひとりのエンジニアがすべてをカバーすることはまずありません。プログラマはプログラムを書くこと、品質管理担当はテスト項目を作成してそれを実施することにそれぞれ専念します。したがって、それぞれの担当別に固有の職が用意されています。「ソフトウェアエンジニア」のようなおおざっぱなポジションもないわけではないですが、それは新人向けであったり、ソフトウェア開発がその組織の主な業務ではない補助的な役割であることがほとんどです。

もちろん、どの活動もソフトウェア開発には必須なものなので、専門家でなくともその要領をある程度はわきまえていなければなりません。少人数で開発をする小規模なプロジェクトや組織では、専門家ほどうまくはできなくとも、ひとりでいくつもの活動を担当せざるをえないこともあるからです。

　ソフトウェアエンジニアのキャリアパスも他の職業同様、多様です。

　まず、狭い守備範囲から始め、経験を積むに従い、徐々に大局的な考え方が要求される戦略的なポジションへ上がるという道筋があります。たとえば、コンピュータ工学あるいはソフトウェア工学を大学で修めたのち、ひとつのモジュールを仕様どおりに作成するプログラマから始めます。その後は、自分で仕様を書くような上級の開発者になり、その先は、製品全体の構造を設計するソフトウェアアーキテクトへと進みます。また、その過程で扱える言語やツールを増やしていくことで、カバーできる要求や実装も広げていきます。

　ソフトウェアが利用される分野の知識を深めていくというパスもあります。仕様も書ける上級ソフトウェア開発者になれば、たとえばこれまでの銀行システムソフトウェア開発の経験から金融系の知識が蓄えられています。医療情報処理ソフトウェアなら医療関係の知識です。そこから、金融業界固有の商品や業務プロセス（手続き）、要求条件、法令などの知識をベースに、金融システム専門ソフトウェア開発者へと発展します。

　経験を積むにつれ、開発手法、モデリング、システム解析、要求分析、品質管理といった開発を支援する各種の専門知識も身についてきます。年季を経てそれら専門職へと進むのも、ソフトウェアエンジニアによくあるキャリアパスです。もちろん、これらの領域を専攻する大学のコースもあり、新卒からその道に飛び込むこともできます。逆に、品質管理からソフトウェア開発に戻ってくることもあるので、そちらが最終到達地点というわけではありません。

　ソフトウェア開発ではなく、たとえばシステム工学（第2章）分野のビジネス要求分析職、あるいは情報技術（第3章）分野のサポート職へと転身することも当然あります。プロジェクトを管理するプロジェクトマネージャ、あるいはソフトウェア製品の開発戦略を担うプロダクトマネージャのような、コンピュータ技術にはじかには触れない技術管理職へと進むこともあるでしょう（第5章）。ただし、システムエンジニアやITエンジニアからソフトウェア開発に進む逆の道は、日常的にプログラミングをしていなければ、やや険しいです。そういう意味では、ソフト

3

ウェア開発職は（技術的な職という範囲内では）他よりもやや自由度が高いといえます。

ソフトウェアはほとんどすべての企業活動に必須なため、ソフトウェアそのものの製造販売会社以外でもソフトウェア開発者が求められています。大規模なデータを扱う官公庁、軍や警察、金融、教育などはお仕着せの製品だけでなく、自分たちの目的に合ったソフトウェアの自社開発やカスタマイズも多いため、求人も活発です。しかし、分野によって要求される技術レベルが異なる点には注意が必要です。ソフトウェアや情報システムと本来的にそれほど関係のない産業や会社では、簡単な実装くらいしか要求されず、スキルの向上が望めない可能性もあります。かといって、新卒からいきなり Google や Facebook の開発者になるのは難しいのも確かです。自分のスキルの方向やそのための経験を積む機会があるかを考えながら、就職先を選んでいかなければなりません。

# 1.1　ソフトウェア開発者（一般）

プログラミング言語を用いてソフトウェアを書くのがソフトウェア開発者（Software Developer）です。いわゆるプログラマ（Programmer）です。

アプリケーション開発者（Application Developer）とも呼ばれます。アプリケーションは特定の目的のために特定のユーザに供するソフトウェアという意味なので、ソフトウェア開発者の大半はアプリケーション開発者だからです。もちろんオペレーティングシステム、デバイスドライバ、ネットワークプロトコル処理などエンドユーザが直接タッチしない基盤的なソフトウェアもありますが、この手の求人は数が限られます。

ソフトウェア開発者の職は主として技能レベル別と開発対象別にわけることができます。本節では前者を、次節では後者を扱います。技能レベルで最もわかりやすいのは数値でのレベル分けです。たとえば、ソフトウェア開発者I、II、IIIです。ジュニアやシニアという修飾で示すこともあります（コラム参照）。レベルは業務経験年数と密接に関係しているため、求人では経験何年以上と明記されるケースがほとんどです。

レベルは、その人の開発工程における担当範囲の広さも示しています。初級レベ

ルは開発だけ、中級は設計やテストも担当、上級は全工程を掌握する、といった塩梅です。ソフトウェア機能の担当範囲も示しています。初級は一部のモジュールだけに専念し、レベルが上がるにつれて把握する範囲が広がります。上級ともなると、ソフトウェア単体だけではなく、システム全体の整合性も考慮します。扱う言語や開発環境のレパートリーもレベルが上がるにつれて増えてきます。反対に、ソフトウェアの応用分野は金融データ処理専門など、レベルが上がるにつれ範囲が狭く深くなっていきます。

　プログラミング言語の盛衰は激しく、若いころにポピュラーだった言語が壮年時にも需要があるかはわかりません。その昔は COBOL や Fortran がメインでしたが、今では求人を見つけるのも困難です。Perl も 20 世紀にはよく使われていましたが、今では Python などの言語にとって代わられています。C/C++ や Java など（コンピュータ言語にしては）長い歴史を持つ定番もありますが、昔のように汎用的に使われるのではなく、用途限定になっています。そのため、プログラマは常にアンテナを張り巡らし、転職時に有利な言語を学んでいかなければなりません。

### ◢ 職級 ◣ .................................................................

　ジュニアやシニアくらいならどちらが上か下かは判断がつきますが、見当がつきにくい修飾もあります。レベルの低い順に次に示します。

- Intern（インターン）
- Apprentice（見習い）
- Assistant（助手、アシスタント）
- Associate（準職員）
- Member（正職員）
- Major（上級職員）
- Principle（特別職員）
- Leader（チームリーダー）

　会社や業界によって上下が反転することもありますが、だいたいこんなものです。ちなみに、日本の官公庁やそれに類する組織では「5 等級」など数値を用いており、ここだけはデジタル化が進んでいます。もっとも、ドストエフスキーの小説にも「第十等」などと出てきますので、帝政ロシアと同レベルと考えるべきかもしれません。

**❶** ソフトウェア工学

## ● ソフトウェア開発インターン（Software Developer, Intern）

業務経験がほとんど必要とされないインターンレベルは、ソフトウェア全体のご
く一部（モジュール）のプログラミングから始めます。モジュールの設計を任され
ることもないわけではありませんが、たいていは上級エンジニアの設計どおりに
コードを書くのが仕事です。ソフトウェアテストもやりますが、自分の書いたコー
ドが適切に動作するか程度の単体テストが主体です。その過程でバグ取りなど問題
解決手法、開発プロセスなどを学んでいきます。

損保会社の求人例を次に示します。

---

Windows あるいはウェブで動作するアプリケーションを作成するソフト
ウェア開発インターンを求めています。業務には既存のソフトウェアやデータ
ベースの更新、ソフトウェアテストの実施、報告された問題の調査、不具合の
あるソフトウェアの修正も含まれます。このインターンを通じ、SQL Server、
Visual Studio、Visual Basic、C#、ASP.Net といった Microsoft の開発環境、レポー
ト作成ツール（Crystal Reports）を学ぶことができます。より進んだ学生なら、
JavaScript、jQuery、HTML、CSS、C#.NET などのプログラミング技術や REST
をはじめとするウェブ通信のコンセプトも学べます。

対象はコンピュータ科学あるいは数学専攻の 2 ～ 4 年の学部生です。
Microsoft Windows と Office、そしてキーボードが使えれば歓迎します。

---

インターンはご存知のように、学生が夏休みなどの期間に就業経験を積むための
プログラムです（付録 B 参照）。

この求人にはソフトウェアにどんな機能を加えるかを決める要件分析や設計は含
まれておらず、テストもつけたし程度です。言語が数点並んでいますが、これから
扱うものであり、現在有するスキルの指定ではありません。経験があると有利で
しょうが、そこまで厳密ではないのが一般的なインターンの特徴です。応用分野は
ウェブ以外は明示されていないので、アプリケーションの適用分野の知識がなくて
も対応できる範囲です（ウェブ開発の専門職は 1.3 節で扱います）。つまり、大学
あるいは専門学校のソフトウェア作成プロジェクトを経験していれば、おおむね対
応できる技能レベルです。

6

1.1 ソフトウェア開発者（一般）

キーボードが要件に入っているのは、タッチスクリーンしか使わない世代が増えたことを反映しているのでしょう。プログラミングは、さすがにタッチだけでは難しいです。

リストから明らかなように、扱う技術が Microsoft 系に偏っています。しかし、これはこの求人に固有というわけではありません。開発環境や関連するシステム要素は、連携性がよいことから、このように単一のブランドに集中しがちなのです。そのため、一社だけで経験を積んでいると、同じ職種であっても、他環境への転職時に蓄積してきた経験が生かせなくなることもあります。

今度は Unix 系に偏った求人例を、自動車部品および電気製品を製造販売する会社のものから示します。

---

音声処理技術を研究開発するサイエンティストを支援するインターンを求めています。業務はプロトタイプの設計、開発、テストです。

応募者はコンピュータ科学あるいはコンピュータ工学専攻の 3、4 年の学部生でなければなりません。また、Linux、Eclipse 開発環境、C/C++ プログラミングの技能、そしてデータ構造に関する知識が求められます。

---

研究者は新しい処理方法を考案すると、その方式が適切か、思ったとおりの性能を発揮するかを確認するため、プログラムを試作します。これがプロトタイプです。研究者本人が自力で実装してもよいのですが、アシスタントに依頼することで作業効率を上げます。そのため、このインターン職は研究者の思い描く高度なアルゴリズムを理解できるだけの素地を必要とする、かなりレベルの高いものとなっています。また、C/C++ が対象と、利用言語でも難易度は上がっています。

音声処理の確立した技術を応用するエンジニアリング職は 1.4 節、未解決な課題に取り組むサイエンティスト職は 4.2 節をそれぞれ参照してください。

● **ソフトウェア開発者・初級（Software Developer, Level 1）**

新卒あるいは数年程度の実務経験のある人を対象とした、エントリーレベルのソフトウェアエンジニア職です。単に「プログラマ」の場合、おおむねこのレベルに含まれます。

**❶** ソフトウェア工学

　初級ソフトウェア開発者は大きなプログラムの中の一部分（関数やクラスなど）だけを定められた仕様に従って作成します。料理人でいえば、ジャガイモの皮をむいたりお皿を温めたりすることで、より上位の料理人の調理を手助けする新米コックです。でも、決して雑用係ではありません。新米でもプロです。技能的には特定の言語の用法をすべてではないにしてもだいぶ知っており、小さなプログラムなら自力で書けるレベルが必要です。ソフトウェア開発に必要な要件定義やテストなどの工程もある程度は任され始めます。

　ケーブルテレビやブロードバンド通信用の機器（家庭にあるブロードバンドルータの類）および関連サービスを提供する会社の新卒求人例を次に示します。

---

　市場から求められている製品を設計、開発する初級レベルの JavaScript プログラマを求めています。プログラミング以外にも、自分の担当する商品仕様の明確化、適切な品質を維持するためのテスト（品質管理チームと連携してもらいます）、プロジェクト管理に必要な工程見積もりの提供といった作業も業務に含まれます。

　応募者には Angular、React、Node を含む JavaScript プログラミング、Linux、TCP/IP をはじめとするネットワークプロトコル、REST などの通信フレームワーク、XML や JSON などのデータ表現の技能が求められます。プログラミングについては特にソケットの経験が必須です。学歴にはコンピュータ科学、コンピュータ工学、ソフトウェア工学、電子工学などの学士が必要です。

　本求人は主としてソフトウェア開発を今後のキャリアと考えている新卒を対象としています。インターン経験があるとプラスです。

---

　仕様の把握（設計）や品質管理（テスト）も任される点で、前記のインターンより責任範囲が広くなっていることがわかります。ただし、これらの作業には要求条件が加えられていないところから、初級あるいは見習いレベルであることも読み取れます。

　Angular、React、Node は主にウェブ開発で使われる JavaScript の開発フレームワークで、これら全部とはいいませんが、ウェブ開発者に必須な言語系です。インターンの Microsoft 環境と同じように、言語が関連しているものでまとまってい

8

る点に注意してください。ウェブ開発者にはまた、上述のように通信技術の知識も必要です。数文字入力しただけで可能な選択肢をリアルタイムに変化させる予測入力のように、ウェブブラウザはサーバと常時通信しているからです。このように、ウェブ開発者であっても、プログラムそのものだけでなく、周辺の技術も把握していなければ十全に職務をまっとうできないことがわかります。

　大学等でプログラミング、データ表現、ネットワークを学び、それなりの知識が習得できていればこれくらいできるような気がするかもしれません。しかし、これらを融合してひとつのプログラムを開発するには、それなりの経験が必要です。

## ● ソフトウェア開発者・中級（Software Developer, Level 2）

　システム全体を視野に入れたソフトウェアの設計開発を担当します。要求分析などの上位工程やプロジェクト管理も支援し、開発チームの相談役も果たすなど、プログラミング以外の管理業務も少なからず含まれてきます。技術的には、周辺のサードパーティライブラリも含めてプログラミング言語は熟達の域に達しています。しかし、まだ全体の設計までは担当しません。業務経験は 5 年以上です。

　難病に特化した小児医療を提供する病院兼研究機関（私立）の求人例を次に示します。

---

　当機関のサイエンティストと共同し、クラウド上でゲノム解析を行うツール群を開発する中級レベルのソフトウェア開発者を求めています。業務には、ペタバイトクラスのデータを処理するワークフローの実装、クラウド上での各種ツール群の展開、ソフトウェア開発プロジェクトの主導です。

　応募者には 5 年以上のソフトウェア開発、特に大規模な生命情報データの経験が求められます。学歴には工学、コンピュータ科学、物理化学などの学士以上が必要です。必須なプログラミング言語は Bash および Python で、これ以外にも Java、Perl、C/C++、Go、Rust のいずれか最低ひとつは必要です。ワークフローに関連しては WDL、CWL、NextFlow のいずれか、コンテナ技術は Docker です。システムについては Linux の技能が求められます。

---

　中級レベルとなると、求められる知識が広くなると同時に、応用分野の経験が重

視されることがこの求人からわかります。

インターンと初級で求められていた言語が C/C++ や JavaScript だけだったのに対し、ここでは 7 点、最低でも 3 点が求められています。なお、Bash、Python、Perl はスクリプト言語で比較的簡単な処理を手軽に書くのに適しており、C/C++ や Rust はシステム開発に向いた言語です。単純なものから複雑なものまで、単体からシステム的なものまで広くカバーできる技能が求められているところに注目してください。

応用分野もゲノム解析経験が名指しで指定されるように、明示的になっています。生物の遺伝子情報を解明する生物学の一分野ですが、遺伝子も情報的にはいくつかの構成要素からなる文字列（巨大ですが）として扱えるので、コンピュータで統計的あるいは AI 的に分析できます。つまり、ソフトウェアエンジニアの出番です。しかし、ビッグデータを利用したゲノム解析をプログラミング開発の視点から把握するのは容易でなく、年季が求められることが読み取れます。

なお、この分野は生命情報学（bioinformatics）と呼ばれます。生物あるいは化学とコンピュータ科学の融合分野のサイエンティストの求人例は 4.3 節にあるので、そちらも参考にしてください。

ワークフローは、情報をいくつかのステップで順に処理していく流れ作業のことです。この作業も昨今ではシステム化されており、どのような順で何をどう処理するかはここに出てくる WDL（Workflow Description Language）、CWL（Common Workflow Language）、NextFlow といったワークフロー記述言語で規定します。ワークフローの知識が求められているということは、システム全体を効率よく動かすシステムエンジニア（第 2 章）の技能も必要であることを示しており、純然たる中級ソフトウェア開発者よりクロスオーバーな立ち位置です。ワークフローについては 2.5 節のワークフローアナリストのような専門職もあるので、そちらも参照してください。

### ● ソフトウェア開発者・上級（Software Developer, Level 3）

初級がシステムの一部、中級が単体のシステムを開発するのに対し、上級のソフトウェア開発者は複数のシステムからなるシステムのシステムを設計開発します。

単体のシステムはそれぞれ特定の目的を解決するために設計されます。たとえば、料金算定システムは顧客の利用情報や契約（プラン）のデータを収集して料金

を計算するという目的のために構築されます。顧客管理、営業管理、サポート支援、開発支援などのシステムにもそれぞれ目的があります。しかし、どれも単体では動作しません。料金算定システムが顧客管理システムからユーザデータを抽出して動作するように、他と連携することによってその機能を果たすのが通例です。AからBへのデータ転送がBの能力不足のために予定の時間内に完了しないといったようにうまく連携できなければ、システムは適切には動作しません。上級ソフトウェア開発者の役割は、システムのシステムが整合性、一貫性をもって動作するような大きな枠組みを設計するところにあります。

　ソフトウェアは一度作成（リリース）したら終わりではありません。リリース後に発見されたバグの修正や新機能を追加した新バージョンがかならず出てきます。OS、プログラミング言語やそのライブラリ、データベースなど、そのソフトウェアが寄って立つ基盤でバージョンアップがあれば、それに対応しなければなりません。上級ソフトウェア開発者には、新バージョンをいつ出すか、そのバージョンにはどの機能を加えるか、入れられなかった機能はいつ入れるのかを決定する役割もあります。つまり、単一のソフトウェア開発工程だけではなく、それが何度も繰り

返されるようなライフサイクルも考慮できるのが上級のソフトウェア開発者なのです。

　上級ソフトウェア開発者にはまた、最先端技術の導入という役割もあります。最新技術は早くて効率的などよいこともたくさんありますが、参考にできる利用例が少ない、マニュアルやサポート体制が整っていない、使える人材がいないので育成から始めなければならないなどの課題もあります。人工知能（AI）、クラウド、暗号技術など最近ポピュラーな技術、あるいは最新の言語を活用していくには、長年の経験と技量を有する上級レベルが必要です。経験年数は 10 年以上が目安です。

　上級ソフトウェア開発者にはチームリーダーとしてふるまうことが求められます。たとえば、週 1 の進捗ミーティングを主催する、社あるいはプロジェクトの開発手法や規約をメンバーに指導するなどの業務が任されます（サイクルの短いアジャイル型開発ではスクラムマスター（Scrum Master）と呼ばれる専門職もあります）。プロジェクト管理、プロダクト管理、関連部署や経営陣に対する説明といった管理業務をこなすこともあります。規模の大きな組織、あるいは開発体制ならばそうした職務はそれらを専門とするエキスパートにゆだねられますが、小規模ならば兼務も一般的です。プロジェクトマネージャやプロダクトマネージャなどの技術管理職は 5.1 節を参照してください。

　インターネット検索サービスを提供する会社の求人例を次に示します。

---

　当社の検索サービスにナレッジグラフを導入する上級ソフトウェア開発者を求めています。

　応募者には 10 年以上のソフトウェア開発、5 年以上のソフトウェア設計の経験（特に高性能コンピューティングの分野）、3 年以上のクラウドの経験（Azure、AWS、BlueMix など）、各種のクラウドベースデータストア（Azure Data Lake など）、コンテンツデリバリネットワーク（CDN）などのネットワーク技術が求められます。加えて、CI/CD などのソフトウェア開発手法、データ構造とアルゴリズム（グラフなど）、分散システム、情報検索などのコンピュータ科学上の知識も必要です。プログラミング経験は C/C++ および Java が 7 年以上、そして未知のコードにも即座に対応できる能力が必要です。学歴にはコンピュータ科学系の修士が求められます。博士優遇。

---

この職の主な業務は新技術の導入です。従来からの技術は従来からの組織構成や必要条件の範囲内で対応できるため求人条件も明確ですが、新技術はわからないことも多いために漠然とした求人になりがちです。仕事内容部分がそっけないのはそのためです。しかし、「未知のコード」にチャレンジできる奥義を極めた熟練の士が求められていることは明白です。高度な技術が求められている点は、博士優遇とされているところからもわかります。日本では大学教員などアカデミックな職にしか役に立たないですが、海外では高度な知力と技能を有する優秀な技術者の証であり、博士を対象とした私企業の求人は多くみかけます。

ここに登場するナレッジグラフ（knowledge graph）は、Google の検索エンジンに実装された検索キーワード同士の意味の関係性を表現する知識ベースです。これを使うと、キーワードが含まれたページだけでなく、意味的に関係のある項目も探してくれます。この新技術を使うには、グラフ理論、知識ベース、高度なデータ構造などコンピュータ科学の知識が必要です。

最新技術ということで、最近ポピュラーなクラウド環境やコンテンツデリバリネットワークも求められる点に注目してください。最新は最新を招くものなのです。CDN は、特に負荷分散にかかわるネットワーク技術です。CI/CD は継続的インテグレーション（Continuous Integration）と継続的デリバリー（Continuous Delivery）の略で、数日という早いサイクルで小さな変更単位で開発とビルドを行うソフトウェア開発手法のひとつで、これも最近メジャーになったものです。

このようにデータ構造、最新のネットワーク技術、ソフトウェア開発手法という多様な専門性を要求されていることからわかるように、上級ソフトウェア開発者ともなると引き出しの多さが問われます。

## ● ソフトウェアアーキテクト（Software Architect）

アーキテクト（architect）は、もともとは建造物を設計する建築家のことです。顧客の要望に応じて設計図を描き、必要ならミニチュア模型で完成像をおおまかに示し、内装や外装など必要な素材を予算に応じて選択し、工事現場を監督します。

ソフトウェア開発の世界でも同様です。ソフトウェアのハイレベルな構造を設計し、完成予想図を示し、個々のソフトウェア素材（モジュールやコンポーネント）を選択し、大勢のプログラマを動員したプロジェクトを指導します。ここで重要なのは設計が「ハイレベル」なところです。前述の上級ソフトウェア開発者もハイレ

ベルな設計を担当しますが、アーキテクトの設計レベルはより上位、あるいは概念的です。たとえば、その会社の提供する一連の製品群、あるいは組織全体のシステム群に一貫性のある共通基盤を設計します。

　使用するプラットフォーム、ツール、プログラミング言語の選択もアーキテクトの担務のひとつです。これは単体のソフトウェアあるいはプロジェクト内に閉じた話ではなく、製品群あるいは社内システム群の相互の関連性や共通性を考慮しなければなりません。プログラミング時のコーディングスタイル（変数名の付け方やインデントの幅などの社内規定）を定め、これが順守されるように監督することで、可読性と保守性を高めるのも仕事のうちです。

　アプリケーションの開発を命じた部署や顧客の要求を適切に満たすよう連絡を取り合うのも仕事のうちです。そういう意味ではシステムエンジニア（第 2 章）や技術管理職（5.1 節）と似た仕事に取り組むわけですが、ソフトウェア開発の視点からアプローチするところが異なります。

　ソフトウェアアーキテクトはソフトウェア開発の最上級職です。このポジションに登用されるには開発者として長年の鍛錬が必要なのが通例ですが、それだけでなく、ビジネス上の経験も求められます。そのため、ここからプロジェクトマネージャ、システムアナリスト、開発系の管理職などに進むこともできます。

　アーキテクトと名のつく職には IT アーキテクトやシステムアーキテクトもあります。どちらも情報システム（第 2 章）系であり、プログラミングあるいはソフトウェア開発の職ではありません。

　情報システム開発サービスを提供する会社の求人例を次に示します。

---

　当社が提供する一連の災害復旧システムソフトウェア群のアーキテクチャを設計するソフトウェアアーキテクトを求めています。システムは各種のクラウド、ハイパーバイザー（仮想化システム）、データシステムと連携し、自動的に動作するものです。設計においては、プロダクトマネージャと連携を取りながら現在のビジネス要件を技術要件に落とし込むとともに、将来でも再利用できる設計をします。また、設計やコードのレビュー時には開発チームを、テスト工程では品質管理グループを主導します。さらに、こうした職責をまっとうするため、最近の技術動向を把握するとともに、それらの当社の製品への応用

方法を提案します。

　応募者には、最低でも10年のアーキテクチャおよびJava開発の経験がなければなりません。また、そのうち5年はクラウド技術、Javaを用いたインターネット通信マルチスレッドプログラミング、Javaクラスの設計に従事している必要があります。バックアップシステムおよびデータ保護メカニズムの経験があればプラスです。

災害復旧（disaster recovery）は、地震などの自然災害およびテロ攻撃のような人為的災害を受けてもシステムの継続運用を可能にするIT管理技術あるいは方策です。たとえば、メインシステムが東京にあれば、同じ機能を持つシステムを福岡でもバックアップとして運用しておきます。もし東京で業務を継続できないほどの問題が起きたら業務をそちらに移行します。複雑に関連しあっている複数のシステム要素や時々刻々と変化するデータを複製しておくなど、その設計には全体を見とおす能力が求められます。そういう点では、アーキテクトらしい職です。

なお、災害復旧に似た用語に危機管理（crisis management）、緊急事態管理（emergency management）、業務継続計画（business continuity plan）、サイバー抵抗性（cyber resilience）などがあり、それぞれ異なるといわれていますが、専門家でもなければどれも同じと考えてかまいません。災害復旧の指針策定、計画、システムにかかわるABCPなどの認証資格もあり、これが求められることもあります（付録A参照）

設計レビュー、コードレビュー、テスト管理などで開発チームをリードするのも、ソフトウェアアーキテクトに求められる職務です。

# 1.2　ソフトウェア開発者（対象別）

前節ではレベル別にソフトウェア開発者職を説明しました。本節では専門分野を名指ししたソフトウェア開発職を取り上げます。

開発ターゲットの言語や開発環境が特定されているときは、その名称を冠した職名が主流です。たとえば、PythonならPython開発者、C++ならC++開発者で

# ① ソフトウェア工学

す。これだけでは職務内容がわかりにくいですが、言語にはそれぞれ応用範囲がある程度決まっているので、言語名からおおむね推測できます。C/C++ ならシステム、JavaScript ならウェブ、R や MATLAB ならデータマイニングなど数値解析です。COBOL や Delphi など古流の言語だと、古くから連綿と利用されているシステムのメンテナンスが主な業務で、新規開発は少なめなことが予想できます。開発環境別だと、Unix 開発者や Android 開発者といった職名になります。

ソフトウェアの応用分野やサービスを冠した職名もあります。たとえば、ウェブ開発者です。しかし、ADC 開発者のように流行の分野が直接用いられている職名では、その分野の専門家であっても何をするものかわからないというおかしなことも起きます。

なお、職名にターゲットが明示されているからといって、それだけが求められているわけではありません。中級レベル以上には複数の言語、あるいは指定以外の適用分野の経験も要求されます。そういう意味では、前節のレベル別職名と技能的にはあまり変わらない職もあります。

分野別の職のなかでも、ウェブ開発と SQL を専門とするデータベース開発はすそ野の広さからその内部でも職がさらに細分化されています。そこで、これらについては 1.3 節と 2.3 節でそれぞれまとめて扱います。

## ● Python 開発者（Python Developer）

言語を Python に絞った職種です。

Python は 1991 年に登場した、スクリプト言語に属する汎用的なプログラミング言語です。シンプルで使いやすいと同時に高い表現力を備えており、ほぼ考えられるすべてのプラットフォームに対応していることから幅広く利用されています。高度なデータ構造も扱えることから、数値計算や人工知能などの分野でもポピュラーです。スクリプト言語は、システム間のデータ交換、自動処理など処理速度がさほど重要ではない補助的なエリアで用いられることが多いのですが、最近ではクラウドの制御などコントロール系でもよく用いられます。

大学の初級レベルのプログラミング実習で最もよく用いられる言語であるため、利用者人口が多いという特徴もあります。これは雇用者側には求人が楽になるという、求職側には求人数が多いというメリットがあることを意味します。

総合 IT サービス提供会社の求人例を次に示します。

16

Linux ベースの組み込みプラットフォームをターゲットに、センサーデータ解析プログラムを設計、開発、設定する Python 開発者を求めています。主な業務は顧客の要求分析、仕様書の作成、プログラミングです。必要に応じて他の部署との連携を取ります。

応募者には、コンピュータ科学、電子工学あるいはこれに類する分野の学位、5 年以上の Linux ベース組み込みプラットフォームの経験が求められます。技術的には、分散処理システム（Hadoop）、高速フーリエ変換やウェーブレットなどの信号処理の知識、そして C/C++、Python、Java の技能が必要です。

Python 開発者といいつつも C/C++ や Java も求められています。おそらく、主要部分は Python で書き、フーリエ変換やウェーブレットなど計算量の多い信号処理やセンサーとの低レベルの命令のやりとりに C/C++ を利用するのでしょう。技術名を冠した職名であっても、それはあくまで中核であり、初級でもないかぎり周辺の技能も求められる点には注意しましょう。なお、この職は複数の言語、要求分析や仕様書作成、5 年以上の経験が求められていることから、レベル分けでいえば中級以上です。

信号処理にかかわる職は 1.4 節や 4.2 節でも紹介します。

## ● C/C++ 開発者（C/C++ Developer）

C 言語は 1972 年に登場した、コンパイル言語に属するプログラミング言語です。汎用性と自由度が高く、高速であるという特徴から、往年はあらゆるプログラムで使われていました。ただ、あまりとっつきやすい言語とはいえません。そこで、各種のライブラリとモダンな機能を加えて 1983 年に拡張版が開発されました。これが C++ です。C の機能は C++ でも使えるので、しばしば C/C++ と併記されます。スクリプト言語の興隆により昔ほどは広く利用されていませんが、今もオペレーティングシステムや組み込みシステムなど、高速性とハードウェアとの親和性が必要な場面でよく用いられます。

C/C++ には国際標準化機構（ISO）の定めた標準がありますが、これは言語標準であり、処理系はそれぞれ微妙に異なります。そのため、利用環境をたとえば

Microsoft Visual C++ から GNU gcc に変えると、カルチャーショックを受けることもしばしばです。もっとも、同じ英語に属する言語が英米豪で異なる程度の差しかありませんから、慣れの問題ともいえます

Windows 向け最適化ツールを製造販売する会社の求人例を次に示します。

Windows およびビジネス用途のクラウドをターゲットにした最適化ツールを開発する C++ 開発者を求めています。業務は新機能の実装およびバグ修正です。

応募者には 2 年以上の Windows 上での C++、特に C++11 以降の最新バージョンと Boost ライブラリの開発経験が求められます。開発環境では Microsoft Visual Studio、バージョン管理システム（Git および SVN）、バグ管理システム（Jira）、ドキュメント管理プラットフォーム（Confluence）の経験がある程度必要です。

担当範囲が実装およびバグ修正と範囲が狭いこと、言語が C に限られていること、業務経験が 2 年程度であることからわかるように、これは初級レベルの職です。

C++ は上述のように 1983 年に登場しましたが、それから新しい機能を組み込んだバージョン（標準規格）が順次出てきています。いずれも C++XX という名称で、XX が発表年を示しています。C++11 は 2011 年リリースという意味です。バージョン指定ということは、この会社の現在の開発環境が C++11 ということを意味しています。Boost は C++ に含まれていない関数や言語機能を提供するライブラリ群です。標準ではありませんが、幅広く用いられており、C 開発者に必須の技能のひとつです。

Unix 環境でも C++11 や Boost を用いるので、Unix 指向の開発者でもこの職に応募できないことはありません。ただし、Visual Studio は未経験でしょうから、自習くらいはしておく必要はあります（すぐに慣れると思います）。これは他の要求条件も同じで、職業としてプログラマをやっていれば何らかの管理システムを利用したことはあるはずなので、特定のツールの経験がなければ応募前に試しておくとよいでしょう。

## ● COBOL・メインフレーム開発者（COBOL/Mainframe Developer）

COBOL は 1959 年登場の老舗で、コンパイル言語に属するプログラミング言語です。古いには古いですが、直近では 2014 年に標準規格が改定されており、モダンな要求にも対応できます。

最も興隆したのは東京オリンピックから 1980 年代くらいまででしょうか。その時代は、メインフレームと呼ばれる超大型コンピュータとそれにぶら下がる計算能力のない端末でビジネスシステムを構築しており、COBOL はそうした環境で用いられていました。当時、プログラマといえば COBOL プログラマというくらい主流でした。時代が下って新規開発はほぼなくなりましたが、これらのシステムは今も利用されており、メンテナンスや新環境への移行に対応する人材を必要としています。しかし、最盛期に COBOL を学んだエンジニアもそろそろ引退の時期になっており、人材は不足気味です。そのため、就職面ではかなり有利と考えられています。流転激しいコンピュータ業界にあって、一度世界を制覇した言語を学んでおけば一生食うに困らない（かもしれない）ことを示すよい例です。

当時コンピュータは非常に高価であったので、COBOL・メインフレームを利用できたのは金融や官公庁など資金力のある大組織がほとんどでした。そのため、求人はそれらの組織に集中しています。

銀行の求人例を次に示します。

---

COBOL 開発と大企業向けメインフレームシステム環境のサポートを担当するソフトウェアエンジニアを求めています。主な業務は当社の業務システムの運用、技術サポート、性能向上のための開発です。また、コンサルティングと分析を通じて次世代ウェブ用の REST API の開発も担当してもらいます。

応募者には COBOL-74、Unisys ClearPath MCP、XGEN、REST API などの技術、金融業界におけるシステム開発に加えて、多様な経験が求められます。テスト駆動開発と動作駆動開発などの開発手法も重要です。

---

銀行の求人なので、金融業界という特定の分野での経験が要求されている点に注目してください。

業務内容に運用と技術サポートが示されていますが、これらは本来的にはシステ

❶ ソフトウェア工学

ム管理者（3.2 節）と技術サポートエンジニア（3.3 節）の役割です。このように、いくつかの職種がいっしょになっているのは、組織が小さくて分化が進んでいないか、コスト面の問題から専任を多数用意できないからと推測できます。

　次世代ウェブ REST API 開発とあるように、新規開発もないわけではありません。同様にテスト駆動開発（TDD：Test-Driven Development）や動作駆動開発（BDD：Behavior-Driven Development）のような 21 世紀になってポピュラーになった開発手法も求められることから、単なる遺跡修復業務ではないことが読み取れます。逆にいえば、エンジニアは慣れ親しんだ技術に安住せず、常に新技術を取り入れていかなければならないということです。

　なお、Unisys ClearPath MCP は 1961 年登場の Unisys 社のメインフレーム用OS です。XGEN は PC に搭載するセキュリティツールで著名な Trend Micro 社の企業向けセキュリティソフトウェアです。

### ◤ プログラミング言語トップ 10 ◢ ……………………………………

　どの言語が今一番ホットかに答えるのは簡単ではありません。必要な言語は分野によって異なりますし、言語利用者人口によっても変わります。管理職やリクルーターと現場のエンジニアとでは温度差もあります。そのため、公開されているランキングにはそれぞれ固有の配点方法があります。

　表 1.1 に紹介するのは、電気電子情報系のエンジニアおよび研究者が所属するIEEE という学会が発表しているランキングの 2018 年度版です。アンケート回答者の母集団がアカデミック寄りなため、大学で学べる、あるいは学ぶべきとされている言語を反映しています。3 列目の「分野」はその言語の主要な応用分野を、4 列目の得点は複数の要因を加重平均した独自のスコアです。

**表1.1●IEEEプログラミング言語ランキング**

| 順位 | 言語 | 分野 | IEEE 得点 |
|---|---|---|---|
| 1 | Python | ウェブ、PC、組み込み | 100.0 |
| 2 | C++ | モバイル、PC、組み込み | 98.4 |
| 3 | C | モバイル、PC、組み込み | 98.2 |
| 4 | Java | ウェブ、モバイル、PC | 97.5 |
| 5 | C# | ウェブ、モバイル、PC | 89.8 |

20

| 順位 | 言語 | 分野 | IEEE 得点 |
|---|---|---|---|
| 6 | PHP | ウェブ | 85.4 |
| 7 | R | PC | 83.3 |
| 8 | JavaScript | ウェブ、モバイル | 82.8 |
| 9 | Go | ウェブ、PC | 76.7 |
| 10 | アセンブリ言語 | 組み込み | 74.5 |

Stack Overflow の 2018 年度版ランキングも見てみましょう。カテゴリーがいくつかありますが、ここでは言語人気ランキングを取り上げます。Stack Overflow はコンピュータエンジニア（特にプログラマ）のオンラインコミュニティなので、アンケート回答者であるプログラマの意見を反映しており、現場での利用頻度や言語利用者人口が読み取れます。表 1.2 に示すのは、集計からプログラミング言語だけを抽出したものです。3 列目の割合の合計が 100% を超えるのは、複数回答ができるからです。

**表1.2●Stack Overflowプログラミング言語ランキング**

| 順位 | 言語 | 割合（%） |
|---|---|---|
| 1 | JavaScript | 69.8 |
| 2 | SQL | 57.0 |
| 3 | Java | 45.3 |
| 4 | Bash/Shell | 39.8 |
| 5 | Python | 38.8 |
| 6 | C# | 34.4 |
| 7 | PHP | 30.7 |
| 8 | C++ | 25.4 |
| 9 | C | 23.0 |
| 10 | TypeScript | 17.4 |

他にも Google トレンドのサーチ件数ベースのもの、給与ベースのもの、リクルートエージェントの発表する求人ベースのものなどいろいろありますので、検索してみてください。

**1** ソフトウェア工学

## ● プログラマアナリスト（Programmer Analyst）

　ソフトウェア工学に属するソフトウェア開発者と情報システムに属するアナリスト（分析者）を兼ねた職です。前後を入れ替えてアナリストプログラマとも呼ばれますが、順序が業務のウェイトを示しているわけではありません。プログラマの上級職としてこの職名を用いる会社もあります。IT システムにかかわるソフトウェアをプログラミングするので、IT プログラマとも呼ばれます。

　アナリストは業務プロセス、ビジネス上の課題、情報の処理方法などを分析し、問題があれば、情報システムを用いた解決策を提案する職です（2.5 節参照）。基本的なスタンスはビジネス寄りで、ソフトウェアあるいはシステムの設計にかかわりますが、開発はほとんど担当しません。これにソフトウェア開発が加わるということは、主としてシステム系のソフトウェアを開発するという意味になります。

　開発から保守までなんでも担当できるマルチタレントは、しばしば小さい部署や組織でみられます（日本では「ひとり情シス」と呼ばれたりします）。また、大組織であっても組織が情報システムの観点から未分化であったり、伝統的に情報システムが主な業務ではないと、このようななんでも屋が求められるようになります。専門が細分化されている大企業でも、フットワークの軽い遊撃部隊を必要とする未知数の多いプロジェクトでときおりみかけます。

　大学キャンパスに置かれた医療施設（クリニック）の求人例を次に示します。

---

　当学内の医療施設運営用 IT システムをサポートするプログラマアナリストを求めています。主な業務は各種の IT 設備の発注、設置、インストール、設定、保守、清掃、問題解決、修理です。対象はコンピュータ機器、周辺機器、OS、各種ソフトウェア、ネットワーク、IP 電話（Cisco）です。また、ウェブページの作成、サーバサイドのプログラミング、SQL プログラミングも必要に応じて行ってもらいます。

　応募者には 5 年以上のプログラミング、データベース管理、コンピュータ関連の問題解決担当の経験と、学士以上の学歴が求められます。技術的にはNextGen の EHR（電子健康記録）システム、Windows 2000/XP/7、Microsoft Office、Microsoft SharePoint、データベース技術、ウィルス対策ソフトウェア、LAN/WAN の知識が必要です。プログラミングでは SQL、サーバサイド言語、

HTML および XML の知識が必要です。

どちらかというとシステムメンテナンスが主体で、開発は副次的なようです。い
かにも小所帯の IT 資産一覧といった感じから、担当者はひとり、いても数人程度
とこじんまりとした環境です。独立して仕事をしたい方に向いているでしょう。
キャリア的にはプログラミングのできるデータベース管理者、データベースのわか
るプログラマ、あるいはシステムエンジニアからの転身先という感じですが、新た
な技術が取得できるようにも思えないため、行き止まりな感がなきにしもあらずで
す。

清掃が含まれていますが、コンピュータのプロに床掃除をさせるとは考えられな
いので、IT 設備を収容した清掃員が入れない小部屋はきれいにしておくことくらい
だと思います。

## ● 組み込みソフトウェアプログラマ（Embedded Software Programmer）

組み込みソフトウェア（embedded software）は、制御機械や電気機器などの装
置に組み込まれたコンピュータで動作するソフトウェアです。たとえば、炊飯器、
ブルーレイディスクプレーヤー、コンソールゲームマシン、自動車に搭載されてい
ます。

PC に自在にインストール、変更できる柔らかな「ソフト」ウェアに対し、硬い
「ファーム」ウェアともいうことから、ファームウェアプログラマとも呼ばれます。
蛇足ですが、ソフトな絹ごしと硬めな木綿ごしもそれぞれ soft と firm な豆腐とい
います。

組み込みソフトウェアは所定の目的を達成するためだけに設計されており、余分
な機能は極限まで削ぎ落されています。また、コストやサイズの都合から CPU の
性能やメモリスペースが限られているため、一般のアプリケーションよりも効率を
考慮したコードが用いられます。また、故障時の対応に限りがあるため、安定性が
高くなければなりません。

組み込みソフトウェアでは、ハードウェアとの親和性の高いプログラミング言
語が用いられます。C/C++ は昔も今も王道です。ときにはアセンブリ言語（機械
語）を直接叩くことも要求されます。高水準言語のプログラマなら簡易で汎用的な

**❶** ソフトウェア工学

ライブラリを使えるところを、効率化のためにその目的のためだけに特化したコードを書き起こさなければならないこともあります。もっとも、昨今では Python、JavaScript、Java などのスクリプト言語も利用されることも多くなっています。

　組み込みソフトウェアプログラマには、普通のプログラマとはやや異なった技能が求められます。まず、効率と安定性が他よりも求められます。デバイスドライバなど低水準なサービスを自ら用意しなければならないため、ハードウェア系の設計開発手法の知識が求められます。これには、利用するマイクロプロセッサや周辺チップなどの知識と、それらの仕様書を読み取る能力も含まれます。USB、Ethernet、無線 LAN といった通信技術では、それらのプロトコルをビット単位で知り尽くしていなければなりません。さらに、エミュレータやクロスコンパイラなど一般とは異なる開発環境の経験も必要です。エミュレータは汎用機で対象プラットフォームと同じ環境を仮想的に構築するツールで、実機がなくとも開発やテストをできるようにするものです。クロスコンパイラも同様に、他機上で別のマシン向けにコンパイルするものです。

　ラスベガスにあるようなギャンブル用ゲームマシンを製造販売する会社の求人例を次に示します。

---

　ゲームソフトウェアの開発とゲーム機への組み込みを担当する初級レベルの組み込みソフトウェアプログラマを求めています。主な業務は、当社の開発標準と業務プロセスにのっとった主力製品のライブラリ作成です。これに加え、新製品の設計、テスト、仕様等の文書化といった一連の開発工程にも参加してもらいます。もちろん、新技術の調査も重要です。新製品ハードウェア部門、マーケティング、営業など他部門との情報連絡も担当してもらいます。

　経験はさほど重要ではありませんが、ソフトウェア工学、ソフトウェア系のコンピュータ工学、組み込みソフトウェアのいずれかのバックグラウンド、C/C++ プログラミングと組み込みソフトウェア開発環境（OS は問いません）の経験のある方を優遇します。Unity、Unreal Engine あるいはこれに準じた 3D ゲーム開発環境、コンピュータ工学分野での開発経験があればプラスです。

---

ライブラリ作成は製品全体の機能の一部、たとえばゲーム画面の所定の位置に与

24

えられた文字を表示する機能などを作成する作業です。組み込みエンジニアの階段を上り始めようとする初心者にはちょうどよさそうです。

UnityとUnreal Engineは多様なプラットフォームに対応するゲームの統合開発環境かつゲーム駆動エンジンです。グラフィックスのレンダリング、スクリプト、アセット（音やグラフィック素材などのゲームの構成要素）の管理などゲームを作成するツールがそろっており、著名なゲームタイトルでも用いられています。ゲーム関係で一般的に利用されているので、そちらへの進出を考えるエンジニアにも向いた職でしょう。

ゲーム関連の求人は次項でも扱います。

## ● ゲームプレイプログラマ（Gameplay Programmer）

文字どおり、ゲームを作成するプログラマです。

ゲームの作成にはリアルな3Dグラフィックスの生成、効果音やビデオなどゲームアセットの管理、GPUを使った並列処理、ユーザインタフェースの評価、ウェブゲームならウェブプログラミングなど、いろいろなプログラミング活動が必要です（これらの専門職も本章で扱います）。そのうち、ゲームスクリプトの駆動、オブジェクトの状態管理、ゲーム難易度のチューニングなど、ゲームプレイ経験と直接かかわる要素を担当するのがこの職です。当然ながら、ゲームスタジオによって求めるレベルは異なります。複数のタイトルに共通するゲームエンジンの設計ならばアーキテクト、ゲームAIシステムの開発ならばAIエンジニア、開発チームをまとめるリーダーの役を果たすのならば上級ソフトウェア開発者のスキルがそれぞれ要求されます。

最近では大学でもゲーム開発を教えているので、新卒からこの道に進むこともできます。より上のレベルでは高い経験値とマジックポイントが求められるのは他の業界とも同じですが、ゲーム産業での経験が重視されます。これは、Unreal EngineやUnityなどのゲームエンジン、MayaやMODOなどの3Dグラフィックスといったゲーム開発ツールの経験が、他の分野ではまず経験できないという特殊性によるものです。もちろん、C/C++などの高速な言語やJavaScriptなどのフロントエンド言語、GPUプログラミング、AI、大規模開発に必要な開発手法など、コンピュータエンジニアリングの基本技術も押さえておくべきであることには変わりはありません。

ゲームスタジオの求人例を次に示します。

シナリオライターやデザイナーと共同して、高精細で楽しい新世代のFPSゲームを作成するゲームプレイプログラマを求めています。新作ゲームのコーディング全般、バグ修正、最終調整、性能およびネットワーク利用量の最適化が対象ですが、既存のコードの拡張なども業務に含まれます。

応募者には3年以上のゲーム開発経験が求められます。このとき、これまでに関与したゲームタイトル（FPSが好ましい）を最低でも1本は示してください。プログラミングで必要なのはC++およびUnityです。また、3Dにかかわる数学、剛体力学、アニメーション技術、ゲームシステムがデータを交換するためのネットワーク、ゲームAIなどの基礎技術も必要です。

FPSはファーストパーソンシューターの略で、主人公の視点から敵を打ちまくっていくタイプのゲームです。ジャンル名指しの求人はゲームプレイプログラマではよくあり、狭く深い専門性が求められる職種であることがわかります。

● **GPUプログラマ（GPU Programmer）**

プログラムを処理するのは通常CPU（中央処理装置）ですが、本来ならばグラフィックスで用いるGPU（グラフィックス処理装置）に一般的な処理を肩代わりさせることもあります。特に行列やベクトル演算といった数値演算は、その処理機構をハードウェアで用意しているGPUで並行して実行させることで高速にできます。その代わり、アルゴリズムを選ばないと逆に遅くなる、ジョブを適切に分割しなければならない、メモリ管理が重用、固有のAPIが必要、ハードウェア（GPU）の癖を熟知していないといけないなど、普通のプログラマがあまり気にしない技術に通じていないと効果が得られません。そのため、GPUを用いた高速汎用演算（GPGPU：General Purpose computing on GPU）の活用には、専門のプログラマが必要です。これがGPUプログラマです。

GPGPUはコンピュータ科学の分野でいうと高性能コンピューティング（HPC：High Performance Computing）に属しており、求人にあたってはこの分野の専攻が求められることが多いようです。GPUはハードウェアなので、たとえばFPGA（プ

ログラマブル IC）や組み込みといったハード系の知識も必要になります。GPGPU
の実行できる環境は限られているため、要求される実務経験も限定的です。たとえ
ば、NVidia（という GPU）の CUDA、OpenCL、Windows DirectCompute（Direct X）
などの開発経験が、ピンポイント的に求められます。言語はハードウェアとの親和
性と速度の点から C/C++ が一般的ですが、Python など GPU ライブラリを提供す
るスクリプト言語もポピュラーです。

　GPGPU は科学シミュレーション、ゲノム解析、ビッグデータ、暗号通貨のマイ
ニング、映像音声の処理、機械学習など数値を大量に扱う分野で応用されている
ので、そうした分野での求人が盛んです。もちろん、GPU を GPU のまま 3D グラ
フィックス用途で用いる 3D アニメーションやゲーム、高精細なビジュアライゼー
ションが必要なビジネス分野でも引きがあります。

　コンサルティングファームの求人例を次に示します。

---

　3D レーザーレーダーシステムで用いるリアルタイムアプリケーションを
プログラムする GPU プログラマを求めています。主な業務は、現在 C++、
MATLAB、Python で書かれている CPU ベースのコードの GPU への移植と最適
化です。コードのリファクタリング、デバッグ、新機能の追加、ドキュメント
作成も担当してもらいます。

　応募者には修士卒ならば 3 年以上、学士卒ならば 5 年以上の業務経験、最
新の NVidia GPU チップおよび CUDA の開発経験が求められます。加えて、Git
などのバージョンコントロールシステムやテスト方式などソフトウェア開発に
必要な知識も求められます。

　本プロジェクトの顧客が米国国防総省（DoD：Department of Defense）で
あることから、応募者は米国市民に限られます。また、必要なセキュリティク
リアランス（保安審査）とクレジットチェックをパスすることが前提になって
います。本職はフルタイム、期間 3 年の契約社員職です。

---

　レーダーは一般的に波長の短いマイクロ波を利用しますが、レーザーレーダーは
レーザーを使います。最近では自動運転用のセンサーなどに用いられていますが、
軍が何に使うのかはここからではわかりません。なお、コンサルティングファーム

# ソフトウェア工学

のプロジェクトでは、このように必要な技能に応じて期間限定の契約社員がしばしば募集されます。

## ● IoT ソフトウェアエンジニア（IoT Engineer）

IoTはInternet of Thingsの略で、モノのインターネットと呼ばれます。インターネットはもともとコンピュータやルータを相互に接続するものでしたが、これにモノ（thing）も取り込もうという動きです。たとえば家電。冷蔵庫をインターネットに接続することで、ビールの温度や在庫本数を外部から管理できます。たとえば畜産。タグを付けた牛から位置や健康状態を管理できます。自動車なら自動運転や高度交通システムに利用します。流行ものの語ですが、工場の各機械から情報を収集することで管理の役に立てる古典的なメカニズムと概念的にはあまり変わりません。昔と違うのはセンサーの小型化、無給電あるいは省電力、ネットワーク接続、そして規模です。

現在、ブロックチェーンや人工知能と並んで、将来の発展が見込まれている分野のひとつです。もっとも、実験段階のものがほとんどで、現時点での実用例はスマートフォン、ウェアラブル健康デバイス、自動車などすでに通信機能やセンサーを備えたスマートデバイスが主体です。興隆しつつある分野の例にもれず、不足している専門家を補うための求人が旺盛です。

IoT には情報を収集するセンサー、デバイスを物理的に動かすアクチュエータ、無線通信、ネットワーク、小さく軽いモノにも埋め込めるハードウェア、デバイスを駆動するデバイスソフトウェア、組み込みソフトウェア、データ収集や操作のメカニズム、セキュリティ、外部からの制御のためのウェブベースのアプリケーションといった多様な技術が必須です。また、所在がばらばらで大量（億単位）のモノを管理するのに必要な分散技術やクラウド技術も必要です。もちろん、これら全部では守備範囲が広すぎるので、それぞれの技術に応じてエンジニアが求人されます。

クラウドサービスを提供する会社の求人例を次に示します。

スマートデバイス向けクラウド接続サービスのためのインフラストラクチャプラットフォームを設計する IoT ソフトウェアエンジニアを求めています。主

な業務はウェブベース API の設計、サービス展開の自動化、そしてモニタリングサービスの開発です。必要に応じて、初級レベルのエンジニアの指導も行ってもらいます。

応募者にはアルゴリズム、データ構造、オブジェクト指向設計、データベースなどの基礎技術を習得したコンピュータ科学あるいはそれに類する学士以上、できれば修士が求められます。技術的には 4 年以上の Go、C/C++、Java、ウェブサービスあるいは組み込み系の開発、OS 設計、テスト環境の設計と構築の経験が必要です。

この会社はクラウドベースプラットフォームの設計とデータ収集および収容のサービスに専念しているため、センサーやデバイスなどのハードウェアは開発していません。そのため、表面的には一般のクラウドエンジニア（2.7 節）と要求条件はあまり変わりません。しかし、IoT ではデバイスの電力、計算能力、管理技術が

限られるため、消費電力やメモリ量が少なくて済む OS やアプリケーションが求められます。OS 設計がさりげなく含まれているのは、そうした特徴を持つソフトウェアの開発能力が問われているからでしょう。

## ● ブロックチェーンエンジニア（Blockchain Engineer）

コンピュータ業界は流行に敏感です。そのため、よくわからない専門用語を冠した求人がでまわることになります。

既知のソフトウェア開発だと、利用する技術やエンジニアの担当範囲がある程度決まっています。しかし、これから使い方を考えていく新技術では、どんな技術を使えば目標を達成できるのかよくわかっていません。そのため、これまでの例と異なり、求人の技術的要求条件が明確ではないことが多くなります。設計、開発、テストのどの段階をメインに担当するかもあいまいです。新しいものを試行錯誤しながら築き上げていくという意味では、サイエンティスト（第 4 章）に近い職といえます。しかし、ある程度確立している基礎的な構成要素を取捨選択しながらビジネスの目的を達成するソフトウェアを開発するという点では、やはりソフトウェア開発者の職です。

ここで取り上げるのは、ビットコインで一躍有名になった仮想通貨技術のブロックチェーンを専門とするエンジニアです。ブロックチェーン技術を総称した分散台帳技術（Distributed Ledger Technology）をとって、DLT エンジニアと呼ばれることもあります。

ブロックチェーンはデータ（しばしば取引データなどの台帳）を分散して管理する技術です。そのため、分散コンピューティング、データベース、オーケストレーション（複数の仮想システムを遠隔から制御する方法）、セキュリティ、データ構造、暗号などの技術が求められます。ブロックチェーン技術そのものあるいはイーサリウムなど現在流通している仮想通貨の経験が明示的に求められることもあります。

この技術の直接的な利用者であるクレジットカード会社や銀行などの金融業界からの求人が多いのは当然ですが、分散あるいは仮想化などを専門とする会社もサービスを提供する必要から求人意欲は旺盛です。

銀行の求人例を次に示します。

1.2　ソフトウェア開発者（対象別）

> 　ブロックチェーンはわたしたちの生活を一変する最新技術です。信頼性の高い分散システムの構築で定評のある当社もこの技術の研究を重ねてきており、このたび、こうした研究成果を生かしてコンセンサスアルゴリズム、スマートコントラクト、セキュリティ、分散ネットワーク、データ管理などのブロックチェーン環境の構成要素を実装できるブロックチェーンエンジニアを求めています。
>
> 　応募者にはコンピュータ科学の学士または修士、データベース、セキュリティ、ピアツーピアネットワーク、分散ネットワークといった技術が求められます。使用する言語はプロジェクトの要求に応じて変わるので、最低でもJava、C、C++など主要な言語に加えて数言語に精通している必要があります。また別の言語を短時間で習得する能力が求められます。

　ブロックチェーンがなんであり、求人元が何をしてきたかの広告のような文言がある以外、実際に何をするかが不明なところが特徴的です。また、使う言語が不明というのも見どころです。コンセンサスアルゴリズムやスマートコントラクトは最新のコンピュータ科学のトピックなので、大学で基礎をしっかり押さえていて、かつ最新動向を追っかけているやや学究肌の人向けな職といえます。

## ● API 開発者（API Developer）

　API（Application Programming Interface）はソフトウェアが互いに情報交換をするときの規約です。たとえば、C言語プログラムがファイルを開くように命令を送ると、カーネル（OS）はそれを処理してファイル操作のためのデータを返します。このプログラムとOSとの情報交換で、送る命令と返ってくる応答のデータおよび形式を規定するのがAPIです。Google Mapを埋め込んだウェブページをよくみかけますが、これもGoogleが公開しているAPIを介して達成されています。このように、OSやサーバなどのソフトウェア内部の機能を外部から利用する窓口を設計、実装するのがAPI開発者です。

　伝統的に、APIを設計するのはそのソフトウェアの開発者です。OSのAPIなら、カーネルの設計者がAPIも設計します。しかし最近では、ウェブサービスやクラウ

31

ドなどのプラットフォームに外部からアクセスすることでその機能を利用するケースが多くなってきたこともあり、API の開発が独立した職として扱われるようになってきました。

API 開発者には通常のソフトウェア設計とは多少違ったスキルが必要です。API はまず使いやすくなければなりません。でないと、「外部」のプログラマたちは使ってくれませんし、誤って使って文句を言ってくるだけです。これには、サービスを提供するソフトウェアの機能と内部構造を把握し、構造立てて整理する必要があります。さらに、API にはデザインパターンや鉄則があるので、その方法論をマスターしていなければなりません。昨今ではウェブ経由での利用が多いため、REST や JSON などのウェブ技術の知識も求められます（ウェブ開発者は 1.3 節で取り上げます）。もちろん、対象がクラウドならその技術も必要です。

税務サービスをクラウド経由で提供する会社の求人例を次に示します。

ビジネスアナリストと共同して、使いやすく、セキュリティが堅牢で、性能が高く、保守が容易な API を設計する API 開発者を求めています。業務には設計、実装、コードへのコメントの付加、チームメイトとのコードレビュー、テスト仕様の作成および実施、プログラム最適化、またリリース後の分析と改良が含まれます。セキュリティ面では外部攻撃者の視点から強固な設計を心がけます。開発は早いターンアラウンドのアジャイルスタイルで行われます。

応募者には C# .NET、C++、Java、JavaScript のいずれかの言語に習熟していることが求められます。API 設計については Open API の経験も必要です。加えて、GitHub を介したオープンソースソフトウェア開発の経験が 2 年以上必要です。なお、当社の製品は税務サービスソフトウェアなので、経理、税務コンプライアンス、監査などの業務プロセスを学ぶ意思のある方に限られます。

Open API はウェブ系の API を設計するときに API 開発者の間でよく用いられるツールです。

オープンソースソフトウェア開発経験が問われている点に着目してください。無償、無保証、著作権の放棄といったオープンソースの特性は営利企業と相性が悪いため、昔は、会社が積極的に関与することは多くありませんでした。しかし、公開

されたコードと世界中に存在する多数のエンジニアによる高品質な開発、大量のトラブルシューティング対応事例やドキュメント、迅速なバグやセキュリティ問題への対処というメリットから、活用事例も増えています。この求人でも、API は最終的には外部ユーザに公開するものなので、最初から外部ユーザにテストも兼ねて開発に参加してもらうことが有利だと判断しているのでしょう。オープンソースコミュニティにはいろいろあるので好みの分野で参加しておく、あるいは GitHub や SourceForge といった開発プラットフォームに自分のコードを公開するなどしておくと、このような求人での好感度もアップするでしょう。

### ● コンパイラ開発者（Compiler Developer）

コンパイル（compile）は「編纂」という意味で、辞書や短編集など素材を集めてひとつの形にまとめる作業です。コンピュータの世界では、ヒトが読み書きできる複数のソースコードファイルをまとめて、コンピュータが直接実行できる機械語形式の単一のプログラムを生成する処理を指します。コンパイラはこれを行うソフトウェアで、コンパイルしてから利用する形式の言語がコンパイル言語です。コンパイル言語の対語はスクリプト言語ですが、こちらは言語エンジンが実行時にプログラムを逐次的に解釈しながら処理します。

コンパイラは、新しいプログラミング言語が設計されると新規に開発されます。したがって、開発するのはコンピュータサイエンティスト（第 4 章）が主体ですが、ソフトウェア開発者など現場の実践者によって開発されることもあります。コンパイラの開発はまた、既存の言語とそのコンパイラに新機能を加えるときにも必要になります。求人で登場するのは、一般的にこの追加のほうです。

コンパイラの開発には文法およびその記法、構文解析などコンピュータ科学でも言語系に始まり、メモリ管理や OS などの基盤技術、コンパイラ最適化のような分野固有の知識が必要です。実務的には、LLVM に代表されるコンパイラ基盤などの開発ツールの経験も重要です。

プログラミング言語を開発している会社の求人例を次に示します。

当社のプログラミング言語をより高速に、より効率的に、より読みやすくできるコンパイラ開発者を求めています。業務には言語の設計から完成までの開

発工程すべてが含まれ、特に型システムの解析とコンパイラ最適化がメインのタスクとなります。

応募者には動的言語および関数型言語の経験が求められます。型システムの知識のある方を優遇します。

----

業務内容と条件が他よりもそっけないのは、コンパイラ技術が限られた世界の話題であり、基本技術は暗黙の了解であることの現われです。他社の求人も似たようなものです。

コンパイラ最適化は、コンパイラが生成する実行形式プログラムのメモリ使用量を少なくし、高速に実行するように調整する手法全般を指します。たとえば、すでに計算されている結果があれば再利用する、何度も同じ値にアクセスするのならその値をより高速なメモリ領域に置く、などのテクニックがあります。最適化には、プログラミング言語自体で書かれているものを機械語レベルに置き換えたときにどのような挙動を示すのか、それぞれの命令にはどれだけのコストがかかるかなど、ディープな知識が必要です。

動的言語は、型チェックや値の変換などをコンパイル時ではなく実行時に行うタイプの言語です。関数型言語は計算を関数の評価によって表現するものです。どちらも最近の言語では一般的な特徴です。型チェックはデータ（変数）の int や char などの型をチェックするものです。

# 1.3 ウェブ開発者

昨今のユーザインタフェースはたいていウェブから提供されています。ミュージックプレイヤー、オンラインバンキング、モバイルアプリを用いた店頭での在庫確認、顧客管理システムなど身近なシステムの入出力画面を考えるとわかると思います。

昔のウェブページは、Word ドキュメントや PDF と同じように画面が固定的でした。技術も素朴で、DTP（デスクトップパブリッシング）の利用経験のあるデザイナーやライターが見栄えと内容を決定すると同時にページも作成していました。し

かし、現在のページはモバイルアプリからわかるようにダイナミックです。定期的に広告を更新したり、マウスやタップでグラフィックスを動かしたり、状態に応じてページの一部を描き替えたり、自動的にスクロールやスライドインなどのエフェクトをかけたりします。こうした動きはどれもプログラムで達成されているため、そのための言語と開発環境を習熟したプログラマを必要とします。これがウェブ開発者です。モバイル系の需要が多いため、モバイル開発者というタイトルの求人もよくみかけます。

ウェブ技術は大きくフロントエンドとバックエンドに分けることができます。フロントエンド（Front-End）はITシステムの中でもユーザに直接面した部分、つまり画面系を担当します。バックエンド（Back-End）はフロントエンドにデータを提供する、データベースやサーバで構成されたバックヤード部分です。当然ながら、これらの間を結ぶHTTPなどの通信技術や暗号技術も構成要素のうちですが、ウェブ開発の担当範囲外であるのが通例です。

フロントエンド開発は高校の授業にあるくらいなので、とっつきは簡単です。プログラミングも、専門学校などで実践的に学ぶことができます。しかし、複雑な構造と動作を持ったビジネス指向のウェブ開発に従事できるレベルにステップアップするには、コンピュータ科学の知識がそれなりに必要です。特にデータ構造やオブジェクト指向などプログラミングの基幹となる概念、フレームワークも含めた開発環境などの理解は重要です。バックエンドになるとサーバやデータベースなどシステムの知識も求められます。また、フロント／バックを問わず、規律だった開発ができるよう、設計、開発、テスト、稼働開始といったソフトウェア開発工程の考え方にも馴染みがなければなりません。上級レベルになってくると通信部分にもかかわってくることが多くなります。

でまわっているウェブベースのソフトウェアの量から推測できるように、この分野の求人は旺盛です。フロントエンド開発者の職はエントリーレベルからあるので、新卒はまずそこから始めます。あとはレベルを順次上げていったり、別の類似の上位職に移動するのは、その他のソフトウェア開発者と同じです。ウェブ開発にはデザイン系から移ってくることもあります。

## ● フロントエンド開発者（Front-End Developer）

ウェブの画面設計が主業務のソフトウェア開発者です。ウェブ技術はクライアント（ブラウザ）とサーバとの通信によって達成されるものなので、クライアント開発者とも呼ばれます。

フロントエンド開発者にはウェブの文章そのもの、レイアウト、タイポグラフィなどを表現する HTML と CSS というマークアップ言語の知識が必要です。これらの言語はプログラミング言語と異なり、情報をコントロールするのではなく、情報を視覚的に表現するためのものです。そのため、これらを用いてページを記述するだけの職はプログラマとは呼ばれません。マークアップ言語以外にも JSON や XML といった情報を表現する言語（記法）はいろいろあり、中級レベル以上では、これらを相互に変換する方法を身につける必要があります。

プログラミング部分は JavaScript や jQuery という言語が主として用いられます。ターゲットのプラットフォームによりますが、Java、PHP、Ruby、Adobe Flash、Swift などが要求されることもあります。通信関係では REST API と呼ばれる、ウェブクライアント／サーバ間の通信方法を知っておくと、より複雑かつ上位の職をゲットできるチャンスが増えます。

キャリアでは、プログラミング職なので、JavaScript という言語をてこに Javaや Python など他の言語を習得し、ソフトウェア開発者への道に進むことができます。もちろん、フロントエンドだけでも多様なプラットフォームがあるので、その道のエキスパートになるのもありです。画面デザインや UI(ユーザインタフェース)技術と密接な関係がありますが、グラフィックデザイナーなどのデザイン職との間には大きな隔絶があります。

ゲーム開発会社の求人例を次に示します。

デザイナーや企画担当と連携しながら、新製品およびサービスを早いサイクルで開発するフロントエンドウェブ開発者を求めています。また、プロジェクトチームのリーダー役を務め、プログラムコードの品質と一貫性を保証する業務も担当してもらいます。

応募者にはフロントエンドウェブ開発の経験が必要です。具体的な技術としては JavaScript およびその亜種（Node.js や Universal Javascript）、そのフレー

ムワーク群（React、Angular、Webpackなど）、HTML5およびCSS3、各種ブラウザ、適応的ウェブデザインが挙げられます。デザインに造詣があればプラスです。

------

　フロントエンド開発者は他の開発職と異なり、応用分野はあまり問われません。この求人の開発対象はこの社のゲーム画面と思われるので、ゲームプログラミングのバックグラウンドがあれば当然プラスです。

　フロントエンドで用いられる言語やフレームワークは日々新しいものが登場しています。特に、ある言語で特定の分野での応用を容易にするフレームワークは、ここに掲載されているものも含めて、何を使ってよいものか迷うくらいたくさんあります。そのため、フロントエンド開発者は常に新しい情報にアンテナを張っていなければなりません。

　ちなみに、適応的ウェブデザインは、異なる画面サイズや入出力インタフェース（キーボード、タッチ、マウスなど）に対応した画面を提供する設計方法です。

## ● バックエンド開発者（Back-End Developer）

　バックエンド開発者は、フロントエンドであるウェブブラウザやモバイルアプリからの要求を受け付け、必要に応じて背後のデータベースからデータを取得し、フロントエンドに返すプログラムを作成します。オンラインショップならば、検索語に対応する商品のリストを返します。バックエンド開発者に重要なのは、ウェブ上の見栄えではなく、そのウェブを生成するときに用いられるデータのほうです。そのため、データ構造やオブジェクト指向などデータ管理方法を理解していることが期待されます。また、データには利用者がビジネスを展開するうえで必要とするビジネスプロセスやノウハウが反映されるので、ビジネス知識も求められます。

　技術的にはデータベースやウェブサーバの知識が必要です。プログラミング言語はシステム系のJava、Python、Ruby、PHP、C、Pythonなどが用いられます。

　フロントエンドのところで触れたREST APIを設計するのもバックエンド開発者の役割です。RESTは、ウェブで日々利用しているHTTPを用いてサーバの情報を取得、変更する機能です。たとえば、本来ならばサーバのコンソールからコマンドを叩いて実行するサーバの設定を、RESTで操作データを送ることで遠隔的に実行

**❶** ソフトウェア工学

します。この機能とアクセス方法を定義するのが REST API です。もっとも、API を開発する専門の職もあることは 1.2 節で説明したとおりです。

　フロントエンドとバックエンドはどちらもウェブ関連の開発者ですが、利用する技術やデータの扱い方は異なります。そのため、フロントエンドからこの道に進むよりは、ウェブ系の専門技術を学んだシステムエンジニアやソフトウェア開発者から移ってくるほうが多いようです。

　IoT 専用のモニタリングツールを開発するスタートアップカンパニーの求人例を次に示します。

---

　REST ウェブアプリケーションを設計開発するバックエンド開発者を求めています。業務にはアプリケーションの最適化、SQL および NoSQL データベースの設計、セキュリティメカニズムとデータ保護の実装、AWS などクラウド上のサーバやデータベースの構築と維持の補助が含まれます。

　応募者には Java プログラミング、MySQL や Cassandra などのデータベースシステム、JBoss や Tomcat などのアプリケーションサーバ、Linux、ウェブサービスのセキュリティ技術が求められます。また、開発ツールの Git や JUnit の知識も必要です。オブジェクト指向データとモデルマッピングフレームワークの Hibernate、分散処理フレームワークの Hadoop、Maven などのソフトウェアビルドツールの経験があればプラスです。

---

　IoT エンジニア（1.2 節）で紹介したのは IoT デバイスを管理するクラウドプラットフォームが対象でしたが、こちらはデバイスに対して REST コマンドを送信することでデータを操作するためのフレームワーク（API）を開発します。会社の主力は IoT ですが、REST は汎用的なウェブ設計コンセプトなので、特に IoT の経験は示されていません。その代わり、バックエンドの HTTP サーバ関連技術がリストされています。歴史的経緯から、こうしたバックエンド技術は JBoss、Tomcat、Cassandra といった Java 系の技術を中心に構成されているため、Java プログラミングの技能が問われます。

38

## ● フルスタック開発者（Full-Stack Developer）

スタック（stack）は「積み重ね」という意味で、複数の技術要素を層状に積み重ねることでひとつのシステムを構築する考え方を指します。これにフル、つまり「全部」のついた職名は、上から下まですべての層の技術に対応できるオールラウンドな開発者を指します。

スタックという設計思想はコンピュータのあらゆるところでみられます。コンピュータのハードウェア、OS、ミドルウェア、アプリケーションという積み重ね式の構造も、インターネットを形成するEthernet、IP、TCP、アプリケーションという構造もスタックと呼ばれます。しかし、求人でフルスタックが用いられているときは、限定的にウェブ開発者を指します。つまり、フルスタック開発者はウェブを構成するフロントエンドとバックエンド、必要ならばビジネス要件を技術的に落とし込むアナリストも含めてすべてをカバーする設計開発者です。

ウェブ技術が2分野に分かれたのは、ウェブ開発が大規模化し、担当範囲を狭く深くする必要があったからです。フロントエンドがアプリケーション系、バックエンドがサーバ系と異なる技能が求められるのも理由のひとつです。しかし、分けてしまうと両者の擦り合わせというオーバーヘッドが生じるため、問題対応や新規サービスの提供が遅れるという問題が生じます。この問題を解消するため、遊撃的な開発部隊としてフルスタック開発者が生み出されました。あるいは、それぞれの専門家を雇うほどには規模が大きくはない少数精鋭なベンチャー企業もそうした人材を求めます。もちろん、ウェブサービスを提供したい中小の企業からもなんでも屋として引き合いがあります。

求められる技能はいうまでもなくフロントエンドとバックエンドの双方の技術です。全体を鳥瞰的に担当するため、ネットワーク系の技能も必要です。しかし、REST APIなどウェブサービスの根幹部分の設計をする、アーキテクトレベルの経験はあまり求められません。求めたいかもしれませんが、そんな万能人材はそうは見つかるものではありません。そのため、フロント／バックエンドのどちらからか移動してくるだけでなく、ウェブプログラミングの経験のあるネットワークエンジニアやウェブに興味のあるシステム管理者など他の分野から移ってくることもあります。昨今のモバイルアプリの興隆で人手不足の感があるので、求人の多い職です。

カスタマイズウェブサービスを提供するITサービス企業の求人例を次に示します。

**❶** ソフトウェア工学

---

　ウェブアプリケーション開発の工程を最初から最後まで、すなわち設計、プログラミング（コーディング）、デバッグ、コード解析、リスク分析、信頼性評価、品質評価、性能評価すべてを担当できるフルスタックウェブ開発者を求めています。業務には既存のシステムを統合する新規開発も含まれます。また、ソフトウェアのモデル化とシミュレーション、開発工程の自動化、ドキュメント作成、新しい技術の評価、プロジェクトの管理も適宜行ってもらいます。

　応募者には、3 年から 5 年の IT 業界での勤務経験、JavaScript、ASP.Net、C#、jQuery、HTML、CSS、SQL といった言語、データベースでは Oracle あるいは SQL Server の経験が求められます。

---

　盛りだくさんな要求です。これは、顧客の多様な要求に応じて臨機応変にサービスを提供しなければならない IT サービス提供会社の性質からくる要請です。プロジェクト管理やドキュメント作成などが含まれているのは、プロジェクト単位で開発を管理することが多いからです。こりゃ大変だわ、と思うかもしれませんが、顧客の要求分析、プロジェクト管理、ソフトウェアモデル化、開発工程の自動化などの他の技能を取得するチャンスでもあり、次の就職で役に立つでしょう。


# 1.4　デジタル信号処理エンジニア

　信号処理（signal processing）は、電気信号や音声信号など情報の乗った信号を操作する技術です。その目的は情報を理解しやすい形に変換する、誇張する、不要なデータを削減する、情報を損なうことなくデータ量を圧縮する、あるいは将来の挙動の予測をするといったところにあります。信号処理は対象によってアナログ信号処理とデジタル信号処理に分かれますが、コンピュータを使うものはいずれも本節で扱うデジタル信号処理です。

　デジタル信号処理技術はノイズを除くことで電話の音声をクリアにする、カラー映像の色合いを調整するなど、音声、画像、映像といったメディア信号の処理でよく用いられます。Adobe Photoshop に搭載されている各種のエフェクトにも応用

40

されています。他にも、レーダーやソナーなどの外部探査メカニズムから得たデータ、時系列的に並べた株価、気象データ、地震波データにも応用されます。信号は時間や位置とともに変化するデータのことなので、時空間に広がるデータを処理するソフトウェアを扱うところで需要があります。

　デジタル信号処理にはアナログ信号をデジタルに変換する回路や特定の処理を専門に行うプロセッサなどハードウェアやファームウェアの開発も含まれますが、ここではソフトウェア開発の職のみを取り上げます。もっとも、同じ処理がハードウェアでもソフトウェアでもたいていは可能なので、どちらを使うかは開発コスト（特殊用途のハードウェアを造るのはソフトウェアよりも高いし、変更が面倒）と処理速度（専用ハードウェアのほうが早い）との兼ね合いにもっぱら依存するだけで、処理アルゴリズムの基盤に変わりはありません。

　デジタル信号処理は信号に対する数学的な演算なので、数学の知識が必要です。定番アルゴリズムとそれらを実装したライブラリやツールが無数に開発されているので、そちらの経験も求められます。ツールやライブラリを使っているだけならさして数学の素養は必要ありませんが、各種のパラメータの数学的な意味が理解できていなければ中級レベルには進めません。そのため、この道に進むのは大学で信号処理や数学を学んだことがある人が大半です。

　プログラミング言語については、数値を解析するのがメインの商売なためMATLAB や R などの数値解析ソフトウェアの知識が求められます。高速性を要求される場面では C/C++、それ以外では Python もポピュラーです。

## ● オーディオ信号処理エンジニア（Audio Signal Processing Engineer）

　音（audio）に特化したソフトウェア信号処理エンジニアです。

　オーディオ関係は DSP（デジタル信号プロセッサ）という専用のハードウェアで処理することが多いためか、ソフトウェア系の職は比較的少なめです。しかし、昨今盛んな機械学習では、まだソフトウェアが主流です。賢いオーディオ信号処理というと Siri や Alexa などの音声入力サービスが思い起こされますが、入力された音声をコンピュータ（機械学習器）で扱いやすいように変換する前処理の部分が信号処理エンジニアの、入力がなんであるかを判断（理解）する部分が機械学習エンジニア（4.2 節）のそれぞれ担当になります。もっとも、現時点では他のソフトウェアエンジニアリングほどには職務は細分化されていないため、両方の知識を有して

**❶ ソフトウェア工学**

いると求人市場で優位な立場に立てます。

　デジタルオーディオでも、最終的にはアナログな音に変換されてからヒトの耳に届けられます。そのため、アンプやスピーカーなどのいわゆるオーディオ機器の回路設計、信号特性、評価方法などのアナログ技術が必要とされる職務もあります。

　音響機器メーカーの求人例を次に示します。

---

　新しいオーディオシステムのコンセプトを設計、開発、評価、解析するのに必要なソフトウェアツールを開発するオーディオ信号処理エンジニアを求めています。このソフトウェアツールは実験室およびフィールドテストで利用するものです。

　応募者はオーディオ技術全般に詳しくなければなりません。たとえば、ホームオーディオ、カーオーディオ、レコーディング技術、アンプ、マイク、スピーカー、配線方法などです。技術的にはオーディオの評価手法、デジタル信号処理技術、音響学、オーディオ関連の電気工学、オーディオハードウェアの知識が必要です。ソフトウェアについては MATLAB、Java、グラフィカルユーザインタフェース設計などが求められます。デジタル信号処理あるいはオーディオ技術を専攻した電気工学、機械工学、コンピュータ工学の修士と 3 年以上のソフトウェア開発経験が必要です。

---

　この求人は音響機器メーカーということで、アナログ技術のバックグラウンドも求められているのが特徴で、そういう点ではソフトウェアというよりはハードウェア技術者に近い職です。

　デジタル信号処理には高度な技術が必要とされるため、しばしばこの求人のように修士以上の学歴が求められるケースが他よりも多くみかけられます。

### ● 画像処理エンジニア（Image Processing Engineer）

　画像に特化したソフトウェア信号処理エンジニアです。

　画像処理技術の応用例で最もわかりやすいのは（スマートフォンを含む）カメラで、コントラストの自動調整、顔オートフォーカス、頭に猫耳を付けるエフェクトなどの機能があります。他にも、胃カメラ、X 線、CT などの医療用画像、気象画像、

航空写真、リモートセンシングデータ、赤外線画像、ソナーなどの音響画像、感温センサーで撮影したヒートマップなど、写真のようにデータが配置されているものはすべて対象となります。

　動画処理も範囲内です。動画は（静止）画像をぱらぱらマンガのように並べたものなので、やや異なる扱いを必要とする場面もあるものの、基本技術は共通だからです。ただし、ビデオ処理エンジニアという職名は、ここで扱う数学的な処理ではなく、映画などエンターテイメント分野でビデオを取り扱う職に対する求人でより多くみかけられるので、注意が必要です。

　コンピュータビジョン（Computer Vision）エンジニアと呼ばれることもあります。コンピュータビジョンはヒトの眼（とそれを処理する脳）と同じ外界認識機能をコンピュータに実装する学術分野で、画像処理と近隣関係にあるもののやや異なる分野とされています。しかし、求人上はそれほど厳密には区分されていません。ロボットの視覚を扱うときはロボティックス（Robotics）エンジニアとされることがありますが、これも事情は同じです。機械学習などの人工知能を応用するときは

**❶** ソフトウェア工学

機械学習エンジニアとされます（4.2 節参照）。機械学習の応用分野は多岐にわたり
ますが、ディープラーニングなどの最新技術は画像処理の分野で早いうちから開発
されてきた経緯もあって、画像処理と機械学習をイコールで扱うおおざっぱな求人
もよくみられます。

　オーディオ処理と同じく、数学と信号処理の知識が欠かせません。顔写真に猫ひ
げを付けるアプリから推測できるようにコンピュータグラフィックスとの親和性が
高く、この分野のバックグラウンドがあると優遇されます（CG 関連職は 1.5 節）。
昨今では機械学習の応用が盛んなため、AI 技術があると幅が広がります。並列処理
や GPGPU などの高速演算技術も対象によっては求められます（1.2 節）。また、対
象となる画像の知識（たとえば航空写真なら地勢や気象などのデータ）も重要です。
　医療機器メーカーの求人例を次に示します。

---

　大規模な医療スキャンデータや画像を扱う画像処理システムの開発、実装、
評価を行う画像処理エンジニアを求めています。
　応募者には最新のアルゴリズム、コンピュータビジョン、3 次元体積データ、
セグメンテーション、画像分類、レンダリングといった画像処理の知識と C/
C++、MATLAB、OpenCV ライブラリなどのソフトウェアの経験が必要です。
IPP、ITK、VTK、OpenGL などの画像関係ライブラリ、科学計算、並列コンピュー
ティング、GPU プログラミング、機械学習あるいはディープラーニングの経
験者を優遇します。コンピュータ科学、コンピュータ工学、生体医工学、電気
工学の学士以上の学位と 1 年以上の業界経験が必要です。

---

　3 次元体積データ（volumetric data）は物体の立体的なデータです。いわゆる
3D 画像ですが、映画やゲームの 3D グラフィックスのように表面だけではなく、
内側までびっしりデータが詰まっています。CT 画像の人体輪切りデータで使われ
ます。

　IPP、ITK、VTK、OpenCV、OpenGL は画像処理やビジュアライゼーションでよ
く用いられるプログラミングライブラリです。このうち、ITK は医療用画像で特に
用いられるものです。

44

## 1.4 デジタル信号処理エンジニア

### ● ソフトウェア信号処理エンジニア（Software Signal Processing Engineer）

オーディオや画像を守備範囲とする信号処理エンジニアにはそれぞれの分野を冠した職名、あるいはまとめてメディア信号処理エンジニアのようなタイトルが用意されていますが、これはそれ以外のデジタル信号処理全般にかかわる職です。もっとも、デジタル信号処理の基盤はどの分野でも共通していますから、分野固有のライブラリやデータ（業務内容）が異なるというレベルの差程度です。

米空軍と共同で特殊な機器を製造している会社の求人例を次に示します。

---

リアルタイム信号処理ソフトウェアで構成されたシステムのプロトタイプを作成するソフトウェア信号処理エンジニアを求めています。このシステムは航空機の生存率を高め、かつ兵器に対する対脆弱性を低める、電子戦での反撃および防空監視ミッションを支援するものです。担当範囲は、大規模なデータにも対応し得るレーダーシステム用信号処理アルゴリズムの開発と最適化です。開発ではユーザインタフェースの実装、ライブラリの管理、コードレビュー、技術文書作成、テストとその解析の補助も行います。

応募者にはレーダー信号処理技術に加え、C++ および Boost などの標準的なライブラリ、Make、Q+、オブジェクト指向設計、Linux、CUDA などの技術が必要です。最低でも博士卒なら 5 年、修士卒なら 8 年、学士卒なら 13 年の実務経験が必要です。

---

レーダーも時系列的に空間に散らばるデータの集合なので、信号処理の守備範囲です。ここにあるように、時系列データにはリアルタイム性が問われるという特徴があります。シャッターボタンが押された、あるいはミサイルが発射された瞬間にデータ処置が終わっていなければ、役に立たないからです。NVidia の GPGPU 技術である CUDA がリストされているのは、高速度な処理のための並列処理が必要だからです。

# 1 ソフトウェア工学

## ▰ 国籍条項 ▰

　警察、軍、諜報機関、外交機関といった国家組織には、国民でなければ就職できないのが通例です。それらの組織と共同開発をする、あるいは物品を納入する会社の中には、同様に国民であることを要求するところもあります。このように組織への加入に国籍が条件とされることを国籍条項といいます。

　蛇足ですが、ニュージーランド軍および関係のある軍需企業では、最も低いセキュリティクリアランスレベルの職種なら、永住者（米国でいうグリーンカード保持者）でも就職できます。正確には、最少でも5年連続して居住した永住者、もしくは居住期間がそれ以下の場合はオーストラリア、カナダ、英国、米国のいずれかに連続して5年居住している者が対象です。これより上のレベルは永住者、連続居住期間が10年以上の国民、あるいは10年以上前述の4か国に居住した国民に限られます。

　英米加豪の4か国限定なのは、ニュージーランドも含めたこれら5か国の諜報機関が相互防諜同盟を結んでいるからです。しかし、米国の軍および軍需産業には国籍条項の緩和がないため、ニュージーランド人は就職できません。

## ● 自動運転エンジニア（Autonomous Driving Engineer）

　自動運転技術が一般の新聞紙上を賑やかすことも多くなってきました。しかし、現在の技術で実現できるのは、自動化の難易度レベルを0～5として2～3程度なので、公道の自律的な走行にはまだまだ研究開発が必要です。それでも、自動ブレーキなど現在の技術の範囲からでも市場に投入できるため、自動運転関連の求人が増えてきています。もちろん、萌芽状態のうちから手をつけておくことで、市場に先手を打とうというビジネス戦略上の判断もあるでしょう。自動車だけでなく、ドローンから戦車までヒトが運転する走行装置はすべてこの技術の恩恵にあずかるので、将来性もよい技術です。

　自動運転は上述の信号処理技術、レーダーなどのセンサー技術、車の位置を特定するGPSや地理情報システム、交通情報システム、車内ネットワークも含めたネットワーク技術、大量の情報をリアルタイムで処理するGPGPUなどの並列処理技術、機械学習など複数の技術から成り立っています。これらの要素技術を有機的に結合するシステム技術も必要です。そのため、単に自動運転エンジニアだけではフォーカスがどこにあるのか明確ではありませんが、特に求人の多いのは機械学習と画像

1.4　デジタル信号処理エンジニア

処理を対象にしたものです。

　まだ研究段階の技術であるため、ベースとなるコンピュータ科学上の理論を理解しているだけでなく、早いペースの発展に追いつけるだけのリサーチ能力も欠かせません。

　自動車電装品を製造販売する会社の求人例を示します。

---

　自動運転を達成するため、現在位置を特定し、周囲の状況を推定するサブシステムの設計開発を担当する自動運転エンジニアを求めています。業務には、プロトタイプの実車への搭載、実際の道路での走行テストも含まれます。

　応募者には Linux の開発経験、C/C++ プログラミング、最新のアルゴリズム、自己位置推定と環境地図作成、最適推定アルゴリズムの知識と経験が必要です。修士以上優遇。

---

　環境地図（localization and mapping）は周囲のモノがどこにあるか、また自機はその中のどこに位置しているのかを記述した地図です。地図はセンサー、GPS データ、地図情報などから自動的に生成します。自動運転車やロボットはこの地図をもとに、現在位置から目的の地点までの経路を判断し、自律的に移動します。こういうと簡単そうですが、なかなか難しいです。Pokémon Go で自分の実際の位置と画面上の位置が異なっているために、参加できるはずのレイドに参加できなかった経験はあると思います。レイドなら次の機会を待てばよいだけですが、自動運転だと間違ってコンビニに突っ込むかもしれず、細心の注意が必要です。

　最適推定（optimal estimation）はデータから求めたい値（ここでは位置）の確率分布を計算する統計学的な手法で、コンピュータ科学の講義で習うものです。

　ちなみに、もともとの求人例ではローカライゼーションエンジニア（Localization Engineer）という、他ではみかけない職名を使っていました。移動体が自機の現在位置を特定することをローカライズ（localize）というからです。おそらく、この会社の研究開発部門には、自動運転の技術要素を冠したたくさんの職名があるのでしょう。ここで意訳しているのは、画面表示を日本語化するなどのインタフェースの地域対応技術もローカライゼーションというからです（5.2 節参照）。

47

# 1.5 グラフィックスエンジニア

コンピュータグラフィックス（CG：Computer Graphics）は、コンピュータで画像（グラフィック）を生成する技術です。画像を扱うという点では 1.4 節の画像処理と基盤技術は共通していますが、画像処理がリアルな画像からコンピュータの扱えるモデルを生成するのに対し、CG はコンピュータの扱える数式やモデルからリアルな画像を生成すると、リアルとバーチャルの方向が逆になっています。

リアルな画像を生成する技術には VR や AR もあります。VR は仮想現実（Virtual Reality）の略で、コンピュータで生成したバーチャルな世界をユーザにリアルに体感させるシステムです。画像そのものは CG ですが、五感に訴えるための各種のデバイス技術が加わっています。たとえば、ヘッドマウントディスプレイを使って視点の変化とともに画像をリアルタイムに変化させる、立体音響で後ろから音が近寄ってくる効果を生み出す、圧力アクチュエータで弾が当たった衝撃を感じさせるなどです。AR は拡張現実（Augmented Reality）の略で、リアルな画像に CG を埋め込んだものです。たとえば、リアルの机の上で CG の初音ミクが踊り、そこに自分のリアルな手を差し伸べるとちょこんと乗ってくれるような（圧力を操作できる手袋があれば体重も感じる）体験ができます。

いずれも映画、アニメ、イラスト、マンガ、ゲームなど、視覚系エンターテイメントで多くの応用例がみられます。商用映像作品では、まったく使っていないものを探すほうが難しいくらいです。VR では、エンターテイメント産業以外に、軍事シミュレーション（特にトレーニング）、火星や原子力発電所や崩壊した遺跡など人の入れない場所でのロボット操作（テレエクジスタンスといいます）などの応用例があります。AR には、ナビゲーションシステムと組み合わせて現在位置周囲の実店舗のセール品を提示するなど、ビジネスへの応用も検討されています。

一般化した技術もありますが、より高いリアリティを求めて、今も研究開発が盛んに行われています。設計者あるいは開発者向けの求人には、既存技術の向上とともに学術レベルの新技術の実用化といったパイオニア的な業務が多いようです。

グラフィックス開発エンジニアにも、数学とコンピュータ科学のバックグラウンドが必要です。もちろん、数学表現やアルゴリズムをプログラムに起こすのが最終的な目標ですから、プログラミング能力は重要です。アーティスティックな分野での応用が多いためアートのセンスが必要と思われるかもしれませんが、コンテンツ

作成によほど近くなければ、エンジニアには必須というわけではありません。

## ● 3DCG エンジニア（3DCG Engineer）

映像やゲームなどで用いられる 3D グラフィックスを生成するシステムあるいは
アプリケーションの開発、高度化、効率化を行うエンジニアです。コンテンツを作
成する職ではありません。アーティストの要求をソフトウェアに起こすプログラマ
です。3ds Max や Maya などの 3D 作成ツールは直接タッチはしませんが（使うの
はアーティストです）、新機能をプラグインの形で開発します。

3D グラフィックスの作成には、物体のモデル化（これを行う人をモデラーとい
います）、そうしたモデルデータを管理する特殊なデータベース、実世界でみえる
表面（テクスチャ）のモデルへの貼り付け、光の当たり具合や反射の計算（レイ
トレーシング）、陰影の計算（シェーディング）など多数の要素がかかわっており、
それぞれをプロフェッショナルなエンジニアが担当しています。また、こうした多
段的な処理を流れ作業で行うパイプラインシステムの設計開発も 3D グラフィック
スエンジニアの担当範囲とされます（パイプラインシステム開発のシステムエンジ
ニア職については 2.7 節）。

特殊視覚効果（VFX）スタジオのレンダリング／シェーディングエンジニアの求
人例を次に示します。

本物と見分けのつかない忠実かつ複雑な映像を生み出す、特殊効果用レンダ
リング／シェーディング技術の高度化を担うチームに参加する 3DCG エンジ
ニアを求めています。この技術はヒト、毛むくじゃらであったりネトネトして
いるエイリアン、巨大な建造物や宇宙船、ホコリや煙や炎や水といった自然現
象などを映像アーティストがリアルに作成するときに使われるものです。

応募者には C++、Python、Linux に加え、パストレーシング、ライトトラ
ンスポート、高ダイナミックレンジ画像、サンプリング、モデリング、色彩工
学、幾何学図形処理など 3D グラフィックスにかかわる理論に精通しているこ
とが求められます。また、物理モデルベースのレンダリングツール、コンピュー
タグラフィックス用ライティングアプリケーションの実務経験も必要です。コ
ンピュータ科学専攻の学士以上の学歴、ソフトウェア開発あるいは視覚効果制

作の 3 年以上の業務経験が求められます。

　CG 作成に必要な多くの応用技術やツールの経験が必要なのは自明ですが、幾何学図形や物理モデルのような基盤の知識が必要な点に注目してください。CG を実際に作成するアーティストなら（技術的には）ツールを使うだけですが、エンジニアはそのためのツールをいちから開発しなければならないのです。なお、アート系の職場の求人では、エンジニアであっても CG を実際に作成するスタジオでの業務経験が求められる傾向があり、業界外からは転職しにくい世界です。

### ● VR エンジニア（VR Engineer）

　仮想現実（VR）や拡張現実（AR）は、コンピュータの生成物というバーチャルであってもリアルさを五感すべてで感じさせる CG の発展形です。VR エンジニアには、グラフィックスだけでなく、ヘッドマウントディスプレイなどの表示装置や感圧グローブのような触覚デバイスといったガジェットもコントロールする技術が求められます。

　ソーシャルネットワークサービスを展開する会社の求人例を次に示します。

　　当社のソーシャル VR ネットワークサービスを設計、実装する VR エンジニアを求めています。職位はアーキテクトレベル（1.1 節参照）で、多様なバックグラウンドを持つチームのリーダーとして活躍することが期待されます。

　　応募者には 5 年以上のユーザインタフェース、ゲーム、インタラクティブ 3D ツールなどの開発経験が求められます。各種のヘッドマウントディスプレイと端末をターゲットに C++ あるいは C# を用いたプログラミング経験があれば優遇します。具体的には、ヘッドマウントディスプレイは Rift、Vive、GearVR など、端末は Windows、Android、コンソールゲームマシンです。マルチプレーヤーゲーム環境における非同期通信の開発経験があればなお可です。3D および線形代数にかかわる学術的な知識、Unity 3D の経験が必須です。求められる学歴はコンピュータ科学あるいは数学の学士以上です。

具体的な職務内容がないのは、研究も含めた企画段階のプロジェクトのためと思われます。しかし、そのわりにはデバイスの仕様はずいぶんと固まっているようです。Rift、Vive、GearVR はそれぞれ Oculus、HTC、Samsung の製品名で、amazon から購入できるくらい一般的な商品です（遊びで買うにはちと高めですが）。ヘッドトラッキングもできます。

## ● テクニカルアーティスト（Technical Artist）

映像、ゲーム、体験型の展示などで用いられる 3DCG、VR、AR を作成するためのデータやツールを開発する職です。コンテンツそのものの開発ではありません。

職名に技術とアートが含まれていることからわかるように、ビジュアル表現を生み出すアーティストやデザイナーと技術者の間に位置する職です。たとえば、デザイナーのイメージする爆発シーンを生成するデータや動きを用意します。アーティストの要求がコンピュータの性能的に高すぎるのであれば、適切な範囲で動作可能な状態に持っていきます。たとえば、デザインどおりに実装したら映像がカクカクしか動かないようならば、間引いたりポリゴン数を減らしたりなどの提案をします。また、技術とアートをどこで擦り合わせるかのガイドラインを作成するという、アーキテクトのような仕事も業務に含まれます。

テクニカルアーティストには 2D/3D にかかわる理論、技術、実践経験が求められます。アニメーションやゲームで用いる既存のツール（Maya や Unity）の技能も必要です。高度なグラフィックス処理のための GPGPU、プログラミング言語、サーバなどのシステム寄りの知識も重要です。

テーマパーク運営会社の求人例を次に示します。

---

当社テーマパークの AR アトラクションを構築するテクニカルアーティストを求めています。主な業務は、アーティスト、デザイナー、アニメーターが利用するツール、シェーダー、特殊効果、パイプラインシステムを開発することです。これには、Unity で使用する Maya のリグの作成も含まれます。また、技術部やアート部門と連携して、技術的な問題の解決にもあたってもらいます。加えて、映像の審美的な側面についての議論にも参加してもらいます。

応募者には 3 ～ 5 年のゲーム開発とパイプライン処理の経験が求められま

す。必要なツールや言語は Maya、C#、Unity です。加えて、パーティクルシステム、特殊視覚効果、ライティング、ダイナミクス、レイアウト、シェーディングおよびシェーディング記述言語、色彩工学、2D/3D グラフィックス、ユーザインタフェース設計などコンピュータグラフィックスの技法にも詳しくなければなりません。もちろん、アートのセンスも求められますし、当社の映画にも精通していなければなりません。

技術者であると同時に「審美的側面」も理解でき、映画も観込んでいるアート指向な人材であることがよくわかる例だと思います。

パーティクルシステムは炎や水や爆発などを粒子の物理的な運動と定義することで、それらの動きをシミュレーションし、リアルな映像を生成するコンピュータグラフィックスの技法のひとつです。ダイナミクスは、ヒト型のような 3D オブジェクトを規則にのっとって動作させるメカニズムあるいはスクリプトを指します。

シェーディング記述言語は物体に付ける陰影（シェーディング）の色や明るさなどを記述する専用の言語です。アルゴリズムを記述するプログラミング言語ではなく、HTML や CSS のようにデータを表現するための言語です。Microsoft の HLSLや OpenGL の GLSL などがあります。この記述をもとに陰影を加えるエンジンがシェーダーです。

# 1.6 開発工程管理

ここまで、ソフトウェアの設計と実装というソフトウェア開発に直接タッチする職を取り上げてきました。本節では、開発活動を支援する各種の専門職を説明します。具体的にはビルド（コードから実行形式の生成）、テスト（実行形式の試験）、リリース（ユーザへの提供）という開発工程の支援です。開発工程にはユーザマニュアルを含む文書作成やトレーニングなども含まれますが、それらは第 5 章で取り上げます。

## 1.6 開発工程管理

### ● ソフトウェアビルドエンジニア（Software Build Engineer）

ソフトウェアの「ビルド」（構築）は、複数のソースコードから実行可能な単体のプログラムを生成する作業を指します。ひとりでソースコードをひとつふたつ書いているのなら難しい話ではないのですが、多人数で大規模なプログラムを開発していると、コンパイルの順序を誤る（AがBに依存しているのなら、Bを先にコンパイルしないとAをコンパイルできない）、コンパイルオプションが適切ではない、利用しているライブラリのバージョンがお互いにあわないといった問題が発生し、プログラムの品質が低下します。また、昨今ではアジャイルと呼ばれる小さな変更を短い期間に繰り返し行うソフトウェア開発手法が盛んなため、ビルドの回数も増えています。

そのため、ビルド作業を一括管理する担当者が必要になるのですが、プログラマと兼任では本職がおろそかになってしまいます。そこで要請されるのがソフトウェアビルドエンジニアです。

ビルドエンジニアは専用の自動化ツールを用いてビルド作業を行うので、そのツールの設定、運用が主な業務となります。もちろん、業務プロセスを見なおすことで自動化の精度や効率を上げるのも仕事のうちです。ビルドエンジニアには、まずプログラミングの経験がなければなりません。また、大規模開発では多様な言語のソースコード、外部のライブラリやAPI、国際化ツール、各種メディアと関連してくるため、広い知識が要求されます。当然ながら、開発環境（OSなど）、コンパイラの特性、ビルドツール、ソフトウェア開発や品質管理の方法論の知識も必要です。

プログラミングおよびその開発工程に対する深い理解が必要である点から、ビルドエンジニアはプログラマからステップアップした職と考えることもできます。ビルド環境というプラットフォームを管理運用するという意味では、特定の分野に精通したシステムエンジニア（第2章）と考えることもでき、そちらから移ってくる人もあるでしょう。

コンソールゲーム製造会社の求人例を次に示します。

---

当社の自動ビルドプロセスプラットフォームを用いてビルドとリリースを管理するとともに、効率と品質を向上させることのできるビルドエンジニアを求

めています。また、ビルド用スクリプト、インストールプロセス、ソースコード管理の開発の任も担ってもらいます。

応募者には Perforce（バージョン管理システム）、C#、Java あるいは類似のオブジェクト指向言語、Windows、MacOS、Unix のシステム管理、そしてゲーム業界での CI/CD（1.1 節参照）の経験が求められます。学歴にはコンピュータ科学あるいはそれに類する学士以上が要求されます。

この職はビルド作業だけでなく、リリース管理とバージョン管理も兼務している点に注目してください。これらの専門職もないわけではありませんが（リリース管理については後述）、テストなどの品質管理も含めてしばしばまとめて取り扱われます。これは未分化というよりは、それらが密接に関連しており、機能をまとめて提供している自動化ツールも多いからです。

## ● ソフトウェアテストエンジニア（Software Test Engineer）

開発したソフトウェアは、目的の機能が仕様どおりに動作するか、欠陥がないかテストしなければなりません。多数の要素や機能、その使われ方（環境）、そしてそれらの組み合わせは膨大なものとなるため、テストはシステマティックに実施しなければなりません。こうしたソフトウェアテストのエキスパートがテストエンジニアです。

業務的には品質管理（Quality Assurance）に分類されるため QA エンジニアとも呼ばれます。複雑かつ多岐にわたるソフトウェアテストには各種の自動化ツールの利用が前提なため、テスト自動化エンジニア（Test Automation Engineer）という呼称もあります。

ソフトウェアテストエンジニアは大別するとふたつの職に分けることができます。ひとつはテストを実施し、その結果を報告するテスターです。もうひとつは、テスト用の自動化ツールの設定と管理運用を担当する職で、第 2 章のシステムエンジニアと守備範囲が一部オーバーラップします。上級職のソフトウェアテストエンジニアになると、テストそのものの要件を定めたり、テストプロジェクトを管理するといった、管理職の職務も担います。

プログラミング技術に加えて、ソフトウェアが利用される環境（OS やネットワー

ク環境）にも通じていることが求められます。もちろん、品質管理や分析の方法論、そして自動化ツールの経験も必要です。また、前項のビルドと連携して行われるため、ビルド管理やバージョン管理など、ソフトウェア開発工程の要所は押さえていなければなりません。

ソフトウェアテストエンジニアになる道は、通常のソフトウェア開発から転身してくるパターンと大学で品質管理を学んでから直接その道に進むというパターンの2通りが一般的です。以降は、またソフトウェア開発に戻る、品質管理のプロフェッショナルとしてより高レベルのテスターあるいは管理職へと進みます。

ネットワークサービスを開発する会社の求人例を次に示します。

---

モバイルアプリを対象に、テストの方法論と手順を用いてソフトウェアテスト計画を作成、修正、実行します。テスト結果は文書化し、その解析結果から必要な修正作業を開発元に勧告します。必要に応じて、新しいテスト用ツールも作成してもらいます。

応募者にはソフトウェアテストの方法論やソフトウェア開発手法に加え、ネットワークアプリケーションに必要な技術、たとえば HTTP や HTTPS などのネットワークプロトコル、Unix システム、モバイルシステム、Python や JavaScript などのスクリプト言語が必要です。学士ならば8年以上、修士ならば6年以上の関連業務の経験が求められます。

---

モバイルアプリが対象なため、通信メカニズムやモバイルでよく用いられる言語の知識が要求される点に注目してください。別のアプリケーションなら、これとは違った言語や環境の経験が問われます。

## ● リリース管理エンジニア（Release Management Engineer）

リリース管理エンジニアは開発スケジュールや関係部門間の調整をする開発系の専門職です。

ソフトウェア開発サイクル、つまり開発から発売までのターンアラウンドは従来より短くなっています。これは CI/CD（1.1 節参照）のように小さい変更を繰り返したほうがバグや手戻りが少なくできるという品質管理上の目的もありますが、市

55

場の要求にいち早く反応したいというビジネス上の戦略も絡んでいます。早いターンアラウンドは、ウェブサービスやアプリの頻繁なアップデートからその一例を見ることができます。短期間に製品やサービスをリリースするには、いつどの機能をリリースするのかのスケジュールを調整し、開発者や品質管理担当をコーディネートする専門の管理者が必要で、それがリリース管理エンジニアの主な業務です。ソフトウェアがネットワークサービスや社内システムのようにリリースと同時に利用が開始されるようなタイプのものならば、そのサポートをしなければならない IT 部門との調整もします。また、複数の製品群が有機的に絡み合っているようなケースでは製品間の連携も必要で、これらを監督するのもリリース管理エンジニアの仕事です。

　リリーストレインエンジニア（Release Train Engineer）、略して RTE とも呼ばれます。いくつものリリースのスケジュールを列車（トレイン）の車両のようにつなげて構成するスケジューリング手法からきています。

　上述のように、リリース管理エンジニアの担務は一部ビルドエンジニアのそれと重複しており、また兼務されることも多いのですが、独立した専門職の場合は、ほぼ管理職といってよい職務内容です。つまり、ビルド管理や（テクニカルな意味での）リリース管理業務を経てから上がってくる上級職と考えることができます。

　事務用品販売会社の求人例を次に示します。

---

　短いサイクルで繰り返されるソフトウェアリリースを管理するリリース管理エンジニアを求めています。業務には、プログラムレベルでの CI/CD のスケジューリングと進捗管理、開発サイクルの最後のレビュー、リスク管理、作業単位の設計なども含まれます。また、チームメンバーに対しアジャイル、スクラム、DevOps、カンバン、エクストリームプログラミングなどのソフトウェア開発手法の指導が期待されます。

　応募者には最低でも 8 年以上のプロジェクトあるいはプログラムの管理経験と 3 年以上のスクラム型開発チームの管理経験が必要です。また、2 年以上のビルド管理の経験も必要です。学歴は学士以上。

---

　2 段落目の「プログラム」はコンピュータプログラムではなく、コンサート演目

の「プログラム」と同じ意味で、ビジネス上の目的を達成するための複数のプロジェクトです（プログラムマネージャについては 5.1 節参照）。つまりこれは、単一のソフトウェア開発よりも広い範囲でのスケジューリングや調整を必要とする上級職です。ここまでくるとほぼ管理職レベルであり、そのため、プログラミング経験ではなく開発管理経験が問われています。

　この求人にはいくつかのソフトウェア開発手法が列挙されています。どんなステップで作業を行っていけば問題を少なく目的を達成できるかは、システム開発が始まったときからいろいろ考案されていきました（ピラミッドの建築でも、開発手法とそれを管理する専門家がいたはずです）。どの方法がベストかは組織構造、人材の種類、ターゲットとなる製品、プロジェクトの構成などを考慮の上決定しなければなりません。


# 1.7　その他

　分野的にはソフトウェア工学に分類されるものの、ここまでの節には収まりきらなかった職を次に示します。

### ● UI/UX デザイナー（UI/UX Designer）

　UI はユーザインタフェース（User Interface）、UX はユーザ経験（User Experience）の略で、どちらもコンピュータシステムの使い勝手をよくする技術や手法を指します。最もわかりやすい例は、携帯電話のグラフィカルな表示とタッチスクリーンでしょう。アイコンはその機能が SNS かメールか一目でわかるようにデザインされており、さわればアニメーションでいまからスタートしますよとユーザに伝えます。

　UI と UX の違いは明確ではありませんが、前者は画面や入力デバイスなどの人工物をわかりやすくする活動で、後者はそうした人工物を使ったときに感じる何かをより豊かにする試みと考えればよいでしょう。たとえば、iPhone の画面上のアイコンの動きやスワイプの速度を決定するのが UI、iPhone を使って「楽しかった」と思ってもらえるような作りにするのが UX といった感じです。

　UI/UX デザイナーは広義には、工業製品のデザインを担当するプロダクトデザイ

ナーの一職種です。ウェブデザイナーやグラフィックデザイナーではありません。

UI/UX デザイナーにはユーザインタフェースや人間工学にかかわる各種の設計ガイドラインやベストプラクティスを知り、それらを実践する能力が要求されます（同分野のサイエンティスト職は 4.2 節参照）。コンピュータ製品が扱うのは複雑に入り組んだ、実体のない「情報」ですから、これらの情報をわかりやすく、使いやすいように簡潔にまとめるデータのモデル化とビジュアライゼーションの技能も必要です。ワークフローシステムのデザインではビジネスプロセスに詳しくなければならない、といったように分野に応じた専門知識も必要です。商品全体が同じルックアンドフィールを持てるような戦略を打ち立てる上位職もあり、そのような職種ではプロダクトマネージャ（5.1 節）と同等な管理スキルが求められます。

製品レベルの開発はソフトウェアエンジニアたちに任せるので、高度な開発能力は要求されません。しかし、インタラクティブなプロトタイプをプログラムし、デモできる技術は必要です。デバイス系のデザイナーならば、3D モデルを自ら作成したり簡単な回路を組むなど、コンピュータ工学の能力も要求されます。

類似の職に UI/UX 開発者もあります。基本は同じですが、デザインよりも実際の開発に焦点が置かれているのが通例です。ウェブを含む画面インタフェースの設計と開発が多く、1.3 節同様、HTML、CSS、JavaScript などのウェブ、REST や HTTP などのネットワークの技能が求められます。

銀行の求人例を次に示します。

---

ユーザ経験戦略の統括とコンテンツライターを兼務した UX デザイナーを求めています。対象プラットフォームは PC、モバイルデバイス、ATM、自動音声応答システム、実店舗などです。担当者にはこれらのユーザニーズを分析し、すべてのコンテンツで一貫性のある表現を適切な技術で達成するための戦略を構築してもらいます。対象コンテンツはヘルプなどを含む画面、ユーザ向け資料、マーケティング資料、音声ナビゲーション、入力フォームの名称やそのメッセージ、エラーメッセージ、FAQ などです。業務では、ビジュアルデザイナー、ユーザ経験アーキテクト、UI/UX 研究者らと共同して、プロジェクト間で整合性が取れるように留意します。また、サンプルユーザを対象とした聞き取り調査からプロトタイプおよび製品を評価します。これに加え、対象プラット

フォームに当社のスタイルガイドにのっとった高品質なコンテンツを提供し、必要に応じてこれらを更新します。

　応募者には 10 年以上の金融業界での勤務経験、5 年以上のコンテンツ戦略の実務経験が求められます。ライティングや編集の技能については、ウェブサイト、モバイルアプリ、あるいはその他のデジタルプラットフォームでの 3 年以上の経験が要求されます。これまでの作品を提出してください。コンテンツ管理システム、英語学、ジャーナリズム学、コミュニケーション学の学位保有者を優遇します。

　文章から得られるユーザ経験に寄っているため、あまり技術職とはいえないかもしれません。しかし、ヘルプ画面や入力フォームの設計はやはりエンジニアの仕事です。この例でおもしろいのは、実店舗も対象に含まれているところでしょう。PC からインターネット経由だろうと、ATM や音声ガイドのようなマシンだろうと、実店舗であろうと、同じ見栄えと使い方ができるように設計するというのは、かなり難易度の高いデザイン業務でしょう。

　なお、コンテンツ管理システム（CMS：Contents Management System）はウェブやアプリケーションで用いる画像やテキストなどのコンテンツを管理、配信するためのシステムで、広い意味で 2.4 節のエンタープライズソフトウェアの一分野です。

## ● 国際化エンジニア（Internationalization Engineer）

　日本で「国際化」というと英語をしゃべるという短絡したゴールに飛びつきがちですが、コンピュータの世界の国際化は、地域によって異なる言語や表記を同じソフトウェアでも統一的に処理する技術です。具体的には、コンピュータやスマートフォンの「言語」設定を変えるだけで画面表示を日本語にしたり、通貨記号を￥に変えたり、電話番号に日本のスタイルで自動的にハイフンを入れます。「インターナショナライゼーション」では読んでも書いても長いので、i18n と略すこともあります。先頭の i と末尾の n の間に 18 文字あるという意味です。

　国際化エンジニアは、ヘルプ画面の「Help」を「ヘルプ」になおすといった翻訳作業はしません。それはエンジニアではない翻訳家の仕事です。また、各言語およ

# 1 ソフトウェア工学

びそれに付随する通貨記号などの情報を実装する作業も担当しません。それはローカライゼーションエンジニアの仕事です（どちらも 5.2 節参照）。国際化エンジニアの主業務は、言語や文化を抽象的に取り扱うことで統一的なソフトウェアアーキテクチャを設計するところにあります。開発対象は主としてデバイス（OS）、ウェブサイト、ビデオプレイヤー（字幕や音声等）、サーチエンジン、音声入力システムなどです。

国際化で要求される技術はプログラミング、開発プラットフォーム（iPhone なら iOS や Cocoa）、文字コード、i18n 関係のプログラミングライブラリやデータセットなどです。ソフトウェアを国際化するにはあらかじめ変更される部分を意識しながら設計しなければならないため、ソフトウェアの設計手法、アーキテクチャ、データ構造などの基盤知識が必須となります。ユーザインタフェースの開発経験も重視されます。むろん、他国の文字や表記をいくつかはわきまえるのも必要です。

よい国際化エンジニアにはユーザ経験に対する洞察力が必要です。そのため、この職で経験を積んだのち、ユーザ経験を重視した品質管理の職（1.6 節）に移動することもあります。仕事を通じて製品開発の知識も徐々に蓄えられていくことから、デザイン指向な製品を製造する会社のアーキテクトに転向することもあるでしょう。

オンラインビデオサービス会社の求人例を次に示します。

---

多種多様な製品や技術で共通して利用できる i18n ソリューションを開発する国際化エンジニアを求めています。業務には他チームと協力しての要求条件の洗い出し、新機能のプロトタイプの作成、インテグレーションパイプラインの自動化、品質テストなどで必要なツールの作成も含まれます。さらに、ビジネスニーズを満足させるコンテンツ管理システムおよび翻訳管理システム（TMS）の選定にも寄与してもらいます。

応募者にはコンピュータ科学の学士以上、あるいは 3 年以上のソフトウェア開発経験が求められます。技術には JavaScript、C++、Java、Python などの高級言語プログラミング、React や AngularJS などの開発フレームワーク、i18n 開発、翻訳管理システム（なんでもよいが複数）が必要です。中韓日印の文字とエンコーディング技術の理解も必要です。

---

1.7 その他

パイプライン自動化、品質テストツール、コンテンツ管理システムも含まれていることから、アーキテクトであるだけでなく、1.6 節の開発工程管理に近い職でもあることがわかります。国際化メカニズムはソフトウェアとして完成した域に達し、各種ライブラリや開発環境も充実しているため、新規設計があまりなく、複数の関連した業務も担当するようになってきているのかもしれません。

翻訳管理システムは翻訳家の翻訳作業を支援するアプリケーションで、5.2 節で取り上げます。

61

# 2

## 情報システム

　情報システム（Information Systems）は、コンピュータシステムの構築技術を扱う工学分野です。

　システムは、いろいろな要素がそれぞれ相互に関連しあうことで、全体として特定の目的を果たすものです。たとえば、自動車はエンジンやハンドルやタイヤといった要素で構成され、全体として高速で地上を移動するという目的を達成するシステムです。エンジンそれ自体もシステムで、ピストン、カムシャフト、クランクシャフトなどからなり、燃料を燃やして動力を取り出す装置です。このように、複雑な装置ではシステムが他のシステムを構成要素としたシステムのシステムになっていることが一般的です。

　情報システムは、情報の収集、保管、処理、検索、伝達などの目的を達成するために、ソフトウェアやハードウェアを組み合わせて構築したシステムです。自動車同様、構成要素である単体のハードウェアやソフトウェアもシステムです。

　学問分野としての情報システムには次のトピックが含まれます。

- 情報管理技術
- 情報検索
- 知識管理
- データマイニングおよびビジネスインテリジェンス（BI）
- 情報セキュリティとリスク管理
- ソーシャルネットワークシステム（SNS）
- システム解析と設計

63

- IT インフラストラクチャ
- プロジェクト管理
- アプリケーション開発
- ビジネスプロセス（手続き）処理
- コンピュータ支援協調作業
- エンタープライズシステム
- 監査処理
- 情報システム戦略とマネージメント

コンピュータシステムは会社などの組織がそのビジネス上の目的を達成するために利用するものなので、その構築にはビジネスの知識が必要です。そのため、情報システム専攻は理工学系だけでなく、経済学部やビジネススクールといった文系な学部でも提供しています。

情報システム工学に似た分野に情報科学（Information Science）もあります。こちらは情報の処理についてより学問的な見地からアプローチする分野です。

## ● 情報システムエンジニア

情報システムエンジニア（Information Systems Engineer）はシステム工学、情報科学、コンピュータ科学などの知識と技術を活用しながら情報システムを構築する職です。その活動には、要求分析や定義、設計、構築、テスト、設置などが含まれます。

コンピュータ業界ではしばしば「情報」を外して、単にシステムエンジニアと呼びます（以下、本章でもそう略します）。ただ、飛行機やビルや空調システムなど、たくさんの要素からなるシステムの構築に携わるエンジニアもやはりシステムエンジニアなので、文脈には注意しなければなりません。

活動内容だけをみると第 1 章のソフトウェアエンジニアと似ていますが、システムエンジニア＝プログラマではありません。システムエンジニアの神髄は、すでにある要素を目的にかなうように最善の手段で組み合わせるところにあります。つまり、プログラマが作成したソフトウェアを要素としてシステムを構築するので、システムエンジニアはソフトウェア製品の使い手であり、プログラマが作り手です。もちろん、ちょっとしたプログラムを書くこともあれば、カスタマイズのためにプログラミングと似た作業を担当することもあります。システムを移行するとき、現

在のシステムから新規システムにデータを転送する変換プログラムを書くこともあるでしょう。しかし、ソフトウェアエンジニアほど複雑なものは書きません。大規模なプログラムはやはり専業のソフトウェア開発者に依頼します。

　システムエンジニアには、ビジネスに直結したシステムを手掛けることが多いため、ビジネスセンスが求められます。また、顧客のあいまいな要求を対話を通じて明確で技術的な仕様に通訳するとともに、要求分析も要求定義も設計も記述する文書作成能力も必要です。

　システムエンジニア＝ITエンジニア（第3章）ではありません。システムエンジニアの主な業務がシステムの「構築」なのに対し、ITエンジニアのそれはシステムの「運用」と「サポート」です。つまり、ここではシステムエンジニアが作り手で、ITエンジニアが使い手となります。

　とはいうものの、境界はそれほど明確ではありません。システムが小規模であれば、プログラミングを担当したり、通信プロトコルを自作することもあるでしょう。組織が小さく分業が進んでいなければ、運用もサポートも業務に含まれることもあります。ただ、システムエンジニアにはシステムという複雑な構造体を全体として最適化するという目的を持っている点だけは知っておくよいでしょう。

**2** 情報システム

### ● 職業としてのシステムエンジニア

　上述のように、システムエンジニアの仕事はシステムの要求分析および定義、設計、構築、テスト、設置です。ソフトウェアエンジニア同様、専門性の高い職業ですが、ソフトウェアエンジニアほど各工程が独立的ではありません。小ぶりなプロジェクトや大きくない組織では、単独で分析から設置まですべてカバーすることもしばしばあります。もちろん、大きな案件ならば、多人数がそれぞれの専門領域から貢献します。

　システムエンジニアには、コンピュータ系の専門科目を修めてから進むのが一般的です。専攻には、コンピュータ科学、システム工学、ソフトウェア工学、情報システム、情報技術（IT）など、かなり多くの分野が含まれます。情報マネージメントや経営学など経営学関連のコースを修めてから進んでくることもあります。転職では、プログラマ、システム管理者、ITサポートなど多様な分野から転入してきます。そういう意味では、門戸の広い職です。初級レベルから技能と知識を積み上げていくに従い、中級、上級とレベルが上がっていきます。その後は、ネットワークシステムのスペシャリストのように特定の技術分野、あるいは財務や会計といった応用分野に特化したエキスパートへと進化していきます。

　日本ではしばしば SE と称されますが、英語では略されません。日本の SE は定義があいまいで、コンピュータ関連の仕事なら全部カバーするおおざっぱな用いられ方までされますが、本書では、システムエンジニアという語をシステムを構築する職として限定的に用います。ちなみに、英語では Systems Engineer とシステムが複数形になっているので、正確には「システムズエンジニア」です。日本ではあまり見慣れないので、本書では「ズ」は入れずに書いています。

## 2.1 営業エンジニア

　高度な技術で構成されたコンピュータ機器やサービスを販売する営業は単なるセールスマンではなく、エンジニアです。

　技術的なポジションであることを明らかにするため、技術営業エンジニア（Technical Sales Engineer）と呼ぶこともあります。システムに主軸が置かれていれば、営業システムエンジニア（Systems Engineer, Sales）という呼称も使われま

す。日本ではセールスエンジニアと表記することも多いようです。いずれも、売ることが目的の営業がメインであるという点では一致しています。顧客の抱える問題を解決する方法を提供するところから、ソリューション（解決策）エンジニア（Solution Engineer）ともいわれます。商品が技術的なものだと、電話応対営業職でも求人に営業エンジニアと掲載されることもありますが、職務自体が技術的ではないので本節では扱いません。

　営業エンジニアの主な業務は、顧客の抱えている問題を把握し、自社製品を用いた解決策を提案することです。営業活動は大きくプリセールス（販売前）とポストセールス（販売後）に分けることができ、それぞれ業務は異なります。細かい職務内容はそれぞれの項目で示します。

　営業エンジニアに求められるのは第1に営業能力です。これにはビジネスセンス、プレゼンテーション能力、顧客との有効な関係の樹立、その業界の動向の把握などが含まれます。日本の企業が何かにつけて「コミュニケーションスキル」と叫ぶのは、企業活動の中でも営業職のウェイトが大きいからかもしれません。反面、技術能力は先鋭的に高い必要はありません（もちろん、レベルが上がってくるにつ

れて技術がより問われるようになってきます）。自社および競合他社の製品の機能、メリット／デメリット、訪問先で演示ができる程度の製品の知識があれば当面は十分です。採用企業にしても、最初から自社製品に精通した人材を期待しているわけではありません。通常、入社後に短期間の製品トレーニングが課せられるので、講義を吸収できる技術的バックグラウンドは必要です。営業販売の管理には専用の IT システム（たとえば Salesforce）が用いられるため、類似のアプリケーションの経験が求められることもあります。

　営業エンジニアは主として製品やサービスを提供する会社、あるいは販売代理店（リセーラー）に勤務します。コンサルティングファームやシステムインテグレーション会社のこともあります。営業エンジニアには非技術系営業担当から昇進してくるのが妥当なキャリアパスです。全般に、他の技術職よりも技術的な要求条件は低めで、門戸も広いため、他のどの分野からでも移動してくることができます。

　営業エンジニアが他の技術職と大きく異なるのはその給与体系です。一般に、通常の給料（ベースサラリー）は低く抑えられている代わりに、売り上げに応じたコミッション（歩合）が報酬として得られます。勤務体系は出張が多く（一説には 2 割から 7 割）、社内にいることが少ないのが特徴です。売上金額という非常にわかりやすい数値で成果を測ることができるため、他よりも業務評価はシビアです。

● **プリセールスエンジニア（Presales Engineer）**

　プリセールスは文字どおり商談締結の前（pre）の営業活動です。プリセールスはコンピュータ業界では重要な位置を占めています。というのも、その製品およびサービスはそのままで利用されることはほとんどなく、それぞれに異なる顧客の環境で動作するよう数多くのカスタマイゼーションや初期設定を必要とするからです。顧客はカタログではわからない相互接続性の確認、データの旧機種から新機種への移行、性能が要求を満たすか、また必要なカスタマイゼーションの量（コスト）はどれほどなのかをこのプリセール期間中に判断します。

　基本業務は顧客の要件の取りまとめ、提案書の作成、他社製品も含めての可能な解決策の比較対照、技術説明とデモです。機器やサービスをテスト的に設置することで、提案する製品、アプリケーション、ソリューションが顧客に満足のいくものであることを実証することもあります。これを概念実証（PoC：Proof of Concept）といいます。顧客がその製品に未経験ならば、トレーニングを提供する、あるいは

トレーニング商品もあわせて販売します。

　プリセールスには提案依頼（RFP：Request For Proposal）に応答するという活動もあります。提案依頼は、システム要件や金額などを示した顧客側が用意する依頼書です。プリセールスエンジニアは自社製品がそれぞれの要件を満たすか満たさないか、どの程度のカスタマイゼーションが必要なのかなどを精査し、依頼書にある質問項目に応えます。要件を満たさない機能があれば、開発部門に実装が可能かを問い合わせます。

　通信サービスソリューションを提供する会社の求人例を次に示します。

---

　技術的側面から営業担当を支援するプリセールスエンジニアを求めています。主な業務は既存あるいは潜在的な顧客に当社のソフトウェア製品のデモを実施し、顧客とのディスカッションから得られた要件を達成する方法を用意し、営業担当に技術アドバイスを与えることです。必要があれば、ポストセールスで製品の使用方法などの相談も受け付けます。必要に応じてこれら以外の業務も担当してもらうことがあります。

　応募者には学士以上の学歴と 2 年以上のエンジニアあるいは営業の経験が求められます。また、当社製品の 3 年〜 5 年程度の利用経験が必要です。

　担当地域はユタ州で、営業先は官公庁です。出張は全勤務時間の 50 〜 75%を占めます。

---

　この求人のように、営業エンジニアはあまり技術的ではないが営業能力の高い営業担当と組んでセールスにあたることが多いです。特に、ここにあるようにデモなど技術的なタスクを担当します。

　営業の求人で特徴的なのは、上記のように担当地域と全勤務時間に対する出張の量の割合が示されることが多い点です。

## ● ポストセールスエンジニア（Postsales Engineer）

　ポストセールスは商談締結の後（post）の活動です。これには、購入された製品やサービスの配達、インストール、設定、導入直後のサポートなどが含まれます。広報資料、導入事例、技術資料などの作成や、顧客の新機能要求に対応する業務も

**❷ 情報システム**

あります。

ポストセールスエンジニアは実装やサポートにより近い活動を担当するため、プリセールスより高い技術力が望ましいとされています。実際、一般のシステムエンジニアに近い業務も多くなります。また、仕様書の取りまとめや仕様変更など、プロジェクト管理のノウハウもある程度は必要です。

ネットワーク監視およびセキュリティツールを製造販売する会社の求人例を次に示します。

---

ネットワーク監視およびセキュリティ保全ツールを顧客サイトに実装するポストセールスエンジニアを求めています。業務には顧客やパートナー企業のトレーニング、顧客の経営陣（最高情報責任者や情報セキュリティ責任者など）への説明、実装プロジェクトの管理が含まれます。

応募者には工学、コンピュータ科学、情報技術、IT セキュリティなどの専攻の学歴が求められます。必要な業務経験は 5 年以上で、ポジションはネットワークあるいは IT セキュリティ関連企業でのポストセールスあるいはコンサルタントでなければなりません。技術的には TCP/IP ネットワーク、VPN、ルータ、ファイヤウォール、PKI、プロキシシステム、Linux、リレーショナルデータベースの知識が必要です。また、当社製品と統合されるサードパーティの EDR、SIEM、IPAM、UEBA などのセキュリティシステムの知識も重要です。利用するプログラミング言語は SQL、Shell、Perl などです。

政府系顧客が対象なので、米国連邦政府のセキュリティクリアランスが必要です。担当地域は西海岸あるいは山岳地帯で、自宅勤務が可能です。業務時間に占める出張割合は 7 割ほどです。

---

ネットワークシステムなので、TCP/IP や VPN（Virtual Private Network）などのネットワーク系の技能が求められているのが特徴です。もちろん、ネットワーク系ではない業種の会社の求人なら、これと異なる技術がリストされます。

セキュリティシステムでもあるので、その関連用語もいくつか出てきます。PKIは公開鍵基盤（Public Key Infrastructure）の略で、通信を暗号化するときに用いる鍵をチェックする仕組みです。EDR はエンドポイント検出・対応（Endpoint

Detection and Response）の略で、マルウェアや外部からの攻撃をサーバやユーザ
PC などの機器（エンドポイント）で対応するソフトウェアです。一般の PC で用
いられるセキュリティソフトウェアの企業向けだと思えばよいでしょう。SIEM は
セキュリティ情報・イベント管理（Security Information and Event Management）
の略で、管理ツールです。IPAM は IP アドレス管理（IP Address Management）
の略で文字どおり IP アドレスを管理するためのツールですが、アドレスの不正利
用などセキュリティ機能と連携して用いられます。

　担当地域の米国西海岸はロッキー山脈の西側諸州、つまりワシントン、オレゴ
ン、カリフォルニアを指します。山岳地帯はモンタナやコロラドなどの山脈の東側
です。範囲がかなり広いので、航空会社のマイルがたくさんたまりそうです。

## ● 営業エンジニア（Sales Engineer）

　各種営業エンジニアの総称で、プリセールスとポストセールスを組み合わせた業
務内容や特徴を持っています。詳細は上記で説明したので、ここではその求人例だ
けを示します。

　まずは新卒レベルのものから。電話会社の求人例を次に示します。

---

　ネットワークの設計、実装、容量計算を担当する初級レベルの営業エンジニ
アを求めています。顧客との直接的な折衝や売り込みをする機会は少ないです
が、そうした活動を担う営業のアシスタントとして活動してもらいます。当社
の社内教育とキャリア開発支援は充実しているので、未経験でも大丈夫です。

　応募者には学士、特に理工学系の専攻のものが求められます。高卒ならば 4
年の業務経験が代わりに必要です。当社のインターンあるいは同等のプログラ
ムに参加した方を優遇します。

---

　いきなり前線に駆り出すのではなく、まずはバックヤードで知識と経験を積んで
もらうというのがこの会社の方針のようです。容量計算は、将来のデータの単位時
間あたりの使用量を現在の利用量から推定する作業です。携帯電話を契約するとき
に、月何ギガで足りるかを過去の利用量から考えてプランを選択するのとやってい
ることは同じです。

71

**❷** 情報システム

　経験豊かなエンジニアのものも見てみましょう。次は、データセンター向けハードウェアを製造販売する会社の求人例です。

---

　新規顧客を開拓し、革新的なユースケース（利用事例）を考案し、顧客へのコンサルテーションを行う営業エンジニアを求めています。商品はストレージ、ネットワーク、SDS などの諸サービスで、顧客のばらばらになっているシステムを当社のクラウド技術で有機的に統合する方法を提案します。商談成立後は、顧客とともに評価テスト、ベンチマーク測定、システム設定、インストール、サービスやデータの移行を実施します。顧客と友好な関係を結び、定期的に最新の情報やサービスを提供します。営業目標を達成するとともに、課せられたノルマを凌駕する方法を常に模索することを通じて、当社の収益を最大化することが求められます。

　応募者には大企業向けの営業、特にデータセンター、ストレージ、ネットワーク、仮想化システム、IT ソリューションの分野での 10 年以上の経験が求められます。学歴はコンピュータ科学あるいはコンピュータ工学の学士以上。技術的にはストレージシステム、VMware や Microsoft Hyper-V などの仮想化技術、Cisco のネットワーク製品各種、Ansible などのシステム構築自動化技術、AWS や Azure などのクラウド技術、そして最新の IT システムのアーキテクチャや設計の理解が必要です。

　担当地域はカリフォルニア州で、出張が多く求められます。

---

　端的にはクラウド関係の営業です。SDS は Software Defined Storage の略で、クラウド上にデータを保存する技術です。「ソフトウェア」とあるのは、本来ならばハードディスクという物理的実体を自社のデータセンターに増設していたのが、ソフトウェアによる定義とコマンドでクラウドのどこかに容量を確保できるようにするからです。この Software Defined は他にもネットワークインフラストラクチャを対象としたもの（SDN: Software Defined Network）などいろいろありますが、いずれもマーケティング用語で、特に技術的な実体があるわけではありません。日本語ではまだ定訳がなく、ソフトウェアデファインドと読みにくいカナでごまかすことが多いようです。

72

担当地域が1州だけでは狭いように思うかもしれませんが、面積は日本とほぼ同等ですし、だいたいハイテク企業がわんさかあるので潜在顧客数はかなりあります。ちなみに、カリフォルニア州のGDPは英国と同じくらいで、たいていの国よりもカネ回りがよいです。

## ■ 新人レベルに最もポピュラーな職種 ■

コンピュータ業界に入ろうというとき、日本の新卒が最初に考える職はSEという肩書の営業職か初級レベルのプログラマがほとんどでしょう。それくらいしか聞いたことがないという事情もあるでしょうが、求人自体が漠然としていて、仕事の実体がとらえにくいためとも考えられます。大学で学んだ専門知識が産業界の分類や企業の組織構造とうまくマッチしないのも理由のひとつと思われます。

米国では、初級レベルであっても専門意識が強いため、自分の学んだことを反映した職を探す傾向にあります。表2.1に示すのは、初級レベルコンピュータ関連技術者にポピュラーな職のリストです。

**表2.1●新人レベルの求職者に最もポピュラーな職**

| 順位 | 職名 | Indeed index | 本書 |
|------|------|--------------|------|
| 1 | 初級 Java 開発者 | 4.24 | 1.2 節 |
| 2 | CAE エンジニア | 4.13 | 2.7 節 |
| 3 | 初級プロダクトデザイナー | 3.60 | 1.1 節 |
| 4 | 初級データアナリスト | 3.09 | 2.5 節 |
| 5 | 初級ソフトウェア開発者 | 2.97 | 1.1 節 |

オリジナルのデータは求人サイトのIndeedが発表した2018年度米国版のものですが、ここではウェブメディアのVentureBeatがまとめたものを掲載しています。3列目のIndeed indexは新人レベルの求職者がクリックした回数から算出された指標で、人気の度合いを示します。

4列目に示したのは、その職が取り上げられている本書の節番号です。Java開発者は特に項目として起こしていないので、1.2節の他言語の専門職を参照してください。また、プロダクト（製品）デザイナーはソフトウェアが対象ならば上級のソフトウェア開発者に含まれるので、1.1節を参照してください。

情報システム

### ● アカウント営業エンジニア（Technical Account Manager）

　アカウント（account）は取引先、より正確には取引先との営業活動の単位です。端的には顧客台帳なのですが、同じ取引先企業であっても部署や所在が異なれば、異なるアカウントを作成します（もちろん1アカウントでもかまいません）。また、同じ部署であっても営業内容が異なれば、それぞれにアカウントを用意することもあります。相手が法人であることがほとんどなので、前振りに「企業」を付した職名もあります（Enterprise Account Manager）。

　英タイトルにマネージャとあるので管理職にも見えますが、違います。ここの「マネージ」（管理）は従業員ではなくアカウントにかかっているので、業務的には普通の営業と同じです。まぎらわしいからなのか、アカウント担当（Account Representative）という呼称もあります。もっとも、マネージャのほうがかっこよく感じられるせいか、検索すればマネージャのほうが倍ほど求人がでてきます。

　アカウント営業エンジニアは特定のアカウントとの取引窓口なので、顧客固有の環境や要求を誰よりも把握しています。しかし、それ以外は通常の営業エンジニアと同じ業務です。官公庁や大企業など、大口の取引先にはこうしたアカウント営業エンジニアが割り当てられるのが一般的です。

　情報システムを製造販売する会社の求人例を次に示します。

---

　アカウントの窓口となり、コンサルテーションを通じて顧客の満足度を高め、信頼を勝ち取るアカウント営業エンジニアを求めています。主な業務は、顧客に固有な技術上の長期的課題を当社製品のソリューションを通じて解決することです。顧客の利用事例をもとにした新機能や改善策を開発部門に提案することも求められます。加えて、営業、製品管理、研究開発、サポートなど各部署と顧客とのコミュニケーションにおいて、リーダーシップを発揮します。複数のアカウントを並行して担当するので、時間やリソースをバランスよく取るスキルがなければなりません。

　応募者には学歴では学士以上が必要です。技術では、データセンターインフラストラクチャ、OS、デスクトップ環境、移動体通信、ネットワーク、セキュリティ、システム管理、ソフトウェアアーキテクチャのいずれかの分野での2年以上の経験が求められます。業務経験については、関連する認定資格が必要

です。また、変化の激しい IT 業界に対応できる迅速な行動力と技術取得能力、ビジネスセンス、問題解決能力、部門を超えた組織能力、円滑な対人関係とコミュニケーションスキルなどのソフトスキルも必要です。

業務時間に占める出張割合は 30% ほどです。

この求人では経験が 2 年以上と少なめなため、技術的な能力の敷居はそれほど高くありません。しかし、技術力を証明するための認定資格（付録 A 参照）が求められているので、応募するのなら新人時代にひとつやふたつは取得しておかなければなりません。たとえば、CompTIA のような包括的な認定の初級コースなどから始めるのがよいでしょう。

## ● 営業ソリューションアーキテクト（Solution Architect, Sales）

ソリューション（solution）は語意的には問題を解決する方法や解決結果を指しますが、コンピュータ業界では情報システムあるいは情報サービスを指します。営業エンジニアという意味では前記の 4 職とあまり違いはありませんが、アーキテクトが加わっていることからわかるように、単体のシステムというよりは、全体を包括するシステムのシステムの構築という、より守備範囲の広いニュアンスがあります。

営業を冠さないソリューションアーキテクトという職もありますが、こちらは長期的視野に立ったシステム設計が担務で、営業は含まれません。守備範囲は営業が付いたほうが狭いのですが、これは営業がプロジェクト単位で動いており、他社の中長期的な計画にまでは踏み込みにくいという事情があるからです。エンタープライズアーキテクト（Enterprise Architect）も同じような内容の職です。エンタープライズは「企業」という意味なので、企業全体を統括するシステムを担当する職に聞こえますが、そこまで範囲は広くありません。コンピュータ業界でエンタープライズといったとき、それはサイズが大きいとか値段が高いとかの意味しかありません。アプリケーションアーキテクト（Application Architect）というのもありますが、やはり同じようなものです。

## 情報システム

クラウドサービスを提供する会社の求人例を次に示します。

> 顧客の問題を解決するクラウドアーキテクチャを提案することで、当社のクラウドサービスを普及させる営業ソリューションアーキテクトを求めています。主な業務は、営業戦略を踏まえながら営業チームとともに当社の利益を最大化することです。この目的のため、当社のクラウドサービスプラットフォームを用いたアプリケーション、ソフトウェア、あるいはサービスの構築および移行を成功させるよう努めます。また、当社のサービスの有用性を顧客に伝え、トレーニングを提供し、顧客向けホワイトペーパーなどのドキュメントを作成します。
>
> 応募者には分散アプリケーションのシステムエンジニア、サポートエンジニアあるいはコンサルタントの7年以上の経験が求められます。技術的にはインフラストラクチャ、データベース、およびネットワークアーキテクチャの5年以上の経験が求められます。技術営業やクラウドサービスソリューション設計の経験のある方を優遇します。学歴にはコンピュータ科学あるいは数学の学士以上が必要です。
>
> 業務時間に占める出張割合は20%ほどです。なお、勤務を始めてから最初の3か月の期間中は、半分ほど出張となります。

注目してほしいのは要求される経歴で、システムエンジニアやサポートエンジニアからも技術力を買われて営業畑に移行してくる人も多いことがうかがえます。

最初の3か月の半分が出張ということは、おそらく本社あるいは最寄りの施設で集中トレーニングがあるのでしょう。長いと思うかもしれませんが、筆者の経験では日本の会社で約2か月、米国の会社で4週間の初期トレーニングがありました。

## 2.2 フィールドエンジニア

フィールドエンジニアは顧客の現場（field）に直接赴き、その要望を聞き、それに対応するエンジニアです。顧客をサポートする業務なのでカスタマーサポートエンジニア（Customer Support Engineer）、サービスを提供することからフィールドサービスエンジニア（Field Service Engineer）、システムを対象とするのでフィールドシステムエンジニア（Field Systems Engineer）とも呼ばれます。

主な業務は、ハードウェアの設置やソフトウェアのインストール、それらのテスト、消耗品の補給、保守、修理です。昨今のハードウェアは現場の環境にあわせて何らかのソフトウェア設定が必要なので、システムの設定、サービスの実装、既存システムとの連携なども実施します。こうした作業には、大きなものではないですがプログラミング（スクリプト）が含まれることもあります。もっとも、ポストセールスエンジニア（2.1 節）で見たように、大がかりな初期設置作業は販売直後に集中して行われるのが一般的なので、フィールドサービスエンジニアには簡単な設置やアフターサービスが託されるのが通例です。業務内容は 3.3 節のサポート業務に近いですが、フィールドで対応しなければならない点が特徴です。

仕事は現地（オンサイト）が基本ですが、ソフトウェア設定はリモート、つまり自社のデスクから行うこともあります（オフサイト）。

ハードウェアを扱う会社でよくみられる職種です。ただし、コンピュータに関係

❷ 情報システム

あるか否かを問わず、装置を搬入設置する必要のある会社でもよく使われる職名なので、求人はよく確認しましょう。

## ● フィールドエンジニア（Field Engineer）

フィールドエンジニアの業務と特徴は上に述べたとおりです。

求められる技術は自社の取り扱い商品にかかわるものです。たとえば、ネットワーク機器関連なら製品そのものだけでなく、通信ケーブリング技術や電気系統、あるいはインターネットで用いられる通信メカニズムなどの基盤知識が必要です。よりレベルの高い職の場合、製品を中心としたシステム全体の広い知識も要求されます。たとえば、通信メカニズムならそれぞれの要素技術（TCP/IP、HTTP、データ形式など）、サービスを運用するアプリケーション（HTTP サーバ、メールサーバ）、各種プラットフォーム（Linux や Windows Server）などです。プログラムを書くことがあれば、一般的なスクリプト言語が必要とされます。しかし、幅広い知識が求められはしても、必要なのは取扱製品の周辺だけなので、実用以上に深く知らなくてもかまいません。わからなければ、開発部門、サポート部門、あるいはコンサルタントに問い合わせればよいのです。

ATM（現金自動預け払い機）やキャッシュレジスタなどコンシューマ用情報システムを製造販売する会社の求人例を示します。

---

顧客が業務をとどこおりなく完遂できるよう、当社機器の設置、保守、修理を担当するフィールドエンジニアを求めています。保守の対象はサーバおよびメインフレーム、その周辺機器、プリンタ、プロッタ、光学読み取り機、スキャナなどの機器で構成されるシステムです。機器にはメカニカルに動作する部分（蓋の開閉など）があるので、機械修理の技術も必要です。技術的には、他社の機器も混在する複雑なネットワークに対応できるよう新旧のネットワーク技術（イーサネット、トークンリング、あるいは X.25）に詳しくなければなりません。

応募者には高卒以上の学歴が求められます。なお、25 kg 程度の工具箱を携行するだけの腕力が必要です。

担当地域は相談の上決定します。

---

ときおりオフィスに現われるリースプリンタの修理人のようなイメージです。技術レベルはそれほど高くありませんが、25 kg を持って歩けるマッチョさが必要です。メインフレームも X.25 もかなり昔の技術ですが、ATM やキャッシュレジスタということは金融系顧客なので、今も使っている可能性は大です。しかし、これに応募できるのは年季の入ったエンジニアでしょう。

技術要求がハードなものも見てみましょう。次の求人はネットワーク機器会社のものです。

---

顧客あるいはパートナー会社の現場で、第一線の顧客窓口として当社製品の販売直後の技術サポートを担当するフィールドエンジニアを求めています。サポートにおいては、第1から第3までのすべてのレベルをひとりで担当します。必要な技術は次のとおりです。ネットワークおよびデータセンター関連技術では TCP/IP、ルーティング、レイヤー1からレイヤー7までの各種ネットワークプロトコル、ファイヤウォール、アプリケーションサービス。システム系では Unix、仮想化技術（VMware など）、クラウド（AWS や Azure）、ネットワークセキュリティ。業務系では顧客サービス管理システム（CRM）です。

応募者には学士以上の学歴と CCNP や CCIE などの業界認定資格が求められます。また、20 kg 以上のモノを運べる腕力が必要です。

---

技術サポートは 3.3 節で取り上げますが、顧客から上がってきた問題はその複雑さとサポート要員の技能レベルに応じて、3 レベルに分けて処理するのが一般的です。ここではそれら 3 レベルをひとりで対処する、つまり簡単なものから超絶的に複雑なものまでの解決が求められるので、責任はかなり重そうです。

資格に掲げられている CCNP、CCIE はネットワーク機器会社 Cisco の認定資格で、これも難問ぞろいです（付録 A 参照）。

**❷** 情報システム

> ### ◢ 身体負担のある職業 ◢ ········································
>
> 　肉体的な負担の大きい職というのも当然あり、その場合、化学物質を扱う、高熱や低温な環境で作業することがある、と求人に明記されるのが通例です。しかし、コンピュータ系は指先3寸なインドア派が基本なので、特記するほどの身体負担はあまりありません。
>
> 　あるとすれば、上記のように業務上持ち上げなければならないものが重いこともあるくらいでしょうか。この業界で重いものといえばサーバなどのハードウェアで、ラックマウント型サーバと呼ばれるデータセンターで標準のハードで15 kgから25 kgです。細腕エンジニアや腰に難のある年季の入ったエンジニアにはなかなかつらいものがあります。ちなみに、国際線でチェックインできる預け荷物の標準的な重量上限は23 kgです。
>
> 　蛇足ですが、筆者の直接上司の職務記述書には45 kgまでとありました。なぜか軍人上がりが多い会社なので、米国海兵隊行軍時の45 kgという最低基準からきているのかもしれません。もっとも、サーバを抱えて走ったり匍匐前進しているマネージャはまだ見たことありません。

## ● システム設置エンジニア（System Deployment Engineer）

　システム設置のプロフェッショナルです。設置（deployment）はコンピュータ機器の配線、電源接続などハードウェアを準備し、使えるようにすることです。コンピュータを使えるようにするにはソフトウェアのインストールや設定なども欠かせないため、それらも含まれるのが一般的です。

　営業エンジニア、特にポストセールスエンジニアと業務は重なっていますが、設置に特化しています。もっとも、業務がどこまで細分化しているかは組織によって異なり、この肩書きであっても内実は営業エンジニアであったり、営業エンジニアであっても実務的にはシステム設置ばかりと濃淡があります。

　医療機器や医療管理システムを製造販売する会社の求人例を次に示します。

········································

　当社の医療機器および医療用ソフトウェアを医療機関に設置、設定するシステム設置エンジニアを求めています。業務には顧客および当社の営業スタッフ

へのオンサイトあるいはオンラインでの製品トレーニング、技術資料の作成、当社製品の今後の開発に寄与するフィードバックの提供も含まれます。展示会での説明員をお願いすることもあります。

　応募者には工学系の学士と 2 年以上の類似の経験が求められます。

　業務時間に占める出張割合はおおよそ 75% ほどです。

---

　上述のとおり、営業エンジニアと業務が共通していますが、特に設置と設定が強調されている点が特徴です。オンサイトのトレーニングはインストラクターが顧客の一室で講義をするスタイル、オンラインはスカイプなどを用いた遠隔講義です。トレーナー職については 5.3 節を参照してください。

# 2.3　データベースエンジニア

　データベースエンジニアはデータベースシステムを設計する職です。昨今のビッグデータやディープラーニングのブームもあって、大量のデータを扱うデータベースエンジニアは以前にもまして脚光を浴びています。

　一般的なシステムエンジニアと同じく要求分析、要件定義、設計、開発、テスト、搬入、設置といった一連のシステム開発が主な業務です。あえてデータベース専用の職が用意されているのは、企業には顧客を管理したり経営判断の土台となる情報を提供するデータが不可欠であり、ニーズが多いからです。データベースの研究開発は短いコンピュータ史の中でも比較的早い段階から行われており、確固とした独立的な地位を保っているという事情も、専門化が進んだ理由のひとつです。教育機関がデータベースやデータ構造のために専門の講義を用意しているからというのもあります。

　もっとも、データベースソフトウェアそのものを設計するわけではありません。それはソフトウェアエンジニアや研究者の仕事です。Oracle、MySQL、DB2 など既存のデータベースソフトウェアの上にデータを収容する構造（データモデル）を構築するのが主な業務です。データを設計することから、データエンジニア（Data Engineer）とも呼ばれます。データベースシステムを効率よく運用するため、目

81

的に合ったチューニングも行います。ここでいうチューニングは、市販の乗用車を
レーシング仕様に高性能化する「調整」と同じ意味です。データは格納してあるだ
けでは何の役にも立ちませんから、必要なデータを抽出するプログラムを開発する
のも仕事のうちです。業務がプログラム開発に偏っているとほぼソフトウェア開発
者（1.1 節）と同じ仕事になりますが、データベースという固有の環境を対象とし
ているため、データベース関係のプログラマはデータベースエンジニアと考えらえ
ることが多いようです。

　データベースエンジニアが作成したシステムを運用するのは IT オペレータです。
管理をするのはデータベース管理者です。もちろん、データベースエンジニア自身
が運用や管理を行う、あるいは管理者がデータベースエンジニアの仕事をすること
もないわけではないですが、設計、管理、運用は基本的には分けられています。こ
れら管理運用系のデータベース職は 3.2 節で扱います。

　他にも、データから有意な情報を抽出する、つまりデータベースエンジニアが用
意したデータやその操作ツールを利用する側のデータアナリストやビジネスアナリ
ストという職もありますが、これらは 2.5 節で取り上げます。最近ではデータサイ
エンティストという職をよく耳にしますが、これは実務系の研究者です（4.2 節）。

　データベースエンジニアには、当然ながらデータベースの知識が求められます。
しかも、全般的なものだけではなく、Oracle なら Oracle という製品固有の詳細な
知識と経験が必要です。これは、次節のエンタープライズソフトウェアエンジニア
のように、特殊用途のソフトウェアアプリケーションに特化したエンジニアと立場
的に同じです。データベースは大きな業務システムの一部をなしているため、シス
テム全般の知識も必要です。

　データベースエンジニアにはサーバ系の IT オペレータや IT 管理者から移動して
くることが多いようです。もちろん、一般のシステムエンジニアや営業エンジニア
などシステムに関連した職、あるいはデータアナリストのようなデータ分析にかか
わる職からも、特にデータベースの経験のある人材が登用されます。データベース
の中でもプログラミングが主な業務となる職種では、プログラマから移ってくるこ
ともあります。データベースエンジニアからは、コンサルタントやアーキテクトあ
るいはアナリストなどに進むのが一般的です。

　データベースシステム、より正確にはデータベース管理システム（DBMS：
DataBase Management System）は、データをどのように構造づけるかでおおざっ

ぱにリレーショナル型と非リレーショナル型に分けられ、しばしば別の職として扱われます。

## ● データベースエンジニア（Database Engineer）

　データベースで一般的なのはリレーショナル型データベースです。そのため、データベースのタイプが示されていなければ、その求人はリレーショナル型を対象としています。

　リレーショナル型データベースは歴史も古く、市場は寡占化が進んでいます。一般に利用されるのは Oracle（製品名は社名と同じ）、Microsoft の SQL Server、IBM の DB2、そしてオープンソフトウェアの MySQL および PostgreSQL くらいです。SQL という標準化された言語で操作をするという点ではいずれも共通していますが、それぞれに固有の機能もあります。そのため、固有の機能と特性をフルに活用したデータベースのチューニングでは、指定の製品の経験が重要視されます。複数の製品を導入している環境も多いため、求人では 2、3 の製品を列挙しているケースが多数です。

　昨今では、データベースシステムを自社では運用せず、クラウドベースのストレージを利用するケースも多くなってきています。そうした職では、Amazon や Microsoft などのクラウドの経験も求められます。

　法人向け旅行代理店の求人例を次に示します。

---

　データベースエンジニアを求めています。業務は SQL クエリとストアードプロシージャの開発、表／ビューなどのデータベースオブジェクトの作成、データベースのチューニングと最適化、ビジネス要件の分析とそれに対するソリューションの開発、各種テスト手順の作成、実装および設置時の手順書の作成、そして現行システムで生じた問題の解決です。つまり、設計、開発、テスト、デバッグ、技術文書作成、カスタマイズといった一連の開発ライフサイクルすべてを担当してもらいます。当社ではそれぞれの顧客に最適なサービスを提供するためにデータがカスタマイズされており、これらの中で繰り返し利用されるものを自動化することも業務に含まれます。

　応募者にはコンピュータ科学、工学あるいは数学の学士以上、そして

Microsoft SQL と MySQL の 2 年以上の経験が求められます。データベース関連では SQL、ストアードプロシージャ、インデックシングなどの技能が必要です。これに加え、問題解決の手法に通じていることが要求されます。

職務範囲は純粋にデータベースで閉じており、そういう意味では古典的なデータベースエンジニアの職です。昨今では、システムの一部としてデータベースを位置づけ、その立場からデータベースを設計するより範囲の広い職のほうが多いようです。

SQL は C や Java のように汎用的ではないものの、コンピュータ言語のひとつです。ここで「SQL クエリとストアードプロシージャの開発」というのは、端的にはスクリプト開発と同等のプログラミング業務です。「データベースオブジェクトの作成」は設計業務です。これらの専門職も本節で取り上げます。


## ● NoSQL データベースエンジニア（Database Engineer — NoSQL）

リレーショナル型ではない MongoDB や Redis などのデータベースは、総称して NoSQL と呼ばれます。SQL を使わないシステムだからこの名称なのですが、今では「SQL だけではない」（Not only SQL）の略と考えられています。概念自体は 1998 年くらいからありますが、たとえば Redis の初リリースが 2009 年のように最近のテクノロジーです（これに対し、SQL が考案されたのは 1974 年、IBM から DB2 が出たのが 1983 年です）。

リレーショナルデータベースが何にでも使われるのに対し、NoSQL は特定のシステムの特定の目的のように限定的に利用されるのが一般的です。キーと値からなるデータへのアクセスが速いことから、たとえばウェブサーバの設定情報の保存に特化して利用します。逆にいえば、あまり得手ではない用途で用いるとよい性能が得られません。

リレーショナル型より最近のトレンドに敏感で、求人に新しいキーワードが散見されるのが特徴です。新しもの好き向きです。

自動車製造会社の求人例を次に示します。

自動車、急速充電器、蓄電池の生産システム制御ソフトウェアを開発するデータベースエンジニアを求めています。主な業務は、ミドルウェアとデータベースからなる分散データ環境の設計、設置、実装、拡張、容量計画、データ移行と複製、最適化です。また、メンテナンスに伴う停止時間を最小限に抑える高可用システムとディザスタリカバリシステムの実装、データベース管理を自動化するツールの作成も担当してもらいます。モニタリング、故障あるいは性能劣化時の問題解決などの管理、サポート業務も担務のうちです。

応募者にはコンピュータ科学あるいは関連する分野の学士が必要です。以下、求められる経験と技能を列挙します。データベース技術では MySQL、PostgreSQL、Oracle、Microsoft SQL Server、MongoDB、Redis などから最低でもふたつ以上のプラットフォームです。これらについては、データベースクラスタの構築、データの複製、バックアップ、モニタリング、SQL チューニング、データベース設計の経験が必要です。モニタリングツールは Nagios、Icinga、opmon などです。データ通信（ミドルウェア）では RabbitMQ。サーチエンジンは Elasticsearch で、ローカルとクラウドの両環境での経験が求められます。プログラミング言語は Go、Shell、Perl、Python、SQL です。

制御ソフトウェアを開発するデータベースエンジニアという要求から推測すると、制御システムを設定するデータを格納するために NoSQL を利用しているようです。NoSQL だけならば一般のシステムエンジニアでも対応可能ですが、リレーショナル型の MySQL や Oracle も対象に含まれているところから、データベースの専門家でなければならないことも読み取れます。

欲張りな求人ですが、オープンソフトウェアを多用する会社の求人は関係するソフトウェアを網羅的に列挙する傾向があります。これは、データベースなら Oracle、OS なら Linux のような定番があるのと異なり、いろいろなソフトウェアを目的別に使い分けたり、実はまだどれを使うか決めていないという流動性の高さからきています。なお、ここでオープンソースでないのは Oracle と Microsoft SQL Server だけです。

注目すべきは言語に Go が挙げられている点です。Stack Overflow というブログ

ラマのコミュニティにおける 2018 年の「最もポピュラーな言語」アンケート調査
では、7.1% の得票率という、マニアあるいは流行に敏感な人向けな言語です（1.2
節表 1.2 参照）。とにかく最先端、という企業風土がうかがえます。残りの製品は
長くなるので説明は割愛します。

## ● SQL プログラマ（SQL Programmer）

SQL を使ってデータアクセスプログラムを作成する開発者です。SQL 開発者、
データベースプログラマとも呼ばれます。ちなみに、SQL は Structured Query
Language（構造化された問い合わせ言語）の略で、英語ではシークルと発音され
ますが、日本語ではエスキューエルと逐字読みされます。

リレーショナル型データベース上のデータ操作には SQL という言語を用います
が、単に SQL を操作できるだけではまだ開発者とはいえません。ls や cat などの
Unix コマンドを叩けるだけではシェルスクリプトを書けるとはいえないのと同じ
です。SQL プログラマは、ストアードプロシージャ（stored procedure）と呼ばれ
るバッチプログラムや、Java や Python などの一般的なプログラミング言語に用意
された API を通じてレポート生成用のプログラムなどを書きます。既存の SQL プ
ログラムを最適化することも仕事のうちです。

SQL プログラマにはデータベースの知識に加え、プログラミング技術が必要で
す。たとえば、データベースアクセス API である JDBC を用いて Java プログラム
を書くのなら、当然 Java の知識が求められます。また、プログラムの効率化、高
速化のための性能評価の手法、データベース自体の問題点やボトルネックを見つけ
る問題解決能力も重要です。

従業員が直接触れる勤怠管理や物品購入などのユーザレベルプログラムもしばし
ばデータベースにアクセスしますが、それらのアプリケーションの開発はフロント
エンド系と呼ばれ、データベース系のプログラマとは活動領域が異なります（1.3
節）。ただし、こうしたデータを利用する側の技術に対する知見は必要なことがあ
ります。

市場調査会社の求人例を次に示します。

データベース開発チームの一員となって、データアクセスとアプリケーションの性能向上に寄与する中級のデータベースプログラマを求めています。対象は Microsoft SQL Server と Transact-SQL です。主な業務は、Transact-SQL および SISS を用いたストアードプロシージャやデータ操作ツールの開発、そして初級レベル開発者の指導です。これに加え、現行の Transact-SQL プログラムとストアードプロシージャの最適化も担当し、問題発生時にはその解決も求められます。データベースに関連したプロジェクトで発生する問題にも、データベースアーキテクトや IT チームと共同して対処してもらいます。

応募者には最低でも 6 年の SQL Server の経験が必要です。

上記は開発と技術サポート（問題解決）が半々の職種のようです。こうした形態は、自社内製システムの開発部隊でよくみかけます。開発部門（第 1 章）と技術サポート部門（3.2 節）の担務をそれぞれ持ち寄ってできたハイブリッドで遊撃的な部隊のこともあります。

Transact-SQL は Microsoft SQL Server で利用できる SQL の拡張版で、これを使ってストアードプロシージャを書きます。SSIS は SQL Server 用の ETL ツールです。ETL は次項で説明します。

## ● ETL プログラマ（ETL Programmer）

統合的かつ包括的にデータ分析ができるよう、部署や業務別にばらばらに設置されている複数のデータベースのデータを一か所にまとめるのは、よくあるデータ管理作業のひとつです。たとえば、生産管理、在庫管理、営業管理のそれぞれのシステムのデータベースからデータを引っ張ってきて、製造から販売までの一連の流れのどこに問題があるかを調べます。これには、それぞれのデータベースからデータを抽出し、統一的な処理が可能となるように加工したうえで、メインのデータベース（データウェアハウスといいます）に収容します。この一連の作業を、抽出（extract）、加工（transform）、収容（load）の頭文字をとって ETL といいます。この ETL に特化したデータベースプログラマが ETL プログラマです。

ETL には自作のプログラムを用いることもありますが、専用の ETL ツールを用

いるのが一般的です。その点が直接的に Java などの言語を扱うことの多い SQL プログラマとの大きな違いです。

　データは XML や JSON などいろいろな形式で表現されているので、ETL プログラマはまず各種のデータ形式に通じていなければなりません。SQL やデータベース構造の知識も当然必要です。グラフィカルなアイコンを組み立てることで一連の処理を構築できる ETL ツールもありますが、基礎知識なしで操作できるものではないからです。当然ながらデータの意味やビジネスでの使い道なども知っておかなければならず、それにはビジネスアナリスト（2.5 節）などで要求される分析能力が必要になります。その代わり、一般的なプログラミング技能はさほど必要とはされません。

　流通会社の求人例を次に示します。

---

　大量のデータを効率よく管理するデータウェアハウスの開発と保守を担当する ETL プログラマを求めています。開発にあたっては、ビジネスアナリストとともに各部署の責任者への聞き取りを行い、ビジネスプロセスと要件を把握

し、その結果を技術仕様としてまとめます。そのうえで、データ処理方法を定め、ドラフト版のスクリプトを作成してもらいます。実際の ETL エンジンの作成はアナリストエンジニアとともに行い、品質テストも実施します。データベース相互の関連やデータ設計を示すドキュメントの作成も業務のうちです。また、無効なデータや性能劣化などの問題の解決も担当してもらいます。

応募者にはリレーショナルデータベース、SQL、ストアードプロシージャ、データ抽出の知識が求められます。ETL については最適化の方法に詳しくなければなりません。対象システムは Oracle、Teradata、SAP です。また、データモデル作成、ビジネスインテリジェンス、データ可視化、データウェアハウス、システム設計、データ分析、品質管理などの技能も必要です。

ビジネス分析やビジネスインテリジェンスの素養が求められることから、ここから 2.5 節のアナリストや 2.4 節のエンタープライズソフトウェアエンジニアに転身するキャリアパスも考えられます。もちろん、データベースの枠組みの中で専門性を高めていくのもよくある道筋です。

Teradata も Oracle 同様にリレーショナルデータベース管理システムの製造販売業者ですが、データウェアハウスの分野でも有名です。明示的ではないですが、おそらく ETL エンジンはこの Teradata のものでしょう。

## ● データアーキテクト（Data Architect）

データ管理の方針と標準を定め、全体的な構成とデータモデルを設計、実装、設置、管理をする職です。ソフトウェアアーキテクト（1.1 節）や営業ソリューションアーキテクト（2.1 節）と同じ上位職で、データベースおよびデータモデルに特化している点が特徴です。

企業ではそれぞれの業務に応じたシステムとそのデータベースが多数稼動していますが、ばらばらであっては、全社的な目標を円滑に達成できません。システム群が総体として最適に稼働するのに必要な指針や標準を策定するには、まずビジネスおよび IT 戦略を把握し、これをデータモデルという形に置き直さなければなりません。この観点からだと、データアーキテクトはビジネス指向の人材です。また、各部署の個別のデータベースシステム要件を分析し、それらを全体指針に反映しな

情報システム

ければなりません。これには優れたシステムエンジニアの素養が求められます。

データアーキテクトには、当然ながらデータモデルの設計方法とデータベース設計のノウハウが必要です。もちろん、SQL プログラミングやデータベース管理などの技術も重要です。開発ライフサイクル、プロジェクト管理、要件分析、品質管理、テストなどシステムエンジニアがわきまえていなければならないシステム開発の基本も必要です。将来の IT システム像を描くのもアーキテクトの仕事のうちなので、NoSQL や人工知能やデータマイニングなどの新しい技術にも詳しくなければなりません。

コンサルティングファームの上級職の求人例を次に示します。

---

クライアントのデータシステム開発プロジェクトをリードするデータアーキテクトを求めています。主な業務は、データ分析およびデータ保存の手段を提供するデータベースアーキテクチャの設計、データベーススキーマとデータ分析方法の確立、そして開発したシステムのクライアントへの設置作業です。これには要件聞き取り調査、問題解決策の提案、改善、高度に技術的な内容の平易な説明といった作業が含まれます。また、データベースが期待された性能を発揮しているかを評価し、問題があればそれを解決します。加えて、現在と将来可能な技術を調査し、長期的な研究開発計画を提案してもらいます。

応募者には学士以上の学歴と最低でも 5 年のデータ分析、ビジネスインテリジェンス、データアーキテクチャ、ETL 開発、データベース開発、ソフトウェア開発の経験が求められます。データベースについては Microsoft、Oracle、SAP の諸製品、インメモリデータベース技術、Hadoop などのビッグデータ解析ツールなどの知識が必要です。最近の NoSQL データベースや分散データベース技術、特に MongoDB、CouchDB、Cassandra、BigTable、HBase などの経験も重要です。

---

担当業務の基本構造は、システムアーキテクトと同型であることが読み取れると思います。それにしても、必要な経験が盛りだくさんです。最低でも 5 年とありますが、これ全部に堪能になるには 10 年でも足りないかもしれません。特に、データベース系とソフトウェア開発系はあまり道が交錯しないので、両者の技能を併せ

持つ人材を探すのは、かなり骨だと思います。Hadoop や Mongo など新しいもの
も多いですし。コンサルティングファームらしいといえばそれまでですが。

## ■ 一番儲かるコンピュータエンジニア職は ■

　仕事で最も重要なのは給与水準です。やりがいがなくても週40時間がまんすれ
ばよいだけですが、カネがないのはどうしようもありません。調査でもその傾向は
色濃くでています。

　というわけで、気になる「どの職が儲かるか」を見てみましょう。以下は、
ZDNet というテック系ウェブマガジンが 2018 年度の Glassdoor レポートを IT 系に
ついてまとめたものを、さらに筆者が本書の対象外の管理職（マネージャ）を抜い
て抜粋したものです。

**表2.2●コンピュータエンジニア職の給与水準**

| 順位 | 職名 | 本書 | 給与額 |
|---|---|---|---|
| 1 | エンタープライズアーキテクト | 2.1 節 | 115,944 |
| 4 | ソフトウェアアーキテクト | 1.1 節 | 105,329 |
| 8 | ソリューションアーキテクト | 2.1 節 | 102,160 |
| 9 | データアーキテクト | 2.3 節 | 101,900 |
| 10 | システムアーキテクト | 2.1 節 | 100,984 |
| 11 | スクラムマスター | 1.1 節 | 98,239 |
| 12 | クラウドエンジニア | 2.7 節 | 96,449 |
| 13 | データサイエンティスト | 4.2 節 | 96,116 |

　給与額の単位は米ドルで、中央値です。順位で飛んでいるところはいずれも管理
職のものです。これをみると、高給取りは本章のシステムエンジニア職に集中して
いることがわかります。顧客というカネの出所に近い職のほうがカネになるという
ことなのかもしれません。また、アーキテクトのように大局的な視点から広く技術
をカバーする上級職がほとんどであることにも注目してよいでしょう。なお、1位、
8位、10位はそれぞれ職名が異なりますが、本書ではいずれも同じ営業ソリューショ
ンアーキテクトに該当します。

　もっとも、この手の統計はどこから何をまとめるかの適切かつ標準的な基準はな
いに等しいので、イエロージャーナリズムレベルと思ってください。米国労働局統

計など他ではまた違った値が得られます。

　ちなみに、Glassdoorは会社レビューサイトの運営会社です。社員など内部からの投稿をもとに従業員満足度、推定賃金、会社のカルチャーや雰囲気をまとめており、転職を考えるときにチェックすべきサイトです。最近、日本のリクルートに買収されました。

### ● データモデラー（Data Modeler）

　データ構造の設計に特化したエンジニアです

　情報システムがそれぞれ異なる形でデータを扱っていると、システム間で情報を交換するときに変換や例外処理が必要になります。これは、旧システムから新システムに移行するときも同様です。変換にはオーバーヘッドが生じるので、システム効率は低下します。また、一方のシステムで表現できないデータを強引に変換すると精度が低下します。たとえば、システムAがシステムBで表現できない文字を利用していると、交換時に文字化けします。データモデラーは異なるシステム間でデータの互換性を保てるよう、データを個々のデータベースシステムの構造にとらわれずに概念的、意味的あるいは論理的に構造化する職です。

　データアーキテクトに似ていますが、データモデラーが概念的、論理的な構造を設計してから、データアーキテクトがこれをもとに「物理的」に動作するデータ構造をシステムに実装するという流れになります。データモデラーは大がかりなデータ変換なしで済むような構造を設計する側で、データアーキテクトは変換が必要になったときにその方法やルールを定める側であると考えてもよいでしょう。

　データの論理構造を決定するにあたっては、業務知識とビジネス要件の理解が必要になり、そういう点では2.5節のアナリストにも似ています。しかし、ビジネスアナリストが技術力はやや低くてもかまわないビジネスパーソンなのに対し、データモデラーはビジネス力がやや低くてもかまわないエンジニアという点が異なります。もっとも、データモデラーはデータ専門のシステムアナリストあるいはビジネスアナリストであるとする求人も多くあります。

　細分化された職なので、よほど規模の大きな組織でなければ独立したポジションは用意されず、しばしば本節のいずれかの職と兼務となる傾向があるようです。

システム開発サービスを手掛ける会社の求人例を次に示します。

現在当社が携わっている地方自治体のプロジェクトに貢献できるデータモデラーを求めています。主な業務は、論理的／物理的なデータモデルの設計と開発、業務データとその特性の調査、フロントエンドおよびデータ移行用の SQL スクリプトの開発です。業務はビジネスアナリスト、システム開発エンジニア、品質管理エンジニアと共同して行います。

応募者にはデータアーキテクチャ、データマイニング、大規模データモデリング、メタデータ管理、ビジネス要件分析、データ処理手順の業務経験が求められます。データベース理論については、リレーショナル型のデータ設計、原理、理論、応用の知識が必要です。特に、データベース正規化は第 3 正規形までの設計経験が必須です。アプリケーションについては Oracle とその SQL Developer Data Modeler および Oracle Data Integrator、Microsoft SQL Server、Erwin の利用経験が求められます。SQL スクリプトの最適化およびデバッグ、ETL の経験があればプラスです。

データモデラー、データアーキテクト、SQL/ETL プログラマとの境界は例によって環境で異なり、それぞれお互いの領域の仕事にまで踏み入ることはよくあります。この求人例でも主な業務は論理的なデータ設計ですが、SQL スクリプトの作成やデバッグという SQL プログラマの業務も含まれています。

データベース正規化はデータアクセスを効率化し、一貫性を保つためのデータベース設計の手法です。第 1 正規形から第 5 正規形までのレベルがあり、レベルがデータ整理の度合いを示します。Excel ワークシートを 1 枚だけ使ってデータ管理をすると、同じデータを何度も入力しなければならなかったり、一か所を変えるとあらゆるセルを変更しなければならなくなる、ということはよく経験します。そうした手間をなくすようにワークシートを複数使い、関係のある所は「=Worksheet!A2」のように参照することで冗長な入力を省くようにする作業だと思えばよいでしょう。一般的には第 3 正規形くらいまでやれば十分に正規化されていると考えられます。

SQL Developer Data Modeler は Oracle のデータモデル作成支援ツール、Oracle

Data Integrator と Erwin はデータを統合するためのアプリケーションです。

## ● ビジネスインテリジェンスエンジニア（Business Intelligence Engineer）

データベースに収容されているのは、基本的には「生」のデータです。見たからといって、ビジネス上の決定を下すに足る知見が得られるわけではありません。しかも、SQL のような特殊な技能を駆使しなければ、見ることすらできません。少なくとも、経営陣はそんなものに目を通したりしません。

そこで、データベースにアクセスし、有益な情報としてまとめあげるアプリケーションソフトウェアが必要となります。もちろん、IT 実務が得手ではない経営陣にも簡単に使えるユーザインタフェースも用意しなければなりません。データの構成やビジネスが求める情報は日々変化するため、現在の処理手順を常に改善していくのも必要です。

そうしたソフトウェアを作成するのが、このビジネスインテリジェンス（BI）エンジニアです。略して BIE とも書かれます。ビジネスインテリジェンス開発者（Developer）とも呼ばれます。ソフトウェアだけでなく、ビジネスインテリジェンスシステムと呼ばれる経営陣の意思決定を支援するシステムの構築をするシステムエンジニアも含まれることがありますが、これは 2.4 節のエンタープライズソフトウェアエンジニアで取り上げます。

データベースエンジニアなので、データベースの技能は当然必須です。データは一見して把握できるように表現しなければならないので、データビジュアライゼーションの技能も必要です。ビジネスニーズを把握しなければならないので、アナリスト（2.5 節）と同レベルのビジネス方面の経験も重要です。

データベースアクセスプログラムの開発者という点では SQL プログラマや ETL プログラマに近いですが、これらの職がデータの抽出というメカニカルな機能に主軸を置いているのに対し、ビジネスに役立つ情報をデータから生成するという内容的な側面が重視されているところが異なります。純然たる技術者ではないので、ビジネスアナリストのようにビジネスに近い職種から移行してくる、ビジネスセンスを身につけたデータベース技術者あるいはデータアナリストなどから進んでくることが多いようです。ユーザインタフェースは最近では当然ウェブですが、それをデザインするのはウェブデザイナーです。逆に、ウェブデザイナーは与えられた情報

を適切に提示するグラフィカルな方法を提供するだけで、どんなデータを用意するかは守備範囲外です。

医療保険会社の求人例を次に示します。

---

経営陣がビジネスインテリジェンスツールに容易にアクセスできるようデータを整えるビジネスインテリジェンスエンジニアを求めています。主な業務は、ビジネスニーズと技術的要求の分析、プロジェクトの目標範囲と期間の設定、データの評価を通じての品質評価、設置後のフィードバックをもとにした将来の設計指針の抽出です。環境はWindowsベースで、Microsoftの提供するBIツール、ダッシュボード、データマート、データモデル、データレポートツールを利用します。データは分散して収容されているので、データ内容の把握と効果的なETLツールの利用が求められます。

応募者にはBIあるいはデータウェアハウスの業務経験3〜5年以上、システム開発の業務経験3〜5年以上、学歴には学士が求められます。技術的には、MicrosoftのBIソリューション（SSIS、SSAS、SSRS）、データベース管理技術、C#の開発経験、データベース問い合わせ（クエリ）の効率化といった技能が必要です。

同じ業界に属するプロフェッショナルの推薦状が必要です。

---

以上からわかるように、ビジネスに必要な情報の抽出と提示が主な業務で、コンピュータ技術はそれを達成するためのツールであるところが特徴です。SSISなど略語のソフトウェア名は気にしなくてもかまいませんが、C#が必要とあるので、フロントエンド開発も含まれていそうな点は注意が必要です。

同じ業界のプロからの推薦状必須とありますが、米国といえども現在の同僚と転職をおおっぴらに話すのも問題がありそうに思えます。利害関係の薄い以前の同僚と今も円満につきあっている、あるいは所属する業界団体に心やすい人を知っていることが前提なのかもしれません。ちなみに、推薦者名（3名が標準）は履歴書に必須の項目ですが、「必要に応じて」と書いておいて、転職が確実になってきたところで同僚の名を出すのはよくある手です。

## 2.4 エンタープライズソフトウェアエンジニア

ビジネスで利用する業務用ソフトウェアをエンタープライズソフトウェアあるいはエンタープライズアプリケーションといいます。「営利組織」に加えて「複雑で、込み入って、リスクを伴う企画」という辞書上の enterprise の定義からわかるように、これは企業が利用する複雑で、込み入って、壊れると組織が立ちいかなくなるようなソフトウェアシステムという意味です。Microsoft Office や Outlook もビジネス用ですが、個人単位で使うもので、壊れても全社がパニックになるわけではないので、エンタープライズソフトウェアではありません。エンタープライズソフトウェアは生産、サプライチェーン、会計、顧客関係といった業務を一元管理することを念頭に設計されたものです。

エンタープライズソフトウェアはそれぞれの業務専用に設計されています。たとえば会計用エンタープライズソフトウェアには、会計処理で必要な業務知識、そこで用いられる情報の入出力、保持、管理、流通を司るメカニズムが備わっています。番頭さんの知識と大福帳をシステム化したようなものです。業務情報が部門別に分かれていると全体像を把握しずらくなるため、これらを統合するシステム（本節で取り上げる ERP）も一般的になっています。

一昔前は、エンタープライズソフトウェアの機能を達成するシステムは、各組織の様態に応じてシステムエンジニアがいちから構築していました。昨今では、各種の業務向けにそれぞれ標準的なソフトウェアが販売されているので、ユーザ企業はこれを利用するのが一般的です。もちろん、買ってくるだけでさくっと使えるほど簡単ではないので、設定、変更、問題解決を担当するエンジニアが必要です。これが本節で取り上げるエンタープライズソフトウェアエンジニアです。

エンタープライズソフトウェアエンジニアには、対象となるソフトウェアそのものの経験とそのソフトウェアが動作する環境の知識が必要です。後者は、内部でデータを保持するデータベースシステムのメカニズムとデータ構造、ネットワーク、クラウドといったシステムにかかわる一般的な知識です。また、そのソフトウェアがターゲットとする業務の知識も必要です。たとえば、営業支援ソフトウェアのエンジニアは、営業の業務活動、その活動をとらえる情報（データ）の構造、およびそれらの関連を知るとともに、それらが対象のソフトウェアでどのように表現、管理されているかを理解していなければなりません。エンタープライズソフト

ウェアにはお仕着せな機能では対応できない要求を達成するカスタマイズ機能もあるため、プログラミングに近い能力も要求されます。エンタープライズソフトウェアエンジニアは、特定のソフトウェア環境に適応したシステムエンジニアの進化形態ともいえます。

エンタープライズソフトウェアエンジニアは、しばしば特定のソフトウェアをターゲットにして求人されます。即戦力を求めていることもあるでしょうが、OSのように寡占化が進んだエンタープライズソフトウェア市場では、特定の業務ならこれとこれのように定番が定まっているからです。しかし、異なる社のソフトウェアであっても、たとえば顧客管理向けなら顧客管理という業務の内容とそのデータ処理手法は大きく異なるわけではないので、別のソフトウェアの経験も応用できないわけではありません。これを反映して、たとえば「Salesforce あるいは類似の顧客管理ソフトウェア」のようにやや広めに募集する求人もあります。なお、定番のエンタープライズソフトウェアにはその製造販売元が提供する資格あるいは認定試験があり、これらの認定が求められることがあります（付録 A 参照）。

以下、対象は限られてしまいますが、エンタープライズソフトウェアエンジニアの求人例をいくつか示します。あくまで例であり、これらの製品が現在の業界標準というわけではかならずしもありません。

## ● CRM エンジニア（CRM Engineer）

顧客関係管理（CRM：Customer Relationship Management）システムは端的には、住所氏名などの顧客情報や購入履歴など顧客にかかわる情報を収容したデータベースとその管理メカニズムです。顧客にモノを売るには営業がつきものなので、営業活動の記録、提案書や見積書の作成支援などの機能もあります。これに加え、売ったあとのコールセンターでのサポート履歴、メールやウェブを用いたマーケティング活動を支援するメカニズムが備わっています。

本項で取り上げる Salesforce は、Salesforce.com が製造販売している CRM ソフトウェアです。Salesforce は主力の CRM ソフトウェアだけでなく e コマースやマーケティング向けのソフトウェアも提供しているため、単に Salesforce といったときはこれらも含むことがあるので注意が必要です。

大規模な小売会社の求人例を次に示します。

## ❷ 情報システム

Salesforce の諸システムを管理する上級の Salesforce エンジニアを求めています。当社では営業、サービス、連絡、知識ベース、マーケティングといったパートナー各社との活動の管理でこのシステムを用いています。主な業務は、ユースケース（利用事例）と当社が求める仕様を満たす、効率的で、保守が容易で、高品質な Salesforce システムの設定とカスタマイズです。業務にはスクリプトを用いたテスト計画の作成と実行、技術文書の作成も含まれます。

応募者には最低でも 4 種類の Salesforce サービスのカスタマイズと設定、そして Salesforce 開発環境での 4 年以上の経験が求められます。また、Salesforce 認定 Platform デベロッパー資格（付録 A 参照）が必要です。REST/SOAP およびイベント駆動型のデータ交換 API、Git や Jira などの開発管理システム、Java プログラミング（最低 2 年以上の経験）も必要です。

Salesforce の製品は自社のサーバにインストールするソフトウェアではなく、インターネット（クラウド）を経由して利用するサービスなため、クラウド関連の知識も必要です。REST/SOAP というクライアントとサーバの間でデータを交換する技術が要求条件に挙げられているのはそのためです。Java が求められているのは、Salesforce のカスタマイズで用いられる専用の言語の構造がこれに似ているためと思われます。

2.4 エンタープライズソフトウェアエンジニア

なお、クラウド経由でソフトウェアサービスを利用する形態を SaaS（Software as a Service）といいます。ユーザはハードウェアもソフトウェアも用意する必要がなく、ましてや障害対応やメンテナンスもお任せにできるため、低コストで迅速にサービス利用ができます。Google Doc のようなものです。たいていは時間いくら、あるいは kB あたりいくらという従量課金です。

## ● ERP エンジニア（ERP Engineer）

企業資源計画（ERP：Enterprise Resource Planning）システムは、企業がその活動に利用する各種の資源（リソース）を統合管理するソフトウェアです。企業には営業、調達、生産、流通、会計、人事、企画立案、顧客管理などの活動がありますが、それぞれにその目的を達成するための資源およびその状況を示すデータがあります。たとえば、生産なら原材料や工場が資源で、原材料の品名、数量、価格、利用状況がデータです。人事なら社員が資源で、個人情報、成績、給与額、有給休暇の取得状況がデータです。これら活動の管理にはそれ専用のエンタープライズソフトウェアが用いられますが、それぞれ単体からだけでは全体像がつかめません。そこで、これらのソフトウェアの情報を統合する親玉とでもいうべきシステムが必要になります。これが ERP です。ERP はまた e コマースなどの商業活動、あるいはパートナー企業や調達先企業などで利用している外部システムと連携することもあります。

ERP ソフトウェアを設計、設置、管理、サポートするには、技術的には情報を収容するデータベースを中心にシステムハードウェアやネットワークなどの知識が必要です。これに加え、ビジネスの広い知識が必要です。ERP を導入するのは、自社の有する資源のデータを統合し、会社の戦略に役立てるためです。そのため、会社の戦略や組織構造といった大局的なものの見方も重要になってきます。導入の過程で既存業務を見なおすこともあるので、ビジネスアナリスト（2.5 節）の技能が必要となることもあります。

本項で取り上げる SAP は、ドイツの SAP 社が製造販売している ERP ソフトウェアです（社名と製品名が同じ）。SAP は中核となる ERP 製品以外にもこれと連携する業務用ソフトウェアも多数提供しているので、求人に出てくる SAP が ERP だけとは限らないので注意が必要です（そのため、SAP HANA のように製品名を明記していることが多いです）。ちなみに、サップ（樹液の意）ではなく、エス・エー・ピー

99

**❷** 情報システム

と読みます。

　金融会社の求人例を次に示します。

---

　当社はグローバルなファイナンスカンパニーであるだけでなく、世界各地に技術センターを有するテクノロジー企業でもあります。このたび、グローバル金融、企業財務、リスク管理、人事、法務およびコンプライアンス、総務などの部門をまたいだ当社の業務機能のため、最新の技術を用いてアプリケーションを開発し、サポートを提供する SAP エンジニアを求めています。業務内容はそうしたアプリケーションの設計、分析、プログラミングを含む開発およびテストです。

　応募者には複数の SAP アプリケーションを用いた複雑なソリューションを設計、開発する能力と 6 年以上の経験が求められます。また、SAP ABAP の技術が必要です。これに加え、アプリケーション、データ構造、インフラストラクチャアーキテクチャといった分野の高度な知識、各種開発ツール、総合的なシステムデザイン、そして 6 年以上の IT 開発経験が求められます。学歴では理学士、教養学士、あるいはこれに類する学位が必要です。

---

　SAP ABAP は SAP 専用のカスタマイズ言語です。エンタープライズソフトウェアに限らず、やや大型のカスタマイズ可能なソフトウェア機構にはかならずといってよいほど専用の言語がついています。独自仕様なので、利用経験がなければほぼ理解できません。もちろん、既存の言語を参考に設計されているため、類似の言語の経験があれば比較的早くマスターできます。

　他のエンタープライズアプリケーション同様、SAP にも各種の認定資格があり（付録 A）、求職時に必要とされるケースが多いです。

### ● EHR エンジニア（EHR Engineer）

　エンタープライズソフトウェアには顧客情報や企業資源情報のように汎用的なものだけでなく、業種に特化したものもあります。

　ここで取り上げる EHR システムは電子健康記録（Electronic Health Record）の略で、医療機関や政府機関が個人の医療および健康情報を管理するのに用いるシス

テムです。電子医療記録（EMR：Electronic Medical Record）とも呼ばれます。た
とえば、患者情報を病院間で共有したり、患者を経ずに病院から医療保険会社に請
求書を直接送付したり、国の機関が国民の健康動向や予防接種の実施率を把握した
りといった目的で用いられます。

　EHR システムは一般的なエンタープライズシステムとはいろいろな点で異なり
ます。まず、一組織ではなく、国レベルで相互に連携した社会システムであるた
め、互換性のための標準がいくつか存在します。たとえば、HL7 というアプリケー
ションレベルのプロトコル（7 は OSI 7 階層モデルのレイヤー 7 からきています）、
C-CDA というデータ表現技術があり、EHR エンジニアにはこれらを把握している
ことが要求されます。システムは患者や医療関係者などコンピュータ系とは限ら
ないユーザを対象としているため、（他よりも）わかりやすいグラフィカルインタ
フェースを採用しています。また、高度に個人的な情報を扱うため、セキュリティ
に関する規制や条件のレベルが高いことも特徴であり、職種によってはこれに関連
した業務経験が求められることもあります。さらに、関係した法律や助成金など、
ビジネス以外の要因が設計に絡んでくることもあります。

　コンサルティングファームの求人例を次に示します。

---

　米国国防総省の退役軍人向け EHR システムを実装するエンジニアを求めて
います。使用するシステムは Cerner 社のものです。

　応募者には健康科学、自然科学、コンピュータ工学、コンピュータ科学、経
営学のいずれかの学士が必要です。求められる業務経験は 10 年以上で、その
うち最低でも 5 年は医療関係 IT のものでなければなりません。

---

他のエンタープライズシステムエンジニア同様、対象システムが名指しされてい
ます。Cerner 社の市場占有率はとある調査によれば 9% とのことです。この他に
も EpicCare、Meditech、Orion Rhapsody などの製品があり、CRM や ERP ほどに
は寡占化がそれほど進んではいません。標準仕様があるため、新規参入が他よりも
容易であるためと思われます。

　医療用システムであることから健康科学などのバックグラウンドが求められてい
る点に注目してください。医療検査機器や医療用ロボットなど医療向けの工学はそ

101

**❷ 情報システム**

れ自体一分野をなしていて、専攻を提供する大学もあります。

## 2.5 アナリスト

アナリスト（analyst）は「分析をする人」という意味です。市場動向を分析するマーケットアナリスト、ビジネス上のコストを分析するコストアナリスト、あるいはニュースを分析するニュースアナリストのように、どの分野にも分析を担当する職がありますが、ここでは情報技術に関係したアナリスト職をいくつか取り上げます。

情報系アナリストの目的は主として業務手順（プロセス）や情報処理方法の分析です。たとえば調達や購入の決済がいつも遅れたり、しばしば誤りが発生していれば、プロセスのどこかに問題があるので、その原因を明らかにし、解決策を提言します。もちろん、こうしたプロセスは多くの場合 IT システム化されているので、システムが業務上の要件を正しく反映しているかを確認するのもアナリストの仕事です。アナリストに最終的に求められるのは、経営陣やシステム管理者にわかりやすい報告書の提出です。初級レベルのポジションではグラフの作成が要求されるくらいですが、上級になってくると、ビジネス活動の現状を関係者から収集し、要件をまとめて文書化する、システムあるいはプロセスの効率や達成度を示す評価基準を定める、ビジネス活動とそれに必要なデータを適切に反映したデータモデルを作成する、ビジネスプロセスを策定する、システムの機能的要求条件をまとめる、プロジェクトを立案するといった業務も担当します。

アナリストは普通、コンピュータエンジニアではありません。力点はビジネスに置かれています。もちろん、データを解析するためにデータベースにアクセスしたり、ちょっとしたプログラミングが必要になったり、エンタープライズソフトウェアをいじったりしなければならないこともありますが、技術の鬼である必要はまったくありません（使えないではさすがに困りますが）。そのため、シリコンと電子に閉じ込められがちな一般のエンジニアよりも広い業種で求人がみられるのが特徴で、そこが魅力ともいえます。

102

## 2.5 アナリスト

### ● データアナリスト（Data Analyst）

データを統計的に整理し、ビジネスに役立つ知見を提供するのがデータアナリストの仕事です。データは企業内にあるものや外部から購入してきたものが主体なので、マーケット調査のように自らデータ収集に勤しむわけではありません。アナリスト系の職種の中ではエントリーレベルの位置づけです。

データアナリストは、データベースから必要なものを選択的に抽出する過程で壊れたデータや外れ値をきれいにしたり、収集用のプログラムを書いたりします。分析には Excel のような素朴なものから、SPSS のような高度な統計分析パッケージ、あるいは 2.4 節のエンタープライズソフトウェアなど各種のツールを用いるので、これらの知識は必要です。プログラムの自作が求められるような環境では、Python などのスクリプト言語の技能が求められます。多様なデータを扱うことから、HTML、XML、JSON など一般的なデータ形式を理解しているとよいでしょう。分析結果をグラフやチャートなどビジュアルにわかりやすいように整えるのはお仕着せのツールで十分ですが、より効果的なものが入用になってきたときのために、データビジュアライゼーションのノウハウがあればプラスです。

ビジネス系のデータを扱うことから、数学、コンピュータ科学（特にデータサイエンス）、経済学、経営学のバックグラウンドが求められます。

エントリーレベルな職なので新卒から就くことが多く、インターンの求人もみかけられます。データ管理が得意なデータベース管理者やあまり技術的でないレポート作成担当などから転身してくることもあります。データアナリストの次のステップはビジネスアナリスト（次項）、あるいはビジネスインテリジェンスエンジニア（2.3 節）のようなビジネス系に進むのが順当ですが、データサイエンティスト（4.2 節）など研究系、あるいは営業（2.1 節）という進路もあります。

デジタルメディアに特化した広告会社の求人例を次に示します。これはインターン職です。

---

クラウドベースのビッグデータを既存の手法で分析するとともに、新しい分析方法やデータプロダクトを提案するデータアナリストを求めています。主な業務は、ビジネスチームの目的と要求を数値化する方法を提供することです。多方面から集めたデータはわかりやすく視覚化するとともに、インタラクティ

**2** 情報システム

ブに操作できるようにします。プロジェクトではクライアントの期待を満足させ、納期はかならず厳守します。

　応募者はデータ分析、データサイエンス、工学、数学のいずれかの分野で学士または修士課程に在学中の学生でなければなりません。技術的には SQL プログラミング、異なるデータシステムからデータを抽出する Tableau などのツール、そしてビジュアライゼーション技術が必要です。

----------

　データプロダクト（data product）は、文字どおりデータそのものを転売できる商品として扱うことです。政府が公表する各種の統計情報はタダですが、あれと似たようなものが売り買いされていると考えればよいでしょう。たとえば、小売店から得られる消費者の購買情報はマーケティング会社から引き合いがあります。SNS、オンラインショップ、検索エンジンも大量の顧客データを蓄積していますが、これらも転売されます。

　ビジネスの要求を数値化するというのはちょっとわかりにくいかもしれません。簡単にいえば、学校の先生（および文科省）が点数や成績の付け方（基準）を定めることです。たとえば、顧客満足度を 1 から 10 で点数を付けるとして、8 点以上なら目的が達成されていると判断するという感じです。

　Tableau はデータをビジュアルかつインタラクティブ（要するにスマートフォンみたいにグラフィックスを触って操作できるということです）に分析できるツールです。

## ● ビジネスアナリスト（Business Analyst）

　ビジネスアナリスト（BA）は組織構造、プロセス（手続き）、ポリシー（方針）、あるいは利用している情報システムといった領域でのビジネス上の問題を分析し、より効率のよい技術的方法を提案する職です。いわば、どのような規則や手続きを用いるかを決定する経営陣（ビジネス）と技術的な解法を提供するシステムエンジニアの橋渡しです。

　ビジネス的に価値のある情報（インテリジェンス）を生の情報（インフォメーション）から生み出すことから、ビジネスインテリジェンス（BI：Business Intelligence）アナリストとも呼ばれます。しかし、ビジネスインテリジェンスは

技術職ではなく、経営陣にきれいなレポートを生成する事務職という考えもあります。同様に、BAが将来の指針を、BIが現在の業務の状況説明をそれぞれ提供するという違いがあるという説もありますが、厳密な定義はありません。ややこしいことにビジネスアナリティックス（Business Analytics）という語とそれを冠した職もあり、これもBAはBIと同じとか、いや、異なる任務があるという説が入り乱れています。ここではいずれも同じBAとします。

　主な業務は、ビジネス上の要求条件の洗い出し、それに伴うシステムの仕様変更の確認と承認、新システムの導入や変更にかかわるコスト分析や実現可能性の調査、リスク分析、現状のビジネス要件に即した新システムの提案などです。また、ITプロジェクトに参加し、ビジネス要件がシステムに反映されているか、品質が保たれているかをチェックします。また、システムはいくつものサイクルを経て徐々に変化していくものですが、その都度、それらの変更が適切かを確認します。

　もっとも、BAの力点は業種やポジションに応じてさまざまです。ビジネス上の問題を分析して報告書を作成するだけのこともあれば、システムエンジニアとともにシステム設計まで手掛けることもあります。場合によっては、分析の結果から組織の強みを抽出し、次のビジネス計画に結びつける経営戦略の提案まで進むこともあります。それらの担務が職として分化していないのは、ビジネスが工学のようにはっきりとした世界ではないからでしょう。

　情報システムの知識はもちろん必要ですが、それよりもビジネス経験が重要視されます。また、分析対象の知識、たとえばファイナンスならファイナンスの知識が必要です。また、報告書、仕様書、提案書を書くのが仕事のようなものなので、文章力が重要視されます。技術的には、会社に蓄積された大量のデータを処理することから、データベース関係の知識が求められます。

　ビジネスアナリストになるのは、大学でビジネス分析を学ぶのがおそらく最短距離でしょう。コースは経理、経済、マーケティング、管理業務などのビジネス系（経営学系）の授業を土台として、その上にデータ分析や情報システムといった情報技術を接木したものが一般的です。もちろん、データベースエンジニア、データサイエンスなどの情報分析系からも登用されます。業務やシステムの現状分析はプロジェクトマネージャ（5.1節）やシステムエンジニアも行うものなので、そこから転籍してくることもあります。IIBAという団体がビジネス分析に必要な知識と方法論をBABOKというガイドブックにまとめており、同団体が提供している認定資

**❷ 情報システム**

格を要求する求人が多いようです（付録 A 参照）。

金融会社の求人例を次に示します。

---

　日々の業務が円滑に実行されるよう、システムの性能と効率を向上させるビジネスアナリストを求めています。主な業務は仕様が業務にベストなものであるかを分析し、優先順位を明らかにし、どのようなリスクがあるかを想定し、コスト分析をし、代替案や選択肢を提案することです。新規の要件については、ビジネス上の要求と利用可能な技術を擦り合わせながら機能設計も担当してもらいます。また、経営陣へは、そのシステムが将来どのように使われ、役立つのかを具体的かつわかりやすいストーリーで説明します。作成したドキュメントは常に最新に保たなければなりません。業務はビジネス部門、開発部門、品質管理部門、IT 部門と連携して行ってもらいます。

　応募者には文系理系を問わず学士以上の学歴と、5 年以上の IT およびビジネス分析の実績が求められます。技術的には Microsoft Office と Visio などのフローチャート作成ツール、故障診断や故障報告管理ツールの経験が必要です。Excel については特に VSLOOKUP など検索やサマリ系の関数、ピボットなどの実務経験が重要です。SQL の技能、またソフトウェア開発ライフサイクルおよび Jira などのバグ管理ツールの経験があればプラスです。

---

　エンジニア系の求人と異なり、技術的必須要件が Excel や Office や Visio などパソコンレベルと高くないのが特徴です。これは、この求人が初級レベルというわけではなく、同じ金融会社の類似の BA の求人でも同様でした。学歴が文系でもかまわないところから、技術者よりはビジネス寄りの職種であることがわかります。

　機能設計が含まれているところは、そこはかとなくエンジニアリングの香りがします。しかし、利用するデータとその制約、画面構成、出力するレポートに含む内容、処理の時期などの決定であり、コンピュータ技術そのものはそう必要ではないと推測されます。

## ● ワークフローアナリスト（Workflow Analyst）

ワークフロー（workflow）の分析に特化したビジネスアナリスト職です。

ワークフローは直訳すれば「仕事の流れ」で、一連の作業を順序よく並べた業務プロセスです。工場の流れ作業からわかるように、ワークフローという考え方は製造業では昔からありましたし、官公庁の下っ端からお偉いさんの順に押印するハンコ文化も同じ思想からきています。ワークフローはいろいろな場面で情報システム化されていますが、業務が遅滞するボトルネックがあったり、手書きがはびこっていてシステム化されていない部分があったり、現状の仕事の進め方と合っていないために使い勝手が悪かったりと、問題がないわけではありません。また、業務の変更に伴うシステムの変更、あるいは新規業務をシステムに落とし込む作業も必要です。ワークフローアナリストは、仕事の流れの分析、問題点の洗い出しと改善提言を行うとともに、システム化のときには仕様策定にも加わります。

ビジネスプロセスアナリスト（Business Process Analyst）とも呼ばれます。ワークフローアナリストの最終目的は現在のプロセスを向上させることが目的なので、プロセス改善エンジニア（Process Improvement Engineer）ともいいます。

情報システム、データサービス、情報分析を主として政府機関に提供する会社の求人例を次に示します。

---

米国政府機関管理部門の業務プロセスを支援する情報システムを分析するワークフローアナリストを求めています。主な業務は、顧客の業務およびシステム担当と協調しながら、システム要件の確定とシステム完成時の動作テストを実施することです。要件にはプログラムの機能仕様、グラフなどを含む出力レポートの要求条件、データ取得手段などが含まれます。システムを提供するパートナー企業数社との密なコーディネーションも必要です。機関との契約は数本並行して実行されます。

応募者にはコンピュータシステム、ビジネスプロセス、ワークフローの知識が求められます。業務経験は特に必要ありませんが、ビジネス分析あるいは情報技術専攻の学士が必要です。技術的には Microsoft Office、Jira や Trello などのワークフロー管理ツールの経験が必要です。なお、政府関連案件であるため、必要なセキュリティクリアランスがなければなりません。

---

**❷** 情報システム

このポジションは単純にワークフローを分析するだけでなく、結果をシステムに落とし込むという点でシステムエンジニア向けのものです。複数の関係者と複数のプロジェクトが入り組んだ複雑な利害関係と錯綜する情報をさばかなければならないため、コーディネータやプロジェクトマネージャ（5.1 節）の仕事も含まれています。政府機関はどこもややこしいのです。

データアナリストやビジネスアナリストほどには技術水準は高くありません。

Jira は主としてバグ管理やプロジェクト管理に使われるのですが、上記組織では業務プロセス管理に用いているようです。Trello も似たようなものですが、グラフィカルに処理ができる点が特徴です。ちなみに、どちらも Atlassian というオーストラリアの会社のソフトウェアです。

## ● システムアナリスト（System Analyst）

ビジネスアナリストとシステムアナリストはだいたい似たようなものです。

強いて違いを述べれば、前者はビジネスの分析結果からシステムの要求仕様を作成し、後者は現行の IT システムを用いてビジネスの目的を達成します。つまり、問題に取り組むに際し、経営者視点からスタートするか、IT システムからスタートするかの違いです。所属部署も前者はビジネス部門、後者は技術部門です。技術的には、上述のようにビジネスアナリストが Excel くらいで十分なこともあるのに対し、システムアナリストには IT システム全般の技能が必要です。立ち位置は、ビジネスアナリストが技術部門とビジネス部門の間にあるとすれば、システムアナリストはビジネスアナリストと技術部門の間といったところです。

もっとも、組織によって担務には幅があります。技術的な要求が高いわりにビジネスアナリストだったり、ビジネスやプロジェクト管理の経験が重要視されるわりにシステムアナリストだったりと、求人でも錯綜しています。ポジション名に過度に頼らず、求人詳細から判断する必要があります。

なお、ここでの対象はヒトや情報機器の集合体という意味でのシステム、あるいは会社で業務を達成するためのコンピュータシステム全体です。システムの動作ログや統計からシステムの稼働状況を分析することは IT 運用部門でも行いますが、それは（少なくとも本書の定義では）システムアナリストの仕事ではありません。それらは一般的にはオペレータやシステム管理者の業務の一部です（3.1 節および3.2 節）。このようにシステムには多様な意味が包含されているため、ビジネスシス

テムアナリスト（Business System Analyst）と呼ぶこともあります。

　コンサルティングファームの求人例を次に示します。この例でも、想定されている顧客は政府系機関です（どこの国でも政府機関は上客なのです）。

---

　ユーザが高度に複雑な情報システムを活用できるように支援する上級レベルのシステムアナリストを求めています。主な業務は顧客の問題の分析、システムの実装、運用と保守、ヘルプデスクの運用、ソフトウェアアプリケーションの開発とメンテナンスです。仕事はプロジェクト単位で進行します。それぞれのプロジェクトでは顧客の IT 環境を的確に把握するとともに、プロジェクトの成果を明確に定義します。

　応募者には 3 年以上のコンサルティング業務の経験と学士以上の学歴、そして機能要求仕様書の作成、プログラミング、コンピュータセキュリティシステムなどの技能が求められます。米国国防総省の JCDIS の知識あるいは連邦政府に対するコンサルティング業務経験があればプラスです。

---

　プロジェクトの進行を把握したり、成果物の管理をするところからプロジェクトマネージャ（5.1 節）の業務も一部混ざっているようです。

　JCDIS は Joint Capabilities Integration Development System の略で、国防総省の調達プロセスです。ここから、米軍の定めた仕様に準拠するシステムの設計が主な業務のようです（政府機関の要求条件は詳細かつ衒学的なきらいがあるので、仕様の精査はなかなかたいへんです）。

## 2.6　コンサルタント

　語源の「相談」（consult）からわかるように、コンサルタントは顧客の抱える問題を外部の目から明らかにし、その解決策を助言する人です。外部なのは、業務が思ったように動いていない、効率が落ちている、あるいはもっと有体に儲かっていない理由が当事者には見えなかったりするからです。内部から提案される解決策も悪いものではありませんが、従来の業務から踏み出し、抜本的な対策を打つにはや

109

はり外部の助言は重要です。

　コンサルタントの扱う相談は多岐にわたります。そのため、情報技術を専門とするコンサルタントを IT コンサルタントと呼ぶこともあります。日本ではしばしば「コンサル」と縮めて呼ばれることが多いようです。

　業務は、対象製品が自社か他社かで異なります。機器やサービスを製造販売する会社に勤務し、顧客の問題の解決手段に自社の製品やサービスを売り込むコンサルタントは、営業（2.1 節）の色彩を持っています。ここではこれを営業コンサルタントと呼びます。製造業者とパートナー契約を結んだ再販業者（リセーラー）も、特定の製品を利用しなければならないという縛りはやや弱いものの、これに含まれます。いわゆるコンサルティングファームに勤務し、問題解決に利用する製品やサービスに縛りのないコンサルタントは、ここでは対外コンサルタントと呼びます。このタイプのコンサルタントは、自社システムの計画、開発のために大手企業にも常勤で雇われます。この場合、コンサルタントという職名はシステムエンジニアやアナリストの上級職の扱いであることが多いようです。

　なお、営業も対外も本書の便宜上の名称で、実際にそのように呼ばれることはありません。

　どちらのタイプのコンサルタントも業務はアナリストに近いですが、現状分析と提案だけでなく、システム設計も手掛ける点が異なります。営業コンサルタントでは特にこの傾向が強くなり、必要ならカスタマイズのためのプログラミングも自ら手掛けます。システムの実装という点では、システムエンジニアに似ています。強いていえば、システムエンジニアは与えられた仕様を忠実に実装する、コンサルタントは仕様を自ら（顧客とともに）導き出すという違いがあります。コンサルタントはプロジェクトを管理しますが、たいていは自分の案件のものだけで、専任のプロジェクトマネージャ（5.1 節）のように担当チームが異なるプロジェクトをいくつも抱えることはありません。

　いわゆる文系なスキルが求められるのがこの職の特徴です。まず、顧客と対話することで問題を明らかにし（問題を抱えている人は何が問題なのかを明確に説明できないことが多いものです）、顧客が納得のいく問題解決策をともに考える手腕が求められます。これには、優れたプレゼンテーション能力も必要です。しばしば顧客のプロジェクトチームに参加して助言を行ったり方針を設定するため、プロジェクト管理のノウハウと正しいと考えられる解決策に舵を取らせるように仕向ける政

治的手腕も欠かせません。

　コンサルタントになるには、アナリストやプロジェクトマネージャを経由してくるのが順当です。内部コンサルタントの場合、自社製品の深い知識を買われて、サポート部門や開発部門から移動してくることもあります。エンタープライズソフトウェアの担当や管理者も、たとえば SAP や Linux の経験を見込まれて登用されます。つまり、どの分野でもよいですが、特定のシステムあるいは業務プロセスのエキスパートとなった人が、次に進む道というわけです。給与水準が高い職だと考えられています。

　コンサルタントは客先で仕事をするため、出張が多い（会社や担当によりますが、多いと 8 割以上の時間が社外）のが特徴です。

● **営業コンサルタント（Consultant, Sales）**

　自社製品を用いて顧客の問題を解決する方法を提案するコンサルタントです。提案だけでなく、顧客が実際に使用するのとほぼ同じようなテスト環境を構築し、提案が顧客の要件を満たすことを実物で示す実証作業もしばしば行います。自社製品がすでに導入済みなら、顧客の環境でより効率的な利用法を指南する、あるいはカスタマイゼーションを施すのも業務のうちです。

　営業コンサルタントには現状の問題に自社製品がベストであることを説明するため、自社製品、競合他社製品、そして周辺技術に詳しいことが求められます。もっ

**❷** 情報システム

とも、開発部門ほど詳しくなくてもかまいません。不明な点があれば、開発部門あるいはサポート部門に問い合わせればよいのです。製品の知識も、求職時点ではさほど重要ではありません。外部から登用されたばかりの人が内部ほど詳しいということは、そうあるものではありません（Unix や Cisco のようにどこでも利用されているものなら別ですが）。どこの社でも、たいていは短期決戦詰め込み式のトレーニングコースを用意しているので、そのコースの受講要件を満たしているかが採用基準となります。

ネットワーク機器を製造販売している会社の求人例を次に示します。

顧客やパートナー企業の抱える問題を特定し、当社の製品を新規に導入あるいは既存の環境に統合することでその問題を解決するカスタムメイドなシステムアーキテクチャを提供するコンサルタントを求めています。主な業務はハードウェアおよびソフトウェアの仕様の策定、設計、実装、テストです。顧客との折衝、プロジェクトの管理、文書の作成も重要な業務です。さらに、顧客に追加のニーズがないかも調べてもらいます。

応募者には IP ネットワーク、ルーティング、スイッチ技術、TCP および UDP、HTTP や DNS などのアプリケーションプロトコルの知識と実務経験が必要です。IPsec、SSL/TLS、VPN、ファイヤウォールなどのネットワークセキュリティ技術、tcpdump や Ethereal などのパケット解析ツールの経験も必須です。サーバおよびサービスについては、ZebOS、BIND、sshd、Apache、IIS、NGINX、WebLogic、Oracle などの技能が求められます。この他にも、Google、Amazon、Azure、Ansible、Docker、Kubernetes といったクラウドサービスおよび技術、仮想化技術、当社の製品全般、JavaScript、Unix shell、Perl、Java、Python、C/C++ などのプログラミング言語の経験が多少なりとも必要です。経歴としては学士以上、5 年以上の技術経験が必要です。

必要に応じて、時間外勤務（夜間および週末）が求められることがあります。

OS、ネットワークプロトコル、アプリケーション、クラウド、セキュリティ、プログラミングがところ狭しと陳列されたコンピュータ業界の百貨店状態です。この会社が販売しているのはネットワーク機器、つまりスイッチと TCP/IP が主な基

112

礎技術なのですが、コンサルタントには製品そのものだけでなく、周辺の知識が広く求められることがこれでわかると思います。

　もっとも、これら全部を習熟したエンジニアは神レベルといっても過言ではなく、この条件をすべて満たす人材を求めていたら、この会社はいつまでたっても空席を埋められないでしょう。おそらく、4割はエキスパート、3割はやってやれないことはない、2割は見たことはある、1割は名前だけ聞いたことあるくらいのレベルで合格圏内と想像します。

　時間外勤務が求められるのは、「既存の環境に統合」するためのテスト等で夜間や週末に作業を行わなければならない可能性、あるいは時間帯が異なる海外に顧客がいることを示しています。

## ● 対外コンサルタント（Consultant, External）

　対外コンサルタントは、大手コンサルティングファームやシステム構築の請負業者などに勤務するコンサルタントです。これらの企業では、各分野に専門のコンサルタントがいるのが通例です。たとえば、経営戦略、データ分析、システム構築、システム変更、業務プロセスなどの専門があり、いずれの求人でもその分野の深い知識が要求されます。営業コンサルタントのように特定の製品に精通している必要は少ないですが、より見識が求められます

　ビジネスに近めのアナリストや多人数と複雑な仕様を切り盛りする上級エンジニアから進んでくるのが一般的なキャリアパスでしょう。いきなりコンサルタントの道に進むことはあまりありませんが、コンサルティングファームの新人職から登ってくるというキャリアパスもあります。対外コンサルタントは、会計事務所で経験を積んだ会計士が独立するように、個人経営となるケースも多いです。

　コンサルティングファームの求人例を次に示します。

---

　経営戦略、構造改革、クラウドを用いた海外事業立ち上げ、IT サービスのグローバル標準化といったクライアント企業の IT プロジェクトにコンサルティングサービスを提供するアソシエイトレベルのコンサルタントを求めています。主な業務は、データ分析やクライアントとの対話を通じて IT およびビジネス環境を把握し、その問題点と優位点を明らかにすることです。また、最新

のクラウドコンピューティング、IT インフラストラクチャ、ツールなどのトレンドを理解し、これらをクライアントの環境に生かせるかを評価します。こうした作業では、ITIL を含む業界標準のベストプラクティスや方法論を応用します。さらに、開発チームのために詳細な仕様書を作成します。

応募者にはコンピュータ科学、コンピュータ工学などコンピュータ関連の学士が求められます。業務経験は、ビジネス分析、ビジネスプロセス、IT 運用、システム管理などの分野での 1 年以上が必要です。技術では IT 管理システム（ServiceNow、BMC、HP など）、IT インフラストラクチャの知識、そして ITIL 認定資格が必要です。

業務はほとんど社外で行われ、出張は就業時間の 8 割以上です。

---

条件から、ネットワークやコンピュータなどハードウェアインフラストラクチャを最新技術を用いて刷新するプロジェクトのようで、IT 技術寄りです。経営戦略も軽く触れられていますが、職位レベルが初級と中級の間くらいのアソシエイト（1.1 節）なので、経営はそれほど重要ではないでしょう。しかし、こうした上位レベルの経験をここで積めば、管理職や最高情報責任者（5.1 節）を見据えたキャリアパスが描くことができます。

ServiceNow および BMC は IT サービス管理という、各種の IT システムを統合的に管理するためのエンタープライズソフトウェアです（2.4 節）。どちらも社名と製品名が同じです。HP はコンピュータ会社名で、おそらく HP Service Manager を指しているものと思われます。

ITIL は IT サービス運用管理のベストプラクティス、つまり見習うべき成功事例や範例を集めた英国のガイドブックです（付録 A 参照）。これを基にした認定資格もあります。

## ● 情報セキュリティコンサルタント（Information Security Consultant）

専門分野を明示的に職名に含むコンサルタント職もあります。ここでは、そうした中でも情報セキュリティを専門とするコンサルタント職を取り上げます。IT セキュリティあるいはサイバーセキュリティといった職名も同じものです。ただし、セキュリティアナリストという類似の名称の職は、ビジネスアナリストのセキュリ

ティ専門家版です。

情報セキュリティで固有に求められる知識はSSL/TLSなどのセキュリティ関連プロトコル、ファイヤウォールなどのデバイス、侵入検知やログ収集などの監視システム、セキュリティポリシーなどの運用指針、監査や情報漏洩発生時のリスク管理などの業務プロセス、関連法などです。情報セキュリティは早いペースで変化しているので、新技術や業界の動向に常にアンテナを張っていなければなりません。特に、新規の脆弱性にはいち早く反応し、情報収集と対応策を迅速に提言することが期待されています。CISMなどのセキュリティ関係の認定資格があるとよいでしょう（付録A参照）。

リスク、アクセス情報、サイバー攻撃や脆弱性の管理などセキュリティに特化したサービスを提供する会社の上級職の求人例を次に示します。

---

Splunkを用いたセキュリティ環境の構築、アップグレード、最適化を行うプロジェクトを率いる上級情報セキュリティコンサルタントを求めています。上級職には独立してプロジェクトにあたるとともに、配下のコンサルタントを指導することが求められます。

応募者にはセキュリティ関連の情報システムとコンサルティングの業務経験、関連する認定資格が必要です。技術的にはSplunkだけでなく、F5、IBM QRadar、LogRhythm、Palo Alto、Aruba ClearPass、Imperva、Symantec、McAfeeの知識が求められます。

---

各種のセキュリティ製品（説明は割愛します）の知識が求められているところから、これはコンサルタントの中でもシステムエンジニア寄りの職です。リスク管理や関連法などの経験が含まれていないところから、組織の情報管理にかかわる大局的な方針や方策は、さらに上流のビジネス系コンサルタントあるいは顧客から直接提示されるものと思われます。逆に、実務を通じてそれらの知識を獲得できれば、次のランクアップも可能です。

次の求人例はよりハイレベルなビジネス寄りのものです。勤務先は上記同様、ITセキュリティサービス会社です。

**❷ 情報システム**

リスクを低減させ、関連法やセキュリティポリシーに準拠する手段を省力化できるよう、クライアント企業に公正なアドバイスを提供する IT セキュリティコンサルタントを求めています。主な業務はシステムへの侵入やデータ漏洩となりえる問題の特定、防衛、問題発生時の対処、そして損傷からの復旧にかかわる長期的な方策を提案することです。当然ながら、復旧あるいは移行作業が通常業務を妨げないように設計します。

応募者には情報システム、情報管理、IT あるいは関連する学士以上の学歴が必要です。業務経験には IT コンサルタント、IT 監査役あるいはビジネスアナリストとしての 1 年以上が求められます。技術では IT セキュリティ全般の知識が必要です。また、IT 監査プロセスの知識、情報セキュリティ関連の認定資格（CISSP、CISA、CIA のいずれか）が必要です。

業務時間のうち出張が占める割合は 1/3 程度です。

現状のシステムと実際の運用場面にかかわる詳細な知識が求められ、また長期的方策を策定するためのビジネス経験が必須であるという、エンジニアリングとビジネスの両輪が必要な職であることがわかります。また、求められている CISA と CIA という認定資格はシステム監査のものであり（付録 A 参照）、監査の経験も必要です。守備範囲が広いですが、これはコンサルタントの常です。

## 2.7 スペシャリスト

担当システムの応用分野や技術が特定的であるとき、そうした職はスペシャリスト（specialist）職と呼ばれます。職名に「スペシャリスト」が明記されることもありますが、たいていは具体的な分野あるいは技術だけが書かれています。おおむね、具体性が高いほど専門性が高くなっています。たとえば Cisco ネットワークエンジニアという職は、ネットワークに特化したエンジニアの中でも Cisco 製品を先鋭的に扱うスペシャリストとなります。Cisco セキュリティネットワークエンジニアは同じ Cisco 製品を対象にしていても、セキュリティに特化したさらに深い専門

116

性が求められる職です

データベースは 2.3 節で、エンタープライズシステムは 2.5 節でそれぞれのスペシャリストを紹介しました。本節ではこれら以外のシステムエンジニアリングのスペシャリスト職を順不同で示します。

## ● ネットワークシステムエンジニア（Network Systems Engineer）

ネットワークというシステムを設計、構築するので職名にシステムが入っていますが、ネットワークエンジニアというあっさりした職名のほうが多く用いられています。コンピュータネットワークが多様な要素から構成されているのはあたりまえだからでしょう。ここでも、以下、あっさり名を用います。

同じ職名であっても、立ち位置がハードウェアとソフトウェアのどちらに近いかで業務内容は異なります。ハードウェアに近いとは、ケーブルや機器といったネットワークの物理的要素を敷設したり保守したりすることが多いということです。こうした職には電気通信エンジニア（Telecommunication Engineer）という職名が多く用いられます。ソフトウェアサイドはネットワークの論理構成の設計や機器の設定など直接モノを持ち上げる必要のない作業を担当します。本項で取り上げるのは後者のソフト寄りのものです。当然、プロジェクトや組織の規模や構造に応じて前者と後者が交錯することもありますが、立ち位置が異なることには変わりありません。

ネットワーク技術は 7 つの層（レイヤー）に分かれており、ネットワークエンジニアは一般にこのうち第 2 層から第 4 層を担当します。これらは電気信号、IP プロトコル、TCP プロトコルというインターネットの基盤をカバーします。第 1 層はコネクタなど物理的な部品を担当する部分なので、まず関与しません。第 5 層以上はウェブなどのアプリケーション固有のサービスを担当しており、たとえばウェブサーバなど各アプリケーションのエキスパートの職務です。システムエンジニアなので、要求分析、設計、構築が担当で、日々の運用や保守は担当しません。それは管理者（3.2 節）の仕事です。もちろん、故障時には管理者から上がってきた問題解決依頼にしたがってトラブルシューティングをします。

他のエンジニア同様、ネットワークエンジニアも上級になると全体のアーキテクチャを担当するようになります。つまり、ネットワークアーキテクトです。通信量の統計から将来の拡張計画を構想する、耐用年数や新機種の登場に備えて入れ替え

計画を立案する、予算を獲得するなど、管理レベルのタスクが主な業務になってきます。

ネットワークエンジニアに求められるのは、インターネットを形作っているTCP/IPネットワーク技術です。理論的な知識は大学の専門科目で学べますが、その理論をもとに構築された装置には固有の機能や癖があるので、実務経験も重要です。こうした装置にはネットワークスイッチ、無線LAN、ルータ、ロードバランサ、ファイヤウォール、IDS（侵入検出システム）などが含まれます。サーバマシンやPC、アプリケーションデータの構造（ウェブデータなど）もそれぞれの専門家の仕事なので深い知識は要しませんが、実務に困らないくらいの経験は必要です。プログラミング技術は、ちょっとしたツールを作成する以外では必要ありません。

キャリアパスは、大学でのネットワーク専攻から初級でスタートする、あるいはシステムエンジニアからネットワークをきわめてから進んでくるというパターンが一般的です。他にも、ネットワーク管理者など運用系（3.2節）やネットワーク系の技術営業（2.1節）などから進んでくることもあります。

大手ネットワーク機器会社のインターン職の求人例を次に示します。

---

当社の機器を利用したネットワークシステムを最適に構築するネットワークエンジニアインターンを募集しています。実務経験を得、業界認定資格を取得するチャンスです。

応募者はネットワーク、コンピュータ科学、電気工学、コンピュータ工学、情報技術などの分野の学士あるいは修士に在籍している学生に限られます。成績はGPAで3.0以上が求められます。CCNAやCCNPなどのCiscoの認定資格（付録A）をすでに取得した方を優遇します。

---

キャリアパスの最初の段階では、上記のように求められる資格や技術は学歴程度と多くありません。ただ、ネットワーク技術はハード寄りなので、純然たるソフト系と異なり、電気工学やコンピュータ工学に重心が置かれているところは注意してください。大学新卒向け初級レベルの求人もだいたい同じです。

GPA（Grade Point Average）はすべての成績の加重平均で、米国では高校や大学で一般的に用いられています。5段階評価のA、B、C、D、Fそれぞれに4、3、2、1、

0 の点数を割り当て、これと科目の単位数を掛けて全科目の和を取り、全単位数で割ることで算出します。上記の 3.0 は平均して B という意味です。日本の大学でも採用しているところが増えています。このとき伝統的な優、良、可、不可の 4 段階の最上級に秀を用意することで、5 段階にするところが多いようです。4 段階のまま、4、3、1、0 を割り振るという計算方式もあります。GPA 計算方法は成績表の裏などに書かれているので、自分のものを確認してみるとよいでしょう。

上級レベルも見てみましょう。金融会社のエンジニアリング部門の求人例です。

---

設計、実装、保守を手掛ける上級レベルのネットワークエンジニアを求めています。担当するプロジェクトには新技術を利用したソリューションの提供、業界動向を踏まえた組織内標準の策定、現行システムの最適化などがあり、いずれもローカルからグローバルレベルまで多様な規模のものを扱います。

応募者にはネットワーク技術の知識と経験が求められます。対象となるネットワーク関連システムは Cisco のコアおよびエッジルータ、Cisco Wireless Controller、CA Spectrum、Citrix NetScaler、Cisco Netflow、Solarwind などです。ローカルネットワーク技術ではスパニングツリープロトコルや MPLS、ルーティング技術では BGP、OSPF、EIGRP、HSRP/VRRP、広域ネットワークでは専用線や VPN などが必要です。特に Cisco IOS の業務経験は必須です。SDN（2.1 節参照）やコンバージドインフラストラクチャなどの新技術はプラスです。加えて、システム構築自動化技術、各種スクリプト言語（Python、Puppet、Ansible）、ネットワークセキュリティ、Cisco の諸製品、Wireshark などのツールを用いたネットワーク管理と問題解決の経験が求められます。

---

純粋に第 2 層から第 4 層の技術に集中しているという意味では、典型的なネットワークエンジニアの求人です。コアルータや BGP という広域インターネット関連の技術が求められている点に着目すると、企業ネットワークでも大規模な実装が想定されます。

Cisco の技術（EIGRP も HSRP も Cisco 独自のメカニズムです）が多く出ているのは、この会社が Cisco 製品を偏愛しているということではなく、Cisco の市場占有率が非常に高いことの現われです。つまり、Cisco を知らなければネットワーク

エンジニアにはなれないくらい無視できない存在です。Cisco 以外の後発のネットワーク製品も大なり小なり Cisco の影響を受けているので、Cisco の知識は他にも応用できるというメリットもあります。ネットワークエンジニアを志向するのなら触っておいても損はありませんが、個人で所有する類のものではないので、業務上利用する機会でもないと学習は難しいでしょう。

　IOS は Cisco 製品を制御する組み込みのオペレーティングシステムです。Apple のそれは iOS と先頭が小文字で、こちらのほうが後発です。ネットワーク業界でアイオーエスと言ったときは、おおむね Cisco の話です。

## ● クラウドエンジニア（Cloud Engineer）

　ソフトウェアを利用するには、それを動作させる PC、サーバ、データストレージ、そしてそれらを相互接続するネットワークといった IT インフラストラクチャが不可欠です。当然ながら、それらの設置案件を担当する設計者や開発者、設置後の管理運営を担う管理者といったエンジニアも必要です。大規模なインフラストラクチャならば、置き場所を用意したり、消費電力や冷却設備の要件を定める専門の設備担当も必要です。ソフトを動かすには、それなりのハードが必要なのです。

　クラウドは、これらのハードを自前で用意せずとも、インターネットを介して利用できるようにする仕組みです。たとえば、サーバマシンを 1 台買ってきて自社ネットワークに接続するのではなく、32 MB のメモリと 80 GB のディスクを搭載したサーバを 1 台用意せよとクラウドに命令を送るだけで、あたかも自分の前にそのマシンがあるかのように利用できるようになります。もちろん、指定の OS をインストールし、ウェブサーバアプリケーションを設定するなどの作業も、クラウド経由で達成できます。クラウドエンジニアは、クラウド上の IT インフラストラクチャをソフトウェア的に設置、管理、利用、廃棄する職です。

　クラウドにも何らかの物理的実体は必要なので、クラウドサービス会社や自前でクラウドを構築する大規模組織には大量のハードウェアとそれをコントロールするハード系のエンジニアがいます。本項のエンジニアはこれらを利用する側のエンジニアなので、ハードの知識は直接は必要ありません。

　クラウドにはハードウェアをソフトウェア的に扱う仮想化技術、コントロールするためのソフトウェア基盤とそれを操るスクリプトプログラミング、設定情報のコンテナ化（パッケージ化）などの技術が含まれているので、これらの技能が求

められます。加えて、IT インフラストラクチャやシステムエンジニアリングの基礎知識も必要です。このため、求人には OS、ネットワーク、データベース、メッセージングシステム、アプリケーション、プログラミングとスクリプティング、ロードバランサなど幅広い技能がリストされます。また、OpenStack、Docker、Kubernetes といったクラウド固有のツールや技術、REST や Ansible などの遠隔操作技術、Amazon Web Services、Microsoft Azure、Google Cloud Platform などの既存のクラウドサービスも含まれており、最新技術の百貨店と化しています。もっとも、クラウド技術を駆使するエンジニアがそれほどいないのに対して需要が高いため、古典的なシステムエンジニアリングやプログラミングからでもスタートできる余地がまだあります。

クラウドネットワークサービスを提供している会社の求人を次に示します。

---

クラウドインフラストラクチャとアプリケーションを迅速かつ効率的に設計、設置、管理するクラウドエンジニアを求めています。利用するクラウドはハイブリッド型で、そこで動作させるアプリケーションはバージョン管理システムなどソフトウェア開発系のものです。現行システムの安定運用に責任を持つとともに、新規案件では設計段階からプロジェクトに参画することで運用サイドの要件を満たします。また、運用性能と安定性を点数化し、数値にもとづいた改善案を提言してもらいます。

応募者には Google コンテナプラットフォームなどのクラウド技術、Jenkins や Puppet などの開発ツール、Java、Python、Go、Node/JavaScript、Shell などのスクリプト言語、Redis や MongoDB などのデータベース、クラウド監視システム、Unix などの知識と経験が必要です。コンピュータ科学あるいは類似の分野の学士または修士が必要です。

---

開発管理システムを設計、開発、構築するという意味では伝統的なシステムエンジニアの職なため、開発支援ツールや Unix も要件に含まれています。Go や Node のような最近のプログラミング言語が含まれているのが、クラウドを含む流行技術の求人でよくみられるパターンです。

クラウドにはサービス会社（Amazon や Google）が万人にアクセスできるよう

# 2 情報システム

にしているパブリック型と、特定の組織だけが利用するプライベート型の 2 種類が
あります。ハイブリッドはどちらも利用することでインフラストラクチャを構成す
るタイプです。

## ● サイト信頼性エンジニア（Site Reliability Engineer）

この職を最初に考案した Google の Ben Treynor によれば、IT 管理運用の機能を
設計するソフトウェアエンジニアとのことです。略して SRE とも書かれます。具体
的には、大規模サイトで発生する各種の問題に迅速に対応する目的で、オペレータ
（3.1 節）の知識やノウハウをアルゴリズムに置き換えた自動化、新機能の開発、既
存システムの改善をする開発者です。大規模な IT インフラストラクチャを擁する、
あるいはクラウドサービスを提供する Google、Amazon などの企業でみられます。

対応すべき問題はいろいろあります。たとえば拡張性の問題は、システムが容量
あるいは性能不足におちいったとき、システム要素の数を倍にしたからといって性
能や容量が倍にならない問題です。つまり、数で押してもどこかで効果が頭打ち
になります。これを解決するには、それなりの再設計が必要です。攻撃パターンが
変化したり、利用中の暗号メカニズムが破られたなどセキュリティ上の問題が発生
したとき、対応処理が複雑すぎて変更に時間がかかるのでは、システムを守れませ
ん。ここでも、システムの再設計やプロセスの改善が求められます。このように、
サイト全体の信頼性を高く維持する方策を提供するのが SRE の主な業務です。

サイトの保守管理を担当するサポートエンジニア職（3.2 節）と重なるとも考え
られていますが、本書ではシステムエンジニアの一形態として扱います。これは、
方法論や対応技術がまだ成熟しておらず、トラブルシューティングには開発者の能
力が必要になるからです。もちろん、一般化されてくれば、普通の IT サポート枠
で対処されることでしょう。クラウド環境では前項のクラウドエンジニアと似てい
ますが、クラウドエンジニアは実装系、SRE は設計系にそれぞれ寄った職種と考
えればよいでしょう。

求められているのは、システム管理者あるいはネットワーク技術者でありながら
アルゴリズムやプログラミングの知識を有するクロスオーバーな人材です。

クラウドアプリケーションサービスを展開するソフトウェア開発会社の求人例を
次に示します。

当社が展開する世界最大級のコラボレーションシステムの複雑な運用上の問題、問題解決のためのツールの作成、性能の向上に取り組むサイト信頼性エンジニアを求めています。

応募者には幅広い知識と能力が必要です。まず 2 年以上の高水準言語とスクリプト言語が必要です。特に C# と PowerShell が好ましいです。これに加え、データベースモデリングとデータベース（Microsoft SQL Server）、Windows Server と IIS、システム構築自動化ツール、ネットワーク、アプリケーションプロトコル（HTTP/HTTPS、SMTP、POP）、データ交換技術（SOAP、JSON）、ソフトウェア開発手法（テスト、ビルド、構成管理、リリース）の知識が求められます。学歴にはコンピュータ科学や情報システム専攻の学士が必要です。

業務内容があっさりしているのは、求人元も何をする商売なのかよくわかっていない新しい職種であることの現われです。技術的な要求条件がプログラミング、ネットワーク、通信プロトコルなど幅広くとってあるのは、新規の分野で細分化が進んでいないからです。

## ● CAE エンジニア（CAE Engineer）

CAE はコンピュータ支援エンジニアリング（Computer Aided Engineering）の略で、コンピュータで部品や製品の工学的な解析を行うことで、実物なしで設計、試作、テストのできる設計方法あるいはアプリケーションです。たとえば、橋の設計にあたって、どの素材を使うとどこに力がかかり、どこが折れやすいかを計算します。オーディオスピーカーの音がどのように伝搬し、どのような音になるのかを解析をするのも CAE の応用範囲です。自動車の設計では空力や衝突の結果などを解析します。CAE を使うことで、実際に部品や製品を試作するコストと時間を省くことができます。

CAE エンジニアには CAE ソフトウェアが対象とする分野の知識が必要です。たとえば、エンジンのシリンダなど金属部品の設計では、熱伝導率や強度など材料そのものの特性を知っていなければなりません。液体が相手なら流体力学です。コンピュータ技術では有限要素法、境界要素法など、解析的には解けない（あるいは難

## ❷ 情報システム

しい）微分方程式の近似解をデジタル的に解く方法をマスターしていなければなりません。つまり、コンピュータ科学プロパーな出自ではなく、コンピュータをツールにして科学や工学の問題に取り組んだ人が進んでくる職です。物理現象を扱うという点では、爆発や風になびく髪を再現するグラフィックスエンジニア（1.5 節）と近しい職ともいえます。

自動車部品会社の求人例を次に示します。

---

自動車ブレーキのメカトロニクスシステムを解析する CAE エンジニアを求めています。主な業務はモデルベースデザインと有限要素法を用いた CAE シミュレーションを通じて、熱、構造、疲労、騒音、振動、ハーシュネスといった工学的な諸条件下でのブレーキ部品の性能を評価し、その報告書を作成することです。問題が発見されれば、その原因と解決策を調査し、設計に反映します。コスト面での提案も行ってもらいます。実テスト時には、シミュレーション結果との照合もします。システム面では、新しい要求に応じてシミュレーションシステムを開発します。さらに、最新の CAE ソフトウェアを評価することで、将来のシステム設計に役立てます。

応募者には最低でも 1 年の工学系エンジニア経験と、機械工学系の修士が求められます。学士の場合はエンジニア歴は 5 年以上です。関連ツールでは CATIA の経験が 1 年以上です。

---

CATIA はフランス Dassault 社の CAD（コンピュータ支援設計アプリケーション）で、自動車および航空業界でポピュラーな製品のようです。業界以外では経験できそうにもないツールのため、部外者には敷居が高そうです。

自動車業界では、騒音（noise）、振動（vibration）、ハーシュネス（harshness）といった自動車の快適性を示す指標は、頭文字をまとめて NVH と略称します。ハーシュネスは「荒々しさ」という意味で、ガコガコとした硬さや路面の突き上げといった乗り心地やガタガタとした建てつけの悪さなどを指します。最初のふたつは物理的に計測できますが、ハーシュネスは主観的な指標なので測定には人間工学の知識が必要になります。

## ● セキュリティエンジニア（Security Engineer）

情報システムのセキュリティに特化したシステムエンジニアです。2.6 節の情報セキュリティコンサルタントより実務的なポジションです。

セキュリティエンジニアはシステムへの不正アクセスを防止し、情報の漏洩や改ざんが行われないように保証するとともに、認められたユーザには支障なく所定のデータにアクセスできるようにシステムを設計、開発します。また、システムにセキュリティ上の問題がないかを検証し、脆弱性があれば対応します。問題を追跡する手段の実装、問題の発生から解決までの業務手順の策定、そしてそれを管理するシステムの設計も担当範囲のうちです。さらに、問題発生時に生じるであろう損害の算定（リスク分析）、対応策の検討、セキュリティ業界との連携といった、コンサルタント寄りの業務もあります。

コンピュータシステムのセキュリティ保全には、個人の PC にも搭載されているウィルス対策ソフトウェア、ユーザアカウント管理ツール、VPN ソフトウェアなど馴染み深いツールが山ほどありますが、それ以上にプロフェッショナルな専用アプリケーションがごまんとあります。当然、セキュリティエンジニアはこれらに精通していなければなりません。たとえば、システムにセキュリティ上の問題があるかの検査は手作業でできる量ではないので、専用の脆弱性検査ツールを用います。関連した認定資格には CompTIA Security+、Cisco ネットワーク技術者認定の CCNP Security、EC-Council の CEH（認定ホワイトハッカー）、CISM（公認情報セキュリティマネージャ）などがあります（付録 A 参照）。

コンピュータセキュリティは変化の激しい分野です。先日まで利用できていたメカニズムが攻撃可能であることが検証されたため、利用停止が勧告されることはよくあります。そのためセキュリティエンジニアは常に最新情報に精通していなければなりません。また、問題はいつ発生するかわからないため、24 時間対応が求められることもあります。

米国国防総省に情報システムサービスを提供している会社の求人例を次に示します。

---

米国国防総省のマルチレベルセキュリティ要件を分析、定義、設計、開発するセキュリティエンジニアを求めています。業務にはリスク分析、セキュリティ標準およびリスク管理フレームワークの開発、そして技術文書の作成です。ロ

グの収集および統合分析を処理するサービスのサポートも含まれます。

応募者にはマルチレベルセキュリティ関連業務の5年以上の経験、STIGの知識、加えて学士が求められます。セキュリティ評価、サポート、問題解決、回避策の実施といったセキュリティ関連の実務経験も必要です。

---

ややコンサルタントもしくはアナリスト寄りですが、セキュリティに対する執念では誰にも負けない組織の求人例ということでここに示します。当然ながら、技術や知識に対する要求条件は米軍固有のものが多くなっています。

マルチレベルセキュリティ（MLS：Multi Level Security）はデータアクセス認証の考え方のひとつです。アクセスレベルを極秘、秘、部外秘、区分なしのように段階的に設定し、特定の人物や役職にレベルを割り当てるやり方では、レベル不足で関連情報にアクセスできない弊害も生じます。かといって、必要に応じてレベルを変更すると、その担当者が必要のない情報にもアクセスできてしまいます。MLSはこの問題を解決するレベル縦断的なアクセスレベルを達成する仕組みで、米軍が運用しています。Linuxなど一般的な製品でも、大口顧客の米軍の要求を満足させるようにこれに対応できるようになっています。

STIG（Security Technical Information Guides）は米国国防総省情報システム局（DISA：Defense Information Systems Agency）が定めた情報システム設置基準です。

---

### ■ セキュリティとゲーマー ■

セキュリティ対策ソフトウェアで著名なMcAfeeの2018年4月のレポートによれば、セキュリティ関係の仕事はゲーマーに向くとのことです。

増加するサイバー犯罪に対応するため、企業はセキュリティスペシャリストの増員に迫られています。しかし、需要の急増に人材育成が追いついておらず、確保が困難です。そこでレポートは、オンラインゲームにハマっているゲーマーで人材不足を埋めることを提案しています。セキュリティ上の問題や攻撃経路を見つけ出すタスクは、論理的思考、粘り強さ、敵の動きの読みといったゲーム攻略のスキルと近しいというのがその理由です。セキュリティの専門知識がなくてもゲーマーを雇いたいと考える企業もあるようです。

来たれ、廃人諸君！

## ● RPA スペシャリスト（RPA Specialist）

RPA は Robotic Process Automation の略で、くだいて訳せばグラフィカルユーザインタフェース（GUI）を対象にした業務プロセスの自動化（オートメーション）です。残念ながらメカ満載のロボは出てきません。ロボはロボでもソフトウェアな仮想ロボです。

ソフトウェア関連のオートメーションは、物理的な動きが得手ではありません。バックアップ作成処理がどれだけプログラムで達成されたにしても、バックアップテープを交換する人手は常に必要です。同様に、マウスクリックやキーボード入力などヒトの眼や手を必要とするアプリケーションは容易に自動化できません。RPA は、人を雇い、あっちをクリック、こっちをコピペと手作業でやらせていたコンピュータの設定や顧客注文などのオフィス事務を自動化するものです。AI が組み込まれていれば、表示テキストからキーワードを抽出するといったインテリジェントな操作もできます。

RPA の目的は、定型オフィス業務従事者の人件費の削減と時間短縮です。AI に仕事を奪われるという懸念を実体化したような技術ですが、反面、RPA に作業を教え込むスペシャリストという新しい職がでてきました。これが RPA スペシャリストです。新しい職ですが、比較的引きは多いようです。

業務を効率化するという意味ではワークフローアナリストに近いですが、自動化システムの設計、設定、運用が主な業務なのでシステムエンジニアの守備範囲です。RPA はすでにいろいろな製品がでまわっているのでその経験があればもちろんよいですが、まだ新しい分野ということもあり、スクリプト言語の経験があればよしとする求人もあります。

業務プロセスおよびリソース管理の改善やビジネス分析のサービスを提供する会社の求人例を次に示します。

---

多様なシステムを対象にした RPA ソリューションを提供する RPA スペシャリストを求めています。主な業務は顧客の要求分析と RPA の実装です。実装ではスクリプト、フローチャート、ルール、RPA ロボの作成とテストを行います。システムサイドではデータのモデル化、レポート生成、データベースの設計と構築、RPA ツールの設置、ウェブサーバや光学的文字認識（OCR）などの周辺

機器とのインテグレーションを担当します。プロジェクト管理も求められます。

応募者には 10 年以上の大手コンサルティングファームでのコンサルティング業務経験が求められます。ビジネス系ではサービス志向アーキテクチャ（SOA）やビジネスプロセス管理（BPM）が、RPA 関連の技術では OCR、スクリーンデータ収集（screen scraping）、データモデル化、リレーショナルデータベースの経験が必要です。RPA ツールについては Work Fusion および Automation Anywhere の実践的な技能が必須です。学歴はコンピュータ科学、自動システム、電気工学などの専攻の学士以上。経営学修士や情報システム修士など高位の学歴を有する方を優遇します。

システム開発という意味では典型的なシステムエンジニアの職です。業務経験の条件から判断すると、コンサルタントやアーキテクトに近い立ち位置のようです。これは、RPA が比較的新しい分野であり、潜在的顧客にメリットを正確に伝えられる能力と幅広い経験が必要だからでしょう。AI を多用する RPA システムなら、当然 AI や機械学習の知識も要求条件に含まれます。

ここで「大手」コンサルティングファームは、一般に Deloitte、PwC（PricewaterhouseCoopers）、EY（Ernst & Young）、KPMG（Klynveld Peat Marwick Goerdeler）の 4 社を指します（社名はいずれも創業者の名前）。この 4 社はしばしば「Big Four」と呼ばれます。

## ● VFX パイプラインエンジニア（VFX Pipeline Engineer）

VFX は映像特殊効果（Visual Effects）の略で、実写映像とコンピュータグラフィックスを合成したり、明るさや色合いを変更したり、爆発させたり、ワープしたりといった効果をコンピュータで生成する映像技術です。VFX は実写映像や CG などの素材を用意してから、処理 A →処理 B →処理 C のように流れ作業で各種の処理を行います。この流れ作業を司るのがパイプラインシステムで、VFX パイプラインエンジニアは素材を迅速かつ適切に前の処理から次の処理へと流すシステムを担当するエンジニアです。

映像を扱うシステムにはそれ固有の課題があります。まず、映像データは膨大なため、高速ネットワークと大容量で安定したデータストレージが必要です。もちろ

ん計算量も多いため、ヘビーデューティな CPU やメモリやバックプレーンを持つサーバマシンも欠かせません。また、映像素材はそれぞれの特性に適したフォーマットで保存、流通させなければならず、異なるメディアを組み合わせるには変換しなければなりません。加えて、素材の加工は大量のステップを経由しなければならないため、自動化も必要です。VFX パイプラインエンジニアには、こうした映像作成固有の課題と解決法を熟知していなければなりません。また、一過性の特殊な要求に対する変更や新しい映像テクニックの導入に機敏に対応しなければなりません。たとえば、Pixar の作品には新作ごとに新しい技術が使われていますが、裏でシステムエンジニアが新モジュールを開発しているわけです。そういう意味では、安定性を重視するビジネスシステムとは性質が異なる職といえます。

　映像作りの経験は必要ではありません。会計システムのエンジニアにファイナンスの経験が求められないのと同じ理屈です。というよりは、映像制作というアートな背景とエンジニアのマインドを兼ね備えた人材を探すのは、無理難題に近いからでしょう。もちろん、あるに越したことはないです。

　特殊効果映像制作会社の VFX パイプラインエンジニアの求人例を次に示します。

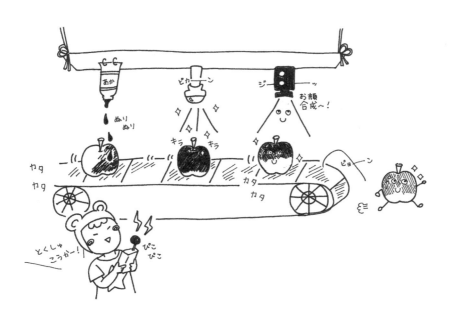

**❷** 情報システム

---

　VFX 制作を支援する高速ネットワーク、高性能ストレージ、クラスタと仮想化システム、自動化メカニズム、認証システムからなる複雑なシステムを設置、維持、最適化する VFX システムエンジニアを求めています。

　応募者には上記の技術に加え、映像の構成要素である複雑なデータの構造化、ファイルシステムやデータベースなどデータ収容にかかわる基礎技術、各種ストレージソリューション（Isilon、Nimble および NetApp）、システムチューニング、システムモニタリング（PRTG、InMon、Zabbix など）の知識と経験が必要です。

---

職務が新規設置、保守、あるいは性能向上のどれが主体なのか不明ですが、おそらく、臨機応変にどれにでも対応できる人材を必要としているということでしょう。

130

# 3

# 情報技術

　情報技術（Information Technology）は、コンピュータを使って情報を保存、取り出し、処理、伝送することで何らかの目的を達成する技術です。おそらく、ITと略したほうがとおりがよいでしょう（以下、そう略します）。伝送のための通信技術も含めて ICT、つまり情報通信技術（Information and Telecommunications Technology）と呼ぶこともあります。

　学問分野としての IT には次のトピックが含まれます。

- コンピュータセキュリティ
- 情報管理
- コンピュータネットワーク
- システム開発、運用、戦略
- ユーザエクスペリエンスとヒューマンインタフェース
- 組み込みシステム
- プラットフォーム（OS、インフラストラクチャ、アプリケーション）
- 仮想システム（仮想化、クラスタ、クラウド等）
- ソフトウェア全般（含アルゴリズム、データ構造）
- ソフトウェア開発（含プログラミング）
- Web システム
- モバイルシステム
- IoT（Internet of Things）

ここまで取り上げてきたソフトウェア工学（第 1 章）や情報システム（第 2 章）

131

との違いは、コンピュータの管理と運用、つまり「利用」に重点があるところです。

データを保存するデータベースを考えてみましょう。データベースというソフトウェアを作成するのはソフトウェア開発者です。経理業務などのビジネスの目的を達成するために、データベース上に構築するデータの構造を考え、システムとして実装するのはシステムエンジニアの役割です。ITエンジニアは、できあがったこのシステムで日々のビジネス活動を支援します。たとえば、データベースが適切に動作しているかを監視し、容量があふれる前にディスクを追加します。新規ユーザを登録する、特定のIPアドレスだけにアクセスを許可するといったセキュリティ管理もします。もちろん、障害が発生すれば修理もします。

## ● IT エンジニア

ITエンジニア（IT Engineer）は、システムを使って日々の業務を処理する非技術的なユーザと開発者の間に立ち、業務に支障をきたさないようにシステムを安定的に稼働させたり、問題を解決したりする職です。システム管理者、オペレータ、技術サポートなどがこれに含まれます。

システムエンジニア（日本風に略せばSE）とITエンジニアは混同されがちですが、同じ職種でもなければ求められる経験や技能も異なります。また、ソフトウェアエンジニア（プログラマ）でもありません。

例によって、実際の職場環境ではITとそれ以外の分野の境界はそれほど明確ではありません。システム管理者なら、日々の作業を簡略化したり自動化したりと、何かしらプログラムを書くものです。昨今ではシステムを動かすのが仕事のオペレータにも、クラウド上のリソースを制御するプログラミング技術が求められています。業務システムを開発したり、データベース上のデータ構造を設計したりと、システムエンジニアと同じ仕事に従事することもあります。職種の分化の進んでいない中小企業では、設計開発をしたうえで日々の運用もこなすマルチ人材がしばしば求められます。しかし、ITエンジニアにソフトウェアエンジニアが携わる大規模ソフトウェアの開発、あるいはシステムエンジニアが扱う複雑な組織構造と業務プロセス（手続き）を反映したシステムのインテグレーションが任せられることは一般的にありません。

## ● 職業としての IT エンジニア

　IT エンジニアには実用本位なところがあるため、担当する分野の知識と経験は
ディープでなければなりませんが、その他の細事には明るくなくてもかまいませ
ん。ソフトウェア工学や情報システムのエンジニアには大なり小なりコンピュータ
科学の基礎知識が求められるのですが、知らなくても問題はありませんし、ツリー
構造やソートのアルゴリズムは大学で聞いた覚えはあってももう忘れたという現役
エンジニアもたくさんいます。プログラミングもしばしば必要とはされません。

　もちろん、引き出しは広いほうがよいですし、そのほうが転職するときにも便利
です。ただ、エンジニア本人も自分の先鋭的な専門性を売りにしており、求人元も
そうしたところをピンポイント的にチェックします。たとえば、同じシステム管理
者職であっても、Unix はハッカーの祭典である DEF CON に参加するレベルだが
Windows サーバには怖くて触れないエンジニアは、Unix 環境では大歓迎ですが、
Windows 大好きワールドの職場では門前払いです。

　進路面では、IT エンジニアは間口の広さが特徴です。大学での専攻も、コン
ピュータに関係したものであればなんでもかまわない程度です。もちろん、IT を学
ぶコースもあり、その学位を求める求人もあります。最初に就いた職でその分野の
経験を積んでいけば、より深い知識を必要とする専門家にレベルアップできます。
たとえば、Unix オペレータとして使い慣れるところから始め、システム管理者に
なり、そこから技術サポートに転じ、さらに IT コンサルタントへと進むキャリア
パスが考えられます。

　IT はすべての業種で必要とされています。店舗でも流通でも銀行でも官公庁
でも、どんなビジネス活動もコンピュータを利用しており、これを支援するプロ
フェッショナルは必須です。製造業あるいは高度なシステムを内製しなければなら
ない大規模な業種に就職先が限られてしまうシステムエンジニアやソフトウェア
エンジニアと異なるのは、この就職先の幅広さです。コンピュータ系の職種とい
えば IT と一般に考えられてしまうのは、その需要の多さと多様さのせいもあるで
しょう。

**❸ 情報技術**

# 3.1 オペレータ（IT Operator）

コンピュータシステムを操作（operate）する職種です。

コンソールに向かって起動や停止の操作をしたり、定期的に出力しなければならないレポートが問題なく出力されているかを監視したり、障害発生時にはサポート部門に連絡を取ったりと、とどこおりなく日々の業務が完遂されることを保証するのが主な業務です。ポジションによっては、新規ユーザを登録する、PCにハードディスクを追加するなど簡単なシステム管理業務が含まれるものもあります。

専任の操作要員を必要とするくらい業務に不可欠なITシステムは、たいていは1日24時間、1年365日停止することなく稼働しています。このためシフト勤務、深夜および休日勤務、勤務時間外の緊急呼び出しといった不規則な勤務体系が求められるケースも多くなります。

取り扱うデータ、対象となるシステムを絞った専門的なオペレータ職もあります。たとえば通信網管理システム、交通管理システム、地理情報システム、特殊用途のサーバシステム、あるいはエンタープライズソフトウェアのオペレータです。こうした専門オペレータの職名は、たとえばネットワークオペレータのようにその名を冠したものになります。システムに日々接する経験を活かし、その問題点や解決策を提言する上位の職もあります。

エントリーレベルでは、要求される技能はさほど高くありません。大卒が要求されることもなく、あれば優遇といった感じなので、初心者でも入りやすい職種です。技術的な知識と経験が蓄積されてきたら、システム管理者（3.2節）や技術サポート（3.3節）に進むことが多いようです。もちろん、上級レベルにもなればオペレータにも適用分野の専門的な知識と経験が求められるようになります。それらが備わってきたらスペシャリスト系のシステムエンジニア（2.3、2.4および2.7節）に進むことができるでしょう。

## ● IT オペレータ（IT Operator）

コンピュータシステムの操作と監視が主な業務です。対象がコンピュータという違いはあれ、ラインが正しく流れているか、必要なら止めたり再稼働したりする工場のオペレータと基本は同じです。

代表的な業務は、バッチ処理など定時に起動する処理が適切に動作したかの監

視、プリンタ用紙の補充のような自動化されていない処理の手動操作、メインマシン故障時のバックアップ機への切り替え、メンテナンス時間でのマシンの停止と起動、問題への対処などです。監視については、ネットワークトラフィックの唐突な増加や悪意ある攻撃とみなされる挙動を検知したら、初動段階での情報収集というやや技術レベルの高い業務も含まれることもあります。問題の対処はマニュアルに書かれている初歩的なものに限られるのが通例で、難しいものは技術部門にまわします。

　コンピュータシステムの操作は昨今ではかなり自動化されているため、オペレータ職の求人は以前よりもだいぶ少なくなっています。それでも、すばやく臨機応変な対応が求められる大規模サイトではまだ必要な職です。

　単純なルーチン作業が多いので、IT技能がさしてなくても対応できます。そのため、ITエンジニアを目指す新卒の登竜門と位置づけられる職です。十分な技能を身につけたあとは、サポート部門などに転身する例が多いようです。

　米国地方警察の中級職の求人例を次に示します。

　メインフレームとWindows Serverからなる24時間運用システムの運用、監視、制御を担当する中級レベルITオペレータを求めています。通常のオペレーション業務に加え、システムログの管理、テープライブラリの交換と管理、

機器のメンテナンス、電話対応も担当してもらいます。対象機器は PC、ネットワークサーバ、移動通信装置、中央指令室コンソール、テープドライブ、無停電電源装置、空調設備、防火装置、ディーゼルエンジン駆動の緊急発電機です。問題発生時にはヘルプデスクに問題解決依頼を上げます。

　応募者には高卒以上、1 年以上の IT オペレーション経験が求められます。Windows PC、Microsoft Office、IT サービス管理プロセスと方法論の知識も必要です。体力的には、20 kg 程度のモノを持ち上げるだけの力が必要です。

　シフト勤務、残業、土日休日出勤が求められます。採用にあたってはバックグラウンドチェックを非常に厳密に行います。警察官としてではなく民間人として勤務することも可能です。

--------

　この警察が管理する郡は、人口 200 万人、面積 20,000 平方キロメートルなので、東京、神奈川、埼玉、千葉、栃木の 5 県に栃木県の全住人が散らばっているのと同じ規模です。

　メインフレームは前の東京オリンピックごろから使われ始めた巨大で高価な業務用基幹コンピュータで、昨今では小型化高機能化やクラウドのためにあまりみかけません。もっとも、日本では官公庁を中心にまだ使われているようです（この求人をみると米国でも同様なようですね）。持ち上げ重量の指定があるのは、それだけのサイズの機器を運搬しなければならないことを示しています。20 kg だと海外旅行のスーツケースの最大重量くらいで、それを軽々と持ち運べというのは、IT 系にはつらいかもしれません。それにしても、発電機があるとはさすがは警察ですね。

　テープは見たことがないかもしれません。セロハンテープの粘着部分に磁性体の粉を張り付けた黒い帯を巻いたもので、音楽を録音したカセットテープと同じものです（見たことないですかねぇ）。なぜハードディスクやフラッシュメモリにデータを保存しないかというと、安くて軽くて大容量だからです。交換も、ハードディスクだと抜き差しが面倒ですが、テープなら CD を入れ替えるのと同じですし（CD も知らないでしょうか）、専用のテープライブラリドライブがあればもっと楽です。これは、筐体内のメカニカルアームが選択した商品をつかんで下のトレイに落とす自動販売機と似たような装置で、ジュークボックスや CD チェンジャーと同じ機構です（CD チェンジャーも…）。Google があなたのデータを格納にするのに使って

いるくらい、テープは今も現役です。

## ● ネットワークオペレータ（Network Operator）

オペレータの中でも、電話網やインターネットなど大規模なネットワークを担当する専門職です。ネットワークオペレータには通信網を提供する電話会社やプロバイダなどの事業者という意味もありますが、ここでは操作をする人の意味です。

ネットワークオペレータを必要とするのはネットワーク事業者が主ですが、大規模なネットワークを擁する組織のIT部門で必要とされることもあります。また、ネットワークそのものではなく、その上で展開するサービスを提供するホームセキュリティ会社、遠隔医療サービス会社などでもオペレータは必要とされます。

ネットワークオペレータはしばしば、ネットワークオペレーションセンター（NOC：Network Operation Center）と呼ばれる集中管理室で働きます。テレビや映画で、正面の大モニタをにらみつつ、あれを止めたりこれを起動したりする大部屋がありますが、あれと似たやつです（規模の大小はあり、筆者の経験しているのは6畳くらいでした）。そのため、NOCオペレータ（ノックと読みます）とも呼ばれます。

対象がネットワークおよびネットワーク機器となった以外、基本業務は一般のITオペレータと変わりません。つまり、必要に応じてシステムの構成要素の停止や再起動などの操作を行い、ネットワークに障害や異常な通信が発生していないかを監視し、必要に応じて発生した問題を解決、あるいは技術部門に障害報告を上げます。もちろん、障害報告には観測された現象、自分が試みた解決手段とその結果の的確な説明が必要なため、ネットワークに関する技術的な知識と経験が必要です。

ネットワークオペレータからは通常のITオペレータ同様、サポート部門へ転身することが多いようです。腕が十分に上がっていれば、ネットワークエンジニアやネットワーク管理者などのシステム部門に転身もできます。

米国政府機関にシステムインテグレーションおよびサポートサービスを提供する会社の求人例を次に示します。

24時間対応オペレーション管理センターで通信機器の日々の運用、監視、問題解決を担当するNOCオペレータを求めています。業務には、新規導入

**③ 情報技術**

のネットワークサービスのテストと設置も含まれます。対象は Cisco および Juniper のルータやネットワーク機器、ならびに当機関特殊仕様のハードウェアです。

　応募者には TCP/IP ネットワークの基礎知識が求められます。経歴は短大以上卒なら 1 年以上の、高卒なら 2 年以上の業務経験が求められます。他にも、物理ネットワークの仕様（RS232、V.35、RS449 など）、インフラストラクチャ系ネットワークプロトコル（ATM、SONET、ISDN、T1/T3、OC-3/48 など）、ネットワーク監視ツール（HP OpenView や MRTG）、障害管理プラットフォーム、インターネット音声通信（VoIP）、IP ネットワーク問題解決支援ツール（traceroute など）、Unix や Windows などの OS といった技術の知識と経験があれば優遇します。Cisco CCNA や Juniper JNCIA などのネットワーク業界認定資格（付録 A 参照）もプラスです。

　勤務時間外および土日休日の出勤が求められます。採用にあたってはセキュリティクリアランスをパスしなければなりません。また、勤務開始から 180 日以内に所定の筆記および口述試験に合格しなければなりません。

---

　ネットワークトラフィックや故障を監視する典型的なオペレータ職ですが、ネットワークサービスのテストと設置などシステムエンジニアの仕事も若干含まれており、その先のキャリアパスを見込んだ経験を積むには絶好でしょう。

　RS232 や ISDN、HP OpenView（今もありますが改名されています）など古い技術が列挙されていますが、一度設置したインフラストラクチャはなかなか変えられないことがよくわかります。ちなみに HP はホームページではなく、Hewlett Packard という老舗のコンピュータメーカーです。MRTG はネットワーク監視ツールで、こちらはフリーソフトウェアです。

　サービス運用のオペレータ職も見てみましょう。次に示すのは、遠隔医療サービス会社のやや上級職の求人です。

---

　サービス水準合意が保たれるよう、トラフィックをリアルタイムで監視するネットワークオペレータを求めています。業務には、医療サービス提供者からの質問や障害報告の処理と、解決できない問題を技術部門に上げるヘルプデス

クの役割も含まれます。また、障害案件の管理やオペレーションセンター要員のシフト管理といった管理業務も一部担ってもらいます。

応募者には短大以上の学歴、1〜2年の類似の業務の経験、Microsoft Office、Salesforce（これは障害案件の管理で利用されています）が求められます。また電話、ビデオ会議、メール、ライブチャットなどで顧客に対応するため、十分なコミュニケーション能力が求められます。

遠隔医療サービスは、患者がネットを介して医師から医療アドバイスを受けるサービスです。ここでいうトラフィックは、ネットワークを流れるパケット数やデータ量ではなく、現在進行中のアドバイス数やまだ医者に接続していない患者数（待ち行列）という意味です。患者と医師を迅速に結びつけるという点では、電気通信ネットワークのオペレータというよりは電話サポート（テレサポ）あるいは大昔の電話交換手（これもオペレータ職です）に似た職です。

サービス水準合意（service level agreement）はサービスの品質を保証する契約です。日本の業界でも略語の SLA で通じます。ネットワークだと故障時間が年間 1 時間以内（それ以上落ちてはいけない）など利用可能時間にかかわる事項、カスタマーサポートなら最長待機時間が 4 時間以内（問題報告からその時間以内に初期対応をする）など待ち時間にかかわる事項などが含まれます。明記されていませんが、この求人では待ち時間が対象だと考えられます。

オペレータから卒業したら、オペレータを掌握する管理者に進む道もあります。管理職にはここに示されているように適正なシフト人員の確保、障害案件数の把握、待ち行列のサイズの監視、困難であったり優先順位の高い案件の支援や指示、関係部署との連携、上層部への報告、サポート要員の休暇や就業時間といった人事管理といった業務があります。もっとも、そちらの道だとエンジニアリングコースからは外れます（給料は高くなるでしょう）。

## ● IT システム導入オペレータ（IT Provisioning Operator）

プロビジョニングを専門とした IT オペレータです。

英語の職名にあるプロビジョン（provision）は辞書的には準備する、事前に蓄えていた何かを供給する（provide）という意味です。カタカナ表記なのは適した

訳語がないからです。ここでは意訳して、「システム導入オペレータ」としています。

電気通信系では電話番号を交換機に設定したり、回線を敷設するといった、電話サービス開始に必要な一連の事前準備を指します。将来的に必要だと想定される回線を、今のうちに確保しておく準備も含まれます。IT業界では、サービス開始前の作業ならなんでもプロビジョニングといわれます。サーバ、ストレージ、ネットワークなどハードウェアを増設あるいは新設する作業も含まれます。ソフトウェアならアップデートや新規インストール、システムならデータベースに必要なデータを投入する作業が該当します。プロビジョニングは失敗すれば新規サービスの展開が間に合わなくなるだけでなく、既存のシステムにも障害を引き起こす恐れがあるため、綿密な計画と手続きが必要です。このため、大規模なサイトやサービスを擁し、プロビジョニングを頻繁に行う組織では、専門家が必要となります。

通信系では、通信線や通信回路の変換、設置、切断の方法、サービス（インターネットなら利用可能容量、電話会社ならナンバーポータビリティなど）の設定といった作業の経験がなければなりません。また、xDSLやEthernet、VPN、インターネット電話、メディアストリーミングなどのサービスを含む、広い範囲の電気通信技術の知識が必要です。

通信会社のエントリーレベルの求人例を次に示します。

---

顧客の注文を処理するシステム導入オペレータを求めています。主な業務は当社独自のデータベースシステムを用いて固定電話や構内交換機の変更要求を迅速かつ正確に処理する、顧客の問い合わせに対応する、課金情報など顧客データが適切に設定されていることを確認する、担当地域の電話会社にサービスオーダーを発行する、発生した問題に対処するなどです。

応募者には1〜2年のデータ処理業務経験、Microsoft Officeの知識、短大以上の学歴が求められます。電気情報通信業界での勤務経験、特にプロビジョニング業務の経験者を優遇します。

---

電話番号や課金情報の設定という、古典的な意味で電話屋さんのプロビジョニング職です。昔は、会社やホテルなど内線電話が設置されているところにはかならず構内交換機があり、そのためのオペレータが必要でした（小規模なら外注あるいは

他のIT職との兼務です)。今では、この職を必要とするのはやや大きめな電話会社でしょう。求人にある「担当地域の電話会社」はNTTのような全国レベルの電話会社で、この通信会社はここと相互接続することで遠距離通話を提供しています。

経験年数と学歴から初級レベル向けに読めますが、おそらく年季の入った電話エンジニアのほうが妥当でしょう。若い世代のエンジニアだと、交換機は見たことも教わったこともないでしょうし、今学んでも将来役に立つことはまずないからです。もっとも、この求人の電話部分をインターネット、VPN、ストリーミングサービスと入れ替えた職なら、若い人向けです。現在の技術を習得したあとは、ネットワーク管理者（3.2節）やネットワークシステムエンジニア（2.7節）に進むことができます。

● **IT 資産管理オペレータ（IT Asset Management Operator）**

資産情報の管理運用に特化したITオペレータです。

IT資産管理（ITAM：IT Asset Management）は、組織で利用しているITリソースの目録を効率的に管理する方法論です。日本語ではしばしば、アセットマネジメントとカナで書かれます。図書館の書籍管理と同じで、所有しているソフトウェアやハードウェアは誰が使っているか、どこにあるか、未使用品はどれだけあるか、いつ買い替えるべきなのかを管理します。通信関係では、ネットワーク、電話、インターネットなどのインフラストラクチャも含まれます。通常の資産に加え、写真、オーディオ、アニメーション、ビデオなどのデジタルメディアを対象とすることもあります。この場合、Mediaを加えてMITAMと略されます。

小規模な組織なら資産管理はExcelで済ませてしまうでしょうが、大規模になれば部門横断的な管理を可能にするエンタープライズソフトウェア（2.4節）を利用します。しかし、初級レベルのオペレータにはシステムの知識や経験は必要ではありません。ただし、資産そのものに関する知識も必要です。たとえば、ネットワーク資産ならネットワーク装置やその特質、メディア資産ならメディアのフォーマット（写真ならJPEGやPNG）や読み書きおよび変換をするアプリケーションなどです。中級になれば、データベースなどシステム関係の知識が求められるようになります。上級になればデータ構造の設計やデータベースシステムのチューニングといった業務が含まれてくることもありますが、そうなるとすでにデータベースエンジニア（2.3節）、データベース管理者（3.2節）、エンタープライズソフトウェア

**③ 情報技術**

エンジニア（2.4節）と同レベルのエンジニアになりますし、そちらが卒業後の進路になります。

データセンターなどITインフラストラクチャサービスを提供する会社の求人例を次に示します。

---

メディアおよびIT資産を厳格なプロセスにのっとって管理するIT資産管理オペレータを求めています。主な業務には資産管理システムおよびデータ品質保証システムの監視、バックアップシステムのテープ交換と発注、故障デバイスの交換（RMA）、ストレージメディアおよび資産廃棄の監督、サポート部門への障害報告とその管理、定期的な資産レポートの作成などがあります。

応募者には高信頼性データセンターでの勤務経験、メディア管理の知識とバックアップ技術、Microsoft Office の使用経験が求められます。また、障害管理、サービス要求管理、変更管理などのビジネスプロセスの経験とそれらの管理ソフトウェアの使用経験も必要です。

---

RMA（Return Merchandise Authorization）は商品（merchandise）の返品や交換の手続きです。この求人の文脈では、おそらく利用者から資産の故障報告があれば、その機器を回収し、代替機を送る作業です。

ハードウェアベンダーには、顧客が利用しているハードウェアの障害時には同型機種を迅速に利用サイトに配達するというサービスを提供しているところもありますが、これも RMA と呼ばれます。利用者は型番、シリアル番号、故障がハードウェアに起因するものであるという結論に至った理由などをベンダーに送ります。ベンダーは代替機を発送し、現行機を回収するように宅急便業者に依頼するとともに、トラッキング番号を管理します。大手のサポート部門には、RMA に24時間体制で対応できるように専任の RMA オペレータを置いているところもあります。

自分の PC や携帯電話のデータを USB ハードディスクにコピーするくらいしかしたことがないと、バックアップのどこに技術があるのかと思うかもしれません。しかし、大規模データセンターのバックアップは複雑です。まず、コピーに時間がかかりますし、時間削減のために差分コピーで済ませるときは、その手順も考えなければなりません。もっと大変なのはコピーデータからの復旧で、復旧をするのは

データが飛ぶようなトラブル発生後なので、スピードが要求されます。

## ● IT オペレーションアナリスト（IT Operations Analyst）

職名にアナリスト（分析者）が含まれているのは、IT オペレーションの現状を分析し、改善策を経営陣に提言するからです。

IT システムのオペレーションにはあらかじめ定められた手順（プロセス）や指針（ポリシー）が定められており、IT オペレータはこれらに従わなければなりません。しかし、すべての規則同様、無駄が多かったり新機能にそぐわなかったりして、現場から無視されることもしばしばです。そこで、作業が手順どおりかをチェックし、現状に合わなければ改定しなければなりません。これは小姑の仕事ではありません。IT オペレータがいつも同じところでミスをしたり、同じ手順で手間取っていたり、あえて違ったやり方をしているのなら、それはプロセス自体に問題があるのです。IT オペレーションアナリストはこのように「ひっかかる」ところを明らかにし、発生原因を分析し、回避策をハウツーにまとめ、解決策と改定案を上位の管理職に提言する職なのです。

IT オペレーション上の問題がシステムの要求と実装のミスマッチに起因しているのなら、システム部門に問題を上げるのも業務の一環です。最新のテクノロジーがオペレーションに寄与するようなら、システム部門や上層部に導入を提言します。こうした活動には、IT システム開発プロジェクトへの参加や、取りまとめたオペレータの要求を機能に組み込んでもらうように働きかけることも含まれます。こうなると、システムアナリスト（2.5 節）とその役割は似てきます。ただ、アナリストは外部の視点から問題に取り組みますが、IT オペレーションアナリストは内部から要求を上げるという点が異なります。

中間管理職あるいはチームリーダーとしての機能を担うことも多いようです。たとえば、運用状況や故障件数などを定期的に上位の管理職に報告する、IT オペレータとその管理者をつなぐ、IT オペレータに助言や指導を与えるといった業務を担当します。

この職に就くにあたっては、IT オペレータの一般的な技能に加え、職場環境で用いられているシステムあるいは類似のシステムの経験が必要です。また、IT を用いたサービス全般（IT サービス）の管理手法の知識も求められます。これには品質向上、コスト削減、顧客のニーズの把握、顧客満足度の向上、関連法への準拠といっ

たサービス要件を達成するための知識やノウハウが含まれます。サービス管理には、ITIL と呼ばれるガイドラインおよびそれをベースにした認定試験もあります（付録 A 参照）。

こうした点から、IT オペレーションアナリストはオペレータの次のステップ、あるいは IT オペレータ管理職に至る前のステップととらえることができます。システムアナリストの業務も一部重複しているので、現場で経験を積み、システムアナリストに進むことも考えられます。IT オペレータ同様、より専門的な管理者や技術サポートに進むのもありです。

オンラインゲーム会社の求人例を次に示します。

---

サービス水準合意を保証する IT オペレーションアナリストを求めています。問題および警告の件数など各種の評価基準をベースに IT サービス部門の品質と効率を監視し、必要に応じて専門家に問題を上げるのが主な業務です。問題解決後には、解決策が適切であったかをフォローアップします。また、オペレータがプロセスを厳守するよう監督します。

応募者にはデータセンターや IT サービスにおけるネットワーク運用あるいはヘルプデスクの経験、障害報告管理システムの利用経験が求められます。IT サービスについては ITIL あるいは類似の資格が必要です。情報技術については、アクティブディレクトリ、Unix、Windows、VPN、ワイヤレスネットワーク、リモートアクセス手段、New Relic や Splunk などの性能モニタリングツールの知識が必須です。

オペレーションは 24 時間体制なので、シフト勤務が求められます。

---

IT オペレーションには初期対応時間、問題解決時間、待ち行列のサイズ、顧客満足度など主としてサービス品質にかかわるサービス水準合意項目があるのが通例です。これらは点数化されており、管理職がチェックしています。この求人に品質と効率の監視とあるので、日々の活動を監視し、統計をとって上位管理職に報告するという、中間管理職の業務が含まれることを意味します。ただし、問題解決は報告するにとどまっているため、アナリストとしては初級レベルと想定されます。

点数化されているところからわかるように、オペレータも営業同様、数値目標で

管理されやすい職なのがここからもわかります。

## 3.2　システム管理者

システム管理者はシステムの監視、運用、保守、設定をします。日本語ではシスアド、英語では sysadmin（シスアドミン）と略されます。

監視と運用を担当するという点では前節のオペレータと似ています。しかし、保守と設定に重きが置かれているところが大きく異なります。オペレータも設定変更を行わないわけではありませんが、その権限は限られています。たとえば、システム構成ファイルを消すような不可逆的な操作はオペレータには認められません。これに対し、システム管理者はそのシステムの全権を担っています。監視と運用もそうです。トラフィックの増大を検出しても、オペレータは切り替え作業くらいしかできませんが、管理者はシステムの挙動を変更できます。

日常的には、システムが正常に動作しているかを監視する、システムログを読み取ることで問題を早期に検出する、ユーザアカウントを管理する、ユーザの操作上の質問に答える、障害発生時にはトラブルシューティングを実行するといった業務をこなします。必要に応じて OS や対象アプリケーションのアップデートを行う、仮想ハードディスクを追加する、パフォーマンスチューニングを施す、処理手順書やユーザマニュアルを作成するなどの業務もあります。以上のタスクは、業務がより細分化されているときはそれ専用の部署が担当をしますが、その代わり依頼や連絡が業務に含まれてきます。細分化されていないなんでも屋的なポジションだと、アップグレード後の確認など品質管理部門の仕事も任されることもあります。

システム管理者には対象システムの技能が必須です。管理や変更が自動化されているときは、これに加えて変更管理システムの知識も求められます。

システム管理者はソフトウェアエンジニア（第 1 章）やシステムエンジニア（第 2 章）ではありません。システムを効率的に管理するためのスクリプトを書くこともありますが、かならずしも必須のスキルではありません。ハード屋でもないので、容量不足だからといってメモリやハードディスクの増設などは権限がないのでやらせてもらえないのが通例です。通信障害時には TCP/IP ネットワークの挙動を調査したりしますが、ネットワークそのものの知識までは求められません。外部か

145

らの攻撃を受ければ、特定のトラフィックを遮断するなどの措置は行いますが、セキュリティの専門知識はなくてもかまいません。

システム管理者というと、陽も入らないコンピュータルームでダイエットコーラとポテチを傍らに根暗にぱこぱこキーボードを叩いているイメージがあるかもしれませんが、そんなことはありません。ユーザやシステム部門と頻繁に接触があるので、席を立つ機会もあります。

## ● システム管理者（System Administrator）

ここで「システム」とは、たいていは Unix や Windows Server など汎用の OS そのものをメインとしたシステムが対象です。つまり、エンタープライズシステムやデータベースなど特殊用途のシステムはあまり守備範囲に含まれません。ただし、そうしたシステムもたいていはベースに OS があるので、そちらは管理対象に含まれることもあります。特定の OS が対象ならば、それが職名に含まれます。たとえば Unix システム管理者や Windows Server システム管理者です。簡略に Unix 管理者と呼ぶこともよくあります。

必要な技能はいうまでもなく対象 OS 全般です。ユーザ管理のような日々のオペレーション、ファイルシステムの構築やネットワークインタフェースのアドレス付与ようなシステム系の操作、メールサーバやドメイン名システムなど OS に付随する主要サービスの設定が代表的な作業項目です。Unix システムは大小のスクリプトで管理されているため、スクリプトを読んだり修正する技術が必要です。Windows ならバッチファイルや PowerShell です。ユーザ管理はアクティブディレクトリ（Microsoft Windows）や LDAP（Unix を含む汎用）など専用のサブシステムを利用するので、その経験も重要です。

持てる技能を示すには、認定資格が有効です。Red Hat Linux には Red Hat 認定エンジニアや認定管理者、SUN Solaris には SUN 認定 Solaris システムアドミニストレータ、Microsoft Windows サーバなら Microsoft 認定システム管理者などのベンダー提供資格があります。業界団体の認定資格には CompTIA などもあります。学歴よりも経験が重視される傾向がありますが、コンピュータ科学や工学系の学士はあったほうが就職率は高まります。これらの認定資格については付録 A を参照してください。

システム管理者からは、データベース管理者などより専門性の高い分野に進むこ

とが多いようです。また、システムの専門家なので、システムエンジニアに進む道もあります。プログラミング技術はスクリプトくらいしか経験しないため、ここからソフトウェア開発へ転身するのは難しいでしょう。

銀行の求人例を次に示します。

---

インストール、変更やアップグレード、これらに伴う事前のテスト、管理用スクリプトの開発、問題解決、バックアップ作成、操作手順書の作成と更新といった Unix システムのサポート全般を担う Unix システム管理者を求めています。対象 OS は HP-UX、AIX、Linux、Solaris、ハードウェアは主として HP または SUN です。ソフトウェアにはファームウェアも含まれます。また、新システムへの移行やアップグレードのプロジェクトでは、システムアーキテクト、システムエンジニア、セキュリティスペシャリストと共同で仕様とテスト計画も策定してもらいます。定期的な新技術の調査も求められます。

応募者には Unix システムの高度な知識と経験が求められます。ネットワークについては TCP/IP、ルーティング、ファイヤウォールなどの知識が必要です。スクリプト言語は Perl が主です。

24 時間稼働システムなので、シフト勤務や時間外呼び出しへの対応が求められます。また、災害復旧対策の一環として、緊急時には遠隔の代替サイトに長期にわたって移動してもらうこともあります。

---

要求技能は商用 Unix のオンパレードです。HP-UX は Hewlett-Packard、AIX は IBM、Solaris は SUN/Oracle のそれぞれ製品です。これで SGI Irix と DEC Ultrix あたりがあればフルハウスです（レアものですが）。

災害復旧対策あるいは管理は、災害により IT システムに損害が生じてもビジネスだけは続けられるような仕組みや手順を用意することです（1.1 節でも取り上げているのでそちらを参照してください）。ただし、システム管理者自身が災害復旧対策を講じるというわけではありません。ここでは、災害発生時にシステムの拠点がメイン（たとえば東京）からバックアップ（たとえば福岡）に移行するにともない、管理者も移動してもらうことが要求されているだけです。

**3** 情報技術

## ● 仮想化システム管理者（Virtualization Administrator）

　仮想化（virtualization）、より正確にはプラットフォーム仮想化は、ハードウェアコンピュータ上に別の疑似的なハードウェアをソフトウェアで構築する技術です。これで、本来はひとつしか OS を駆動できない 1 台のハードウェアで複数の OS を同時に動作できます。好事家が 1 台のマシンで複数の OS を楽しめるだけでなく、1 台に複数を乗せることで従来よりもスペースや電力や配線を削減できる、OS ひとつでは使いきれなかった CPU などのリソースを融通できる、故障時には別の OS にスムースに移行できるなどのメリットがあるため、大量のサーバを擁するデータセンターでは標準となっています。

　仮想化ソフトウェアを使いこなすにはそれなりの知識が求められるので、まずはその技能を磨くことが先決です。製品は主要なところで VMware、Citrix、Microsoft、Oracle など限られており、求人でも特定の製品が指名されていることが多いようです。それぞれにベンダー認定資格もあります（付録 A 参照）。仮想化が完了すれば普通のハードウェア上の OS を扱っているのと変わりはないので、あとはシステム管理者の主要技能があれば十分です。

　クラウドの実体は仮想化システムですから、次のステップにはクラウドエンジニア（2.7 節）が考えられます。人手不足感の強いクラウド業界では管理者よりよい給与が提示されるようなので、よい機会と考えられるでしょう。システム管理者同様、システムエンジニア（第 2 章）に進むことも可能です。また、災害復旧対策（前項）などビジネスに対するインパクトを分析することも多いため、ビジネス方面に向かうこともあるでしょう。

　データ通信網とシステムサービスを提供する通信会社の求人例を次に示します。

---

　VMware を用いた仮想環境を管理する仮想化システム管理者を求めています。主な業務は仮想マシンの生成、複製作成、設置、モニタリング、障害対応、VMware 固有のツールの維持管理です。

　応募者には大規模な Red Hat Linux あるいは Windows 環境、VMware、高可用性システムの 10 年以上の経験が求められます。これに加え、クライアント/サーバ型のサービス管理、ウェブ、データベースの 5 年以上の経験も必要です。学歴ではコンピュータ科学、情報科学、管理工学、情報技術などの関連分

野の学士を優遇します。Red Hat、VMware、CompTIA などの仮想化製品および技術全般の認定資格があればプラスです。

高可用性（high availability）とは耳慣れない語ですが、継続的にサービスを提供するための技術です。難しそうですが、コンセプトは簡単です。お店にレジが 1 台しかなければ、レジが壊れたら休業です。しかし 2 台あれば、こちらのレジにどうぞ、と案内するだけで続行できます。これと同じで、コンピュータを 2 台用意しておき、1 台が落ちたらもう 1 台を使うのです。仮想的な装置をいくつもすぐに起動できる仮想化技術は、高可用性システムとの親和性が非常に高いです。仮想化マシンの「複製作成」とありますが、これはこの複製をそのまま別の仮想化システムにコピーするためのものです。

## ● データベース管理者（Database Administrator）

データベースは「マンガデータベース」のようにデータの集まりそのものを意味することもありますが、ここではそうしたデータの集合体を管理するシステムを指します。より正確にはデータベース管理システム（DBMS：Database Management System）といいますが、データベース管理システム管理者では語感が悪いせいか、データベース管理者です。DBA と略されます。データそのもの、つまり中身は管理対象ではありません。

2.3 節で説明したようにデータベースにはいろいろなタイプがありますが、ビジネスが利用する大規模なものはおおむねリレーショナル型です。Oracle を筆頭に Microsoft（SQL Server）、IBM（DB2）、SAP が主流で、フリーなものでは MySQL や PostgreSQL が一般的です。使いこなすにはそれぞれの個性にあわせなければならないため、求人では「Oracle データベース管理者」のように対象指定の職が多くなります。MongoDB や Redis など非リレーショナル型も増えていますが、専任の管理者を置くことはあまりないようです。非リレーショナル型は限定的な用法が多いため、アプリケーションの一部、あるいはベース OS システムの一部と考えられるためでしょう。

データベース管理者の基本業務は、他のシステム管理者と変わりません。インストールやアップグレード、ユーザ管理、運用状況の監視、バックアップ、エラー報

告と障害対応、チューニング、新規案件時の仕様策定やテストなどです。テーブル（表）を作成したりこれに必要なディスク容量を割り当てる作業はデータベースエンジニア（2.3節）の仕事ですが、簡単なものなら担当することもあります。同様に、SQLを使ったプログラミングにも触れる機会はあるでしょうが、大規模なものではありません。データベースシステムは一般ユーザがタッチするものではないので、仕事の相手はETLプログラマやウェブプログラマ（1.3節）など同じエンジニアです。

　データベース管理者にはシステム管理者の技能も必要なので、そちらから転身してくることも多いようです。データベース管理者からはアナリストやコンサルタントに進むケースもあります。管理下のデータ構造を鳥瞰できる立場にいるため、全社的なシステム構成やデータの流れを把握する能力が涵養されるからでしょう。データベース操作プログラミングを学び、そちらに特化したソフトウェアエンジニアに転身することもあるようです（特化した分野のため、汎用性の高いUnix管理者が開発者に転じるよりは難易度が低いようです）。

　大手コンサルティングファームの上級職の求人例を次に示します。

---

　ディールアドバイザリー部門を支援する上級データベース管理者を求めています。主な業務は技術サポート、開発、ビジネスプロセスの策定、技術調査です。技術サポートにはソフトウェアのインストール、データベース作成、システム評価、チューニング方法の提案といった業務が含まれます。開発ではプロセス自動化、バックアップ、大規模障害対策、データ複製メカニズムの開発、実装、サポートです。他にも、開発部が開発したコードの実装、それに伴う構成の変更も担当してもらいます。管理面ではポリシーおよびプロセスの改定や新規作成にかかわるプロジェクトに参画してもらいます。技術調査では、将来利用可能なデータベースソフトウェアを評価し、提案書を作成します。

　応募者には大規模データベースの5年以上の経験と学士が必要です。データベースの理論的な知識では、データベースの設計原理、インデックス管理、データの完全性、統計、パフォーマンスチューニング、クエリ最適化などが求められます。技術的にはMicrosoft SQL Server（バージョンは2012、2014、2016）、Transact-SQLを用いたストアードプロシージャ、SSRS、SSIS、SSAS

の技能が必須です。

24 時間対応のため時間外の呼び出しもあります。

---

ディールアドバイザリー（deal advisory）は事業買収（M&A）のような売買（deal）にかかわる案件に対しアドバイスを与えるコンサルティングファームのサービスです。

SQL 言語にも標準はありますが、どの製品にも拡張版があり、それぞれに癖があります。そのため SQL Server の Transact-SQL ができるからといって、Oracle の PL/SQL で同じことができるようになるには時間がかかります。SQL Server の SSRS、SSIS、SSAS についても同様です（それぞれの説明は 2.3 節にあります）。

## ● ネットワーク管理者（Network Administrator）

通信ネットワークを構成するハードウェアやソフトウェアに特化した管理者です。

通信ネットワークは広義には電話網、衛星通信、テレビやラジオの放送網も含みますが、ここではコンピュータ同士の通信をつかさどるものを指します。これも古いものから新しいものまでいろいろありますが、現在「コンピュータネットワーク」といえば、TCP/IP をベースにしたいわゆるインターネット技術を指します。

ネットワークの物理的な構成要素にはスイッチ、ルータ、無線 LAN ステーション、VPN、ゲートウェイ、ファイアウォール、侵入検出装置、ロードバランサなどがあり、これらの設定や保守がネットワーク管理者のテリトリーです。論理的な構成要素にはネットワークアドレス、ルーティングテーブル、アクセス管理（ファイアウォールのフィルタリングルール等）などが含まれます。運用面ではトラフィックの監視、ネットワーク最適化、ネットワーク構成図の維持管理、バックアップ、機器のファームウェアのアップデート、問題解決、ネットワークの変更や新規導入にかかわるプロジェクトへの参画などが主な業務です。メールシステムやファイルサーバなどアプリケーション寄りのネットワークサービスの管理はシステム管理者の仕事です。つまり、2.7 節のネットワークシステムエンジニア同様、レイヤーでいえば 2 から 4 の間が守備範囲です。

採用にあたっては、たいていは上記の技能を有していることを証するための認定

**❸ 情報技術**

資格が求められます。ネットワーク機器については Cisco、Juniper などのベンダー認定資格が有効です。TCP/IP などの汎用的な構成要素では、システム管理者と同様、Microsoft や Red Hat などの認定資格が一般的です。付録 A を参照してください。

ネットワーク管理者から続くキャリアパスには、当然ながらネットワークエンジニア（2.7 節）、あるいは同じシステム管理者でもより高度な技能が要求されるポジションなどがあります。

州政府の中級レベル職の求人例を次に示します。

---

LAN/WAN インフラストラクチャおよびデジタル映像音声通信サービスからなるネットワークの管理者を求めています。当ネットワークは州の業務に用いられるだけでなく、地方自治体、連邦政府、民間企業、市民と相互接続しています。主な業務はネットワーク管理、サポート、およびサービス改善と新規案件の提案です。ネットワーク管理、運用においてはネットワーク設備の設定、管理、設置、監視、そしてネットワーク負荷への対処です。サポートではエンドユーザの問題を解決してもらいます。サービス提案では問題の分析、要件および仕様の文書化、ネットワーク関連プロジェクトの実行が含まれます。

応募者には 4 年以上のネットワーク管理業務経験と関連分野の学士が必要です（たとえばビジネス、情報技術、コンピュータ科学、工学など）。Cisco 製品については、2 年以上の経験と Cisco の関連する認定資格が求められます。また、Cisco のデジタル映像音声サービスの経験が重要です。

---

この州には州知事直属の情報技術担当部があり、配属はそちらになります。業務的には都道府県庁の情報システム部と同じ塩梅でしょう。

## ● ウェブ管理者（Web Administrator）

ウェブ管理者が管理する対象は、ウェブシステムの載ったコンピュータシステムとその中身（コンテンツ）です。オンラインショップなどでは登録ユーザや課金情報の管理も含まれます。

システム面は、対象が HTTP サーバおよびそれに付随するメカニズムが中心であ

152

3.2 システム管理者

るという点を除いては、システム管理者の業務とほぼ同じです。OS 部分も担当するかは、組織や部署の構造に依存します。同様に、サーバの背後のデータベースの管理も状況次第です。

コンテンツ管理には幅があります。「ウェブ管理」がその会社ではコンテンツの見栄えやデザインの管理を意味しているのなら、これはウェブデザイナーやマーケティングに近い職種です。ダイナミックページの管理なら、JavaScript や PHP などのスクリプティング技能が要求されるウェブ開発者（1.3 節）のようなものです。業務内容に揺れがあるのは、この職種が比較的新しいためです。

ウェブ関連の技術職は 1.3 節で見たので、ここではコンテンツ寄りのソフトな職を取り上げましょう。次に示すのは、社員数 100 人程度のアパレル会社の求人例です。

---

当社のウェブサイトの管理と拡張を担当するウェブ管理者を求めています。業務は当社の e コマースサイトの維持運営、マーケティング部門と連携しながらのコンテンツの変更、開発部隊と共同してのウェブサイトの更新、拡張、テストです。

応募者にはウェブフロントエンドおよび e コマースサイトの経験、加えてコンピュータ科学関連の学士が必要です。技術的には HTML/CSS および JavaScript、Microsoft Office、Adobe Photoshop および Illustrator の技術が求められます。

---

コンテンツ作成の比重が高いデザイナーやマーケティングに近い職であることは、Adobe の諸製品がリストされていることからわかります。HTML サーバやデータベースに触れていないことからも、技術力が重要ではないことがうかがえます。しかし、サイトの維持管理が含まれているので、これはやはり技術職です。JavaScript もありますが、この会社のウェブサイトの感じでは、専任のソフトウェア開発者レベルの技能は必要ではなさそうです。

もちろん、Apache/Tomcat をバリバリチューニングするウェブ管理者の求人もありますので、ウェブ好きの技術者諸子は安心してください。

153

## 3.3 技術サポートエンジニア

　ユーザの技術的な質問や問題に対応する職です。サポートスペシャリスト（Support Specialist）、サービススペシャリスト（Service Specialist）、サポート技術者（Support Technician）と呼ばれることもあります。最もわかりやすい例は、インターネットがつながらない、コンピュータが適切に動作しないといった問題に直面したときに電話をかける、あるいはメールを送る先のヘルプデスクでしょう。

　サポート対象を限定的に示す職名も多くみかけます。アプリケーション系ならばアプリケーションサポート、電話や LAN あるいはファイヤウォールのような通信系ならばネットワークサポート、ウェブ関係ならウェブサポートやサーバサポート、IT システム全般なら IT サポートです。ちなみに、Support Engineer も略して SE と呼ばれることもあります。ややこしいですね。

　技術サポート職の業務は、顧客が社内か社外かで大きく分けることができます。

　社内ユーザ向けは、社内の業務用 IT システムが対象です。エンドユーザ（社員）が使う PC や多機能電話機などのオフィス機器全般はたいてい机の上（デスクトップ）に乗っているため、デスクトップサポート（Desktop Support）とも呼ばれます。主な業務は、問題解決依頼（チケット）の処理など窓口業務とマニュアルから解決できるような簡単な対応です。要求される技術レベルおよび業務内容はおおむね本節の顧客サービス担当あるいは技術サポートエンジニア・レベル 1 あたりに相当します。そこで問題が解決できなければ、システムの管理人（3.2 節）あるいは構築元のシステムエンジニア（第 2 章）に上げられます。オペレータ（3.1 節）やシステム管理者がサポートを兼務することも珍しくはありません。

　社外ユーザ向けは、コンピュータ機器や情報サービスを製造販売する会社でみられます。このような場合、ユーザに使い方を指南するだけでなく、製品そのものの問題（バグや不良）を解決しなければならないため、自社製品も含めてより深い技術力が求められます。また、サポートそれ自体が（有償無償を問わず）サービスの一環であるため、より組織だった構成になっています。具体的には、3 レベルに分けるのが一般的です。レベル 1 は最初にユーザの問い合わせを受ける部署で、簡単な問題を中心に対処します。わからなければ問題をレベル 2 に上げます。レベル 2 はより深く問題を調査します。たとえば、同型機種で問題を再現することで原因を特定したり、過去の事例から対処策を探します。それでもわからなければレベル 3

に上げます。レベル 3 は製品のソースコードあるいはハードウェア診断レベルの知識をもとに原因を追究し、開発部門に対応策を提案します。もちろん、レベル間の責任範囲は会社によって微妙に異なります。たとえば、レベル 2 の範囲をレベル 1 と 3 で分けて分担することで 2 レベル構成にするとか、レベル 3 は開発部門が兼務するといった構成があります。

　社内社外を問わず、窓口業務からスタートして、問題を上げる先にレベルアップしていくのがよくあるキャリアパスです。最初の段階では学歴は特に問わないケースが多いので、入りやすい職種であるといえます。レベルが上がってきたら、社内サポートではシステム管理者やシステムエンジニアに転身する、あるいは外部ユーザ向けに転職するなどのパターンがあります。社外の場合はレベルを上がっていき、レベル 3 から先は上級レベルのシステムエンジニアやソフトウェアエンジニアに転職します。顧客対応スキルが必要な職であるため、その経験を生かして営業やコンサルタントに移ることもあります。複数の社内組織と横断的に折衝しなければならないこともあるため、組織力が要求されるプロジェクト管理関係の職に移行することもあります。

　社外サポート技術者は、その製品に精通していなければなりません。たとえば Microsoft に勤めている Windows サポートエンジニアは、Windows の酸いも甘いも噛み分けたベテラン Windows エンジニアでなければなりません。ただ、転職時には求人元の製品の経験はさほど重要ではありません。代わりに、その製品が基盤としている技術の深い知識と経験が試されます。たとえば、ネットワーク機器のサポートエンジニアならば、ネットワークを流れる TCP/IP パケットをビット単位で理解しているとか、主要なネットワークプロトコルを熟知しているといったことが問われます。また、製品が対象としている業界の経験、たとえば医療システムなら医療業界での IT 関連業務が評価の対象になります。

　グローバル展開をしている会社の製品の場合、たいていは英語が主言語なので、作業日誌も技術文書も英語で読み書きしなければなりません。しかし、顧客に外国語を押しつけるのは好ましくない、あるいはできても意思の疎通が困難なため、ローカル言語が求められることはよくあります。たとえば、韓国マーケット向けサポートエンジニアの求人には、勤務先が米国であっても韓国語と英語に堪能、と明記してあります。

　サポートエンジニアには 24 時間対応や土日休日出勤が求められることがあり、

## ③ 情報技術

最初から深夜勤務（夜シフト）として求人されるものもあります。グローバル企業の社外サポートでは、自宅勤務が多いのも特徴です。これは、どこの拠点からでも統一されたサポート支援システムにアクセスできるようになっていることが多く、どこで仕事をしても影響がないからです。日本マーケット向けなのに、勤務場所は日本から時差にして±3時間の範囲ならどこでも可という求人もあります。

## ● 顧客サービス担当（Customer Service Representative）

顧客からの質問、相談、クレームに対応します。しばしば CSR と略されますが、日本ではテレサポといったほうがとおりがよいでしょう。もっとも、対応手段は電話だけでなく、メール、チャット、SNS、スカイプなどのコミュニケーションツールも使われます。勤務場所はいわゆるコールセンターが一般的です。技術職ではありませんが、参考までに掲載します。

スタート時点では Microsoft Office あるいは顧客サービス管理システム程度しか IT 技術は求められません。商品知識は初期トレーニングあるいは現場訓練（OJT）を通じてたくわえていきます。もともとコンピュータ系の素地がなければ、CSR から技術サポートへ進むのはまれです。オフィスの雑務を担当する事務職、受付、レジ係などに転職するのが一般的なようです。

おもしろそうなところで、CIA（米国中央情報局）の求人例を次に示します。

---

世界トップクラスの諜報機関が世界各国に展開している人事部コールセンターのサービス担当を求めています。問い合わせに応対し、必要なデータを集め、データの整合性が取れているかを確認し、文書等のデータを管理し、問題があればそれを解決するのが主な業務です。

応募者は米国籍でなければなりません。経歴については、高卒ならば顧客サービスあるいは管理業務の 4 年以上の経験が必要です。大卒ならば業務経験は問いません。技術的には Microsoft Office の経験が必要です。職場では IT システムやそれに関連したデータベースやソフトウェアを利用するので、これらを学び取る素地がなければなりません。

最長 5 年の契約社員職です。契約期間内は定められた勤務地の外に出ることはできません。厳重なバックグラウンドチェックのあとに、人格検査も含めた面接を受けてもらいます。これを通過したら、今度は医療検査、心理試験、ウソ発見器を用いた第 2 面接も受けてもらいます。1 年以内に違法ドラッグ使用の痕跡がみられないかを、ここで検査します。

本職に応募したことを知れば、友人、家族、その他の人あるいは組織が、そのことに関心を持つかもしれません。そうした関心は、あなたのことを思ってのことではないかもしれません。いったん話してしまえば、そこから先に話が

情報技術

伝わるのをあなたは防ぐことはできません。分別のある行動をとるようアドバイスします。なお、この件については、採用後にもガイダンスを行います。

英米の人事部（HR：Human Resources）の主な業務は、休暇や病欠の確認、給与の支払いといった労務管理です。日本の人事部が行う採用、成績評価は、個々の社員の上司の管轄であり、人事部のそれではありません。この職だと、「来週ウチの要人がこっちに来るんだが、娘の結婚式なんだよ、休んでいいかい」とかいう海外のエージェントからの電話を処理するのでしょう。あるいは、「あの領収書はロシアのダブルエージェントを接待したときのやつだってば。え、おねーさんのお店だから経費にならない。それはないだろ」というクレームに変化自在に対応するのかもしれません。ロマンあふれる仕事です。

さておき、世界トップクラスの諜報機関だけあって、経歴と技術以外の要求条件が長いです。筆者も人生長いですが、ウソ発見器を用いた面接は初めて聞きました。最強の圧迫面接ではないでしょうか。それにしても、最後の段落はすごいですね。

## ● 技術サポートエンジニア・レベル1（Technical Support Engineer, Level 1）

ユーザの問い合わせに最初に応答するサポートエンジニアです。上記の顧客サービス担当と異なり、技術職です。顧客と直接コンタクトする最前線に位置することからフロントエンドサポート（Front-End Support）とも呼ばれます。

主な業務は情報の収集と問題の対処策の提案です。得られた情報は、障害報告管理システム（チケッティングシステム）に書き込むことで、上位レベルのエンジニアにも利用できるようにします。問題対処は、障害報告管理システムにある過去の事例やマニュアルから調べのつく範囲にとどまるのが通例です。

簡単に思えるかもしれませんが、技術的な意味を読み取ったり、そこに書かれている問題解決手段を実行するなど、それなりの技術は求められます。また、サポート対象の製品をざっと教わっただけで現場に配置されるため、システムやネットワークなどの実践的な経験（Unixサーバならシェルコマンドが使える）は必要です。遠隔操作ツール（Microsoftのリモートデスクトップなど）やオンライン会議シス

テムなどユーザと対話するツールの経験や MCP（マイクロソフト認定プロフェッショナル）などの認定があればプラスです。学歴は一般的に学士以上です。

レベル 1 の経験を積むと、次はレベル 2 に進むのが一般的です。

IT インフラストラクチャサービスを提供する会社の求人例を次に示します。

顧客が利用するサーバの運用、保守、障害対応など管理全般を代行するマネージドサービスをサポートするレベル 1 サポートエンジニアを求めています。主な業務はネットワークおよびシステムの障害対応と、顧客の利用環境の診断と解決の支援です。

応募者にはシステムからネットワークまで幅広い技術と 2 年以上の業務経験が求められます。ネットワーク機器では Cisco（IOS）、Nortel、3Com、ネットワークインタフェースカードおよびそれらのデバイスドライバなど、WAN/LAN 技術ではフレームリレー、ATM、T1、VLAN など、ネットワークプロトコルでは Nobel Netware（IPX）、IP、EIGRP、OSPF、RIP、DNS、DHCP など、OS は Microsoft Windows NT および VMware の知識がそれぞれが求められます。これに加え、LAN アナライザを用いた通信解析の技術も必要です。学歴は学士以上が好ましいが、高卒でもかまいません。

24 時間対応のためのシフト勤務が求められます。入社半年内に CCNA 認定資格（付録 A 参照）を取得することが求められます。

マネージドサービス（managed service）は IT サービスの代行業です。顧客は、その会社のデータセンターに設置されたコンピュータやネットワークなどの IT インフラストラクチャを部分的に借り出すことで、設備投資や保守運用の手間を省くことができます。2.4 節で説明した SaaS と異なり、ソフトウェア自体はユーザが購入するのが一般的です。マネージドサービス会社側は、機器や人員などの IT リソースを集約できるので、コスト効果を高くできます。反面、多様なシステムやユーザ要求に対応しなければならない従業員側には広い範囲の技術が求められることは、上記の要求条件からもわかると思います。

要求条件に、Novel Netware やフレームリレーなど一部古い技術も列挙されています。製造元もすでにサポートを打ち切っているような古い技術でも、お客さんが

使っている限りは（コスト的に見合う間は）サポートを余儀なくされる会社は多いです。こういう求人は、定年までの年数をカウントし始めた熟練技師に将来も仕事に困らないかもしれないという希望を与えてくれます。

　ちなみに、受付、郵便集配、消耗品購入などオフィスの日々の雑務を代行してくれるオフィス賃貸業もマネージドサービスと呼ばれます。レンタルオフィスのようなものです。困ったことに、オフィス雑務には電話やインターネットなど IT 関係も含まれており、マネージドオフィス会社の IT 人員求人は上記の IT サービス代行業と区別がつかないこともあります。ただ、技術力に差がありすぎるので、あまりにゆるい要求条件のものは見送るとよいでしょう。

## ● 技術サポートエンジニア・レベル 2（Technical Support Engineer, Level 2）

　レベル 1 では対処できない複雑な問題を解決するサポートエンジニアです。レベル 1 から「上がってくる」（escalated）問題に対処することから、エスカレーションエンジニア（Escalation Engineer）とも呼ばれます。類似のポジションにアカウントサポートエンジニア（Account Support Engineer）という職もありますが、特定の大口顧客をもっぱら担当する以外は、技能的にも職務的にもレベル 2 とはあまり変わりません。サポート担当のアカウントエンジニアもこれとだいたい同レベルのエンジニアです（アカウント営業エンジニアについては 2.1 節参照）。

　レベル 1 が障害の現象、つまり出てきたエラーメッセージなど表面上で観察される問題点に対処するのに対し、レベル 2 はその背後にある原因を探ります。これには、対象およびそれを構成する基盤技術に対する深い知識が求められます。顧客と同じあるいはそれに近い環境やデータを用意し、問題を再現することで原因を究明します。システム要素が他社製品で、そこが問題と関係しているのならば、ベンダーと連絡を取るのも業務のうちです。また、問題対応を通じて得られた知見や方法は、レベル 1 が利用できるようにノウハウ文書にします。問題が解決できなくても、顧客が業務を継続できるように回避策（これをやっておけばその問題は避けられる）を提案します。レベル 2 でも解明できない問題、たとえばソフトウェアの不具合（バグ）が疑われれば、レベル 3 に上げます。

　ハードウェア、ネットワーク、ソフトウェア、他社製品など、システム全体にわ

たる知識と経験が必要という点では、システムエンジニアに近い技術レベルが求められます。異なるのは、サポートエンジニアは問題解決が目標という点です。逆にいえば、サポートはその場の問題が解決されればそれで仕事は終わりです。仮に容量不足が原因で将来同じような問題が発生すると予見されても、その報告はしても実際にアップグレードにはタッチしません。ソフトウェアの場合、ソースプログラムレベルまではタッチしません（それはレベル 3）。

　レベル 2 サポートからはレベル 3 に進むこともあれば、システムエンジニアなどサポート以外の職種に移動することもあります。顧客対応スキルは高いとみなされる職なので、コンサルタント（2.6 節）やプロジェクト管理者（5.1 節）のような技術一辺倒ではない部門へ転身することもあります。

　クラウドサービス提供会社の求人例を次に示します。

---

　クラウド用ストレージ管理サービスをサポートするエンジニアを求めています。社内の IT 部門と共同しながら問題の原因を明らかにするとともに、必要に応じてベンダーと連絡を取り、問題が発生する前に次善策を講じるのが主な業務です。

　応募者には特に SaaS 環境に特化した IT システムの 4 年以上の経験が求められます。主要システムが仮想化された Linux 環境なので、Linux コマンドと仮想化技術、各種ストレージ技術の経験も要求されます。障害報告管理システムには Jira を採用しているので、その経験も必要です。ITIL（付録 A 参照）の知識も求められます。学歴は学士以上。

---

　経験年数の長さと問題の原因を明らかにするという条件から、これがレベル 2 であることがわかります。

## ● 技術サポートエンジニア・レベル 3（Technical Support Engineer, Level 3）

　これまで遭遇したことのない未知の問題に対し、製品の設計および仕様にまで入り込んで解決を行うサポート部門最上級のエンジニアです。顧客と接触のない裏方であることからバックエンドサポート（Backend Support）とも呼ばれます。主と

して、自社で製品やサービスを製造販売している会社にある職で、社内向け IT シ
ステムのサポート部門ではほとんでみかけません。

レベル 2 との大きな違いは、使い方や設定方法の誤りに起因するものではなく、
製品の根本的な問題（バグやハードウェアの不具合）を明らかにすることで製品
の品質を向上させる任を担っているところです。したがって、より深く専門的なレ
ベルの製品知識が必要です。たとえば、使用しているネットワークカードのチップ
セットの仕様、利用しているサードパーティのソフトウェアライブラリ、制御系の
微妙なタイミングなどです。ソフトウェア系の問題では、問題の箇所とおぼしき
ソースコードを確認し、必要なら状況をシミュレーションすることも求められま
す。問題の原因が特定できたら、具体的な製品の修正要求を開発部門に申請しま
す。本来的には開発部門の仕事であるパッチ（修繕用の一時的アップデート）作成
も、状況や組織によっては求められることがあります。これに加え、下位レベルの
サポートの指導などリーダー業務も求められます。

ここまでくるとサポートというよりは開発部門に近い職なので、プログラミング
あるいはハードウェア技術、開発管理手法（ソフトウェアならバージョンコント
ロールなど）といった技能が要求されます。組織構造上はサポート部門が一般的で
すが、開発部門の一部署として扱われることもあります。

レベル 3 からは開発部門への転身が一般的です。製品を熟知していることから、
プロダクトマネージャなど技術管理職（5.1 節）に向かうこともあります。

トラックなど大型商用車両に搭載する運行記録計およびその情報を管理するアプ
リケーションを製造販売する会社の求人例を次に示します。

顧客への影響を最小限にとどめながら、当社の組み込みシステムを診断、問
題解決するレベル 3 のサポートエンジニアを求めています。主な業務は、顧
客から送られてきた不具合の発生した装置の管理記録を取り、他チームと協力
しながら問題の根本原因を明らかにし、これを開発部に報告することです。問
題にはハードウェアあるいはソフトウェアのバグ、システムの利用手順上の問
題、データの矛盾などがあります。また、問題発生頻度を分析し、必要なアク
ションを取るように上層部に進言するのも重要な業務です。加えて、レベル 2
以下のサポート要員のトレーニング、教育、補助、指導を行い、これらの活動

3.3 技術サポートエンジニア

に必要なドキュメントを作成します。

　応募者には 2 年以上の技術サポート経験、コンピュータ科学あるいは技術系の学士が求められます。技術的には Linux、SQL、Microsoft Office、Google の各種ツールの経験が必要です。

装置の診断が含まれるので、ハードウェアに寄った職です。顧客から送られてくる故障装置の管理を RMA といい、これは 3.1 節で説明したとおりです。問題の発生頻度を分析する業務も含まれていることから、このレベルではアナリストと同様の分析能力が求められることもわかります。

### ▰ 上級サポート職と開発職 ▰

　設計やソースコードレベルの問題に対応できるのは、最終的には開発者です。なぜ、レベル 3 のサポート職など飛ばして、レベル 2 から直接開発に問題を上げないのでしょうか。そのほうが組織的にはすっきりしますし、人件費だって削減できるはずです。

　理由はそのほうがコスト効果が高いからです。開発者の第 1 の責務は、新しい製品やサービスを生み出すことです。すでに造ってしまった製品をサポートするのに時間を割いていたために開発が遅滞すれば、めまぐるしいコンピュータ業界では他社に先手を取られてしまいます。新リリースの遅れは、株価にも影響します。では、開発者を増やせばよいではないかという話になりますが、一般的に、会社が欲する開発力をピンポイントで有する技術者を確保するより、サポート要員を探すほうが容易です。とある記事によれば、技術者は平均で 17% の時間を製品化後のデバッグやメンテナンスのために費やしており、これを全世界でまとめると毎年 3,000 億ドル相当にもなるそうです。

### ● IoT サポートエンジニア（IoT Support Engineer）

　サポートエンジニアには、対象システムを明示した職名もあります。ここでは、その例として IoT システムを取り上げます（IoT については 1.2 節参照）。

　IoT サポートエンジニアには、組み込みシステムの知識が必要です。対象に、通

163

**❸ 情報技術**

信機能を有する小型で省電力で自律的に稼働するデバイスを搭載しなければならないからです。遠隔デバイスを接続する無線（LTE などの携帯電話通信）や電力線イーサネット（電力線を介したインターネットで電話線も光ファイバも不要）などの通信技術にも詳しくなければなりません。デバイスの所在を把握しなければならないのなら、地理情報システム（GIS）も重要です。もちろん、一般のサポートエンジニアと同じように Unix などのサーバシステム、データベース、データストレージなどの技術も求められます。

IoT の管理にはその分野専用のエンタープライズソフトウェアが用いられるのが一般的です。たとえば、電気の検針を自動化する IoT では検針データ管理システム（MDMS：Meter Data Management System）が使われています。もっとも、そうしたニッチでレアなシステムそのものの経験はなくてあたりまえなので、エンタープライズシステム全般にかかわる知見があればプラスです。

クラウドサービス提供会社の求人例を次に示します。

---

当社のクラウドベース IoT プラットフォームの利用者の問い合わせや問題解決依頼に対応する IoT サポートエンジニアを求めています。顧客対応はウェブ上のフォーラム、GitHub、メール、あるいは従来的なサービスチャネルを介して行います。主な業務は製品のデバッグ、問題の再現、ソフトウェアの修正とテスト、リリースです。

応募者には技術カスタマーサポート、C、C++、Go、Python のうちいずれかの言語、REST や JSON といったクラウドおよびウェブ系の技術の 4 年以上の経験が必要です。求められる学歴はコンピュータ科学あるいはコンピュータ工学系の学士、できれば修士です。OS カーネルおよびデバイスドライバの開発、クラウドサービス、IoT、スマートハウス、遠隔データ収集分析メカニズムなどの経験があればプラスです。

---

問題の再現や修正も含まれることから、このポジションの技術レベルは前述のレベル 2 からレベル 3 に相当します。言語が 4 つ列挙されていますが、C/C++ のバックグラウンドがあれば組み込み系、Go/Python ならクラウド系を担当することになると思われます。

この会社はクラウドに IoT を接続するためのプラットフォームや開発用ツールキットを開発しており、すでにサービスも提供しています。IoT は近い将来に 500 億個のデバイスを網羅する産業に成長すると予想されており、サービスのあるところにはサポートが必要であることを考えると、今後もサポート人材の需要は増加していくことでしょう。

### ● DevOps エンジニア（DevOps Engineer）

ソフトウェア開発者（Developer）と IT オペレータ（Operator）のふたつの役割を持つ職です。

デブオップスと読みます。オペレータとあるので 3.1 節のオペレーション部門に属する職に聞こえますが、実際の業務は問題解決などの技術サポート、あるいはシステム変更などのシステムエンジニアのそれと近いので、この節に掲載します。NetOps（ネットオップス）というのもありますが、これはソフトウェア開発者とネットワークオペレータを兼ねた職です。

新しいウェブページなどの新機能は、ビジネス部門が開発部門に依頼して作成します。問題あるいは追加機能要求が発生すれば、運用部門からサポート部門へ、サポート部門から開発部門へと修理依頼が上げられます。しかし、部門間で意図がうまく伝わらなかったり、コミュニケーションそのものあるいは変更承認プロセスにオーバーヘッドが発生しがちですし、ひどいときは修理依頼ループがいつまでもぐるぐるまわるだけで、何も解決しないこともあります。

そこで、簡単なものならオペレータにトラブルシューティングと開発を兼務させようということになりました。この考えには、システムが昔よりも流動的、つまりソフトウェアでコントロールできるようになってきたという背景があります。従来なら、ハードディスクは物理的に箱を開けたり、結線したりとかの作業が必要でした。しかし、クラウドなら、命令ひとつで新規ディスクが利用可能になります。Unix システムもルータもネットワークアドレスも、命令を送るだけで準備できます。プログラムも同じです。ウェブブラウザからユーザが入力したデータを処理するプログラムはルール化されているので、課金ルールの更新も専任の開発者の手をわずらわせるほどではなくなりました。DevOps を導入することで、新サービスをいち早く市場に投入できる、問題を迅速に解決できるなどのメリットが得られます。

**❸ 情報技術**

　DevOps はソフトウェア開発者であり、かつオペレータ兼サポートであるので、まずはプログラミング、IT システムオペレーション、技術サポートの知識が必要です。これに加え、小さな変更を早いターンアラウンドで繰り返すアジャイルソフトウェア開発技法およびそれに関連した考え方にも馴染んでいる必要があります。変更したソフトウェアをそのまま実稼働システムに組み込むので、品質管理の手法にも通じていなければなりません。

　複数の分野のハイブリッドなので、ソフトウェア開発部門からでもオペレーション部門からでも転職してこれますが、プログラミング技術が重要であるため、開発方面からの転籍が多いようです。あるいはソフトウェア技術もある程度兼ね備えている技術サポートから来ることもあります。DevOps の卒業後は開発部門、コンサルタント、システムエンジニアへの転身が考えられます。

　所属は組織構造によりますが、開発部隊よりはオペレーション部門に属することが多いようです。処理対象のデータに精通していなければならないため、たとえばファイナンス系データの処理を担当しているならファイナンス部門（の IT 系の部署）のように専門の部署に所属することもあります。

　音声認識サービスをクラウド経由で提供する会社の求人例を次に示します。

---

　問題の診断、トラブルシューティング、ソフトウェアの修正を行う DevOps エンジニアを求めています。対象は当社の音声認識サービスソフトウェアです。顧客対応と問題解決といったサポート業務に加え、ソフトウェアの保守や設定変更、モニタリングソフトウェアおよびシステム構築自動化ツールの開発、データベースのアップデート、技術上の問題リストの管理も担務に含まれます。また、開発部門と共同して仕様の策定、技術文書の作成なども担当します。日々の業務においては、オペレーション部門、開発部門、IT サポート部門と密に連携してもらいます。使用言語は Java、JavaScript、Python、C#、SQL です。

　応募者には 3 年以上のサポートエンジニアとしての業務、1 年以上の上記言語、1 年以上のデータベース技術（特に SQL）の経験が必要です。また、障害報告管理システム、サポートプロセス、顧客サービスの内容など、サポート業務上の知識も求められます。ウェブサービスの経験、スクラムあるいはカンバンなどのソフトウェア開発手法の知識があればプラスです。

---

166

職務形態的には、上述したようにサポート寄りです。プログラミング言語もスクリプト系が主です。SQL が必要なのは、そうしたプログラムが顧客や商品のデータに直接アクセスしなければならないからです。

ちなみに、カンバン（Kanban）は文字どおり「看板」の意味です。


# 3.4　その他

IT はどんな産業であれ、あらゆるところで用いられています。ウェブとメールと Excel くらいのホームユースとあまり変わらないケースもあれば、業務に特化した専用ソフトウェアを利用することもあります。本節では、ソフトウェア製造業やサービス提供会社のようなコンピュータ業界のメジャーではない、ニッチな職を取り上げます。


### ● 技術助監督（Technical Assistant Director）

映像や広告の制作現場でも、コンピュータ技術は幅広く用いられています。ここでいう助監督は美術、衣装、小道具など映像撮影で用いる道具類の担当者という意味で、それがコンピュータ技術に特化しているので「技術」助監督なわけです。もっとも、会社や職務内容に応じて職名は変わってくるので、ポジション名そのものより、「技術者」ではあるが「アーティスト」であり「補助職」であるという点に着目してください。

映像制作会社で作業環境を整えたり、特別なツールを用意したりするのが主な業務です。特殊効果を多用する映像制作では、ある映像の切れ端を複数の処理システムに次から次へと流していくパイプライン方式が一般なので、そうしたインフラストラクチャやシステムを構築、保守、問題対応するのも重要です（VFX パイプラインエンジニアについては 2.7 節参照）。

コンピュータ系からこちらに進むというよりは、コンピュータ技術をかじりながら映像畑を進んできた人向けです。とはいえ、技術的な要件も高いです。レンダラーや 3D ソフトならデジタル映像作成を学んだり、現場で使うことで知っているかもしれませんが、制作パイプラインに要素を追加したり、C++ や Python で新しいプラグインを作成するのはそう簡単ではありません（ところで、スクリプトはコ

**❸ 情報技術**

ンピュータ屋にはプログラムですが、映像屋さんには台本なので紛らわしいです）。映像音声処理（1.4 節）のような技術が必要になるかもしれません。

特殊映像制作会社の求人例を次に示します。オリジナルの求人の職名はアートアシスタント（Art Assistant）です。

制作、CG、アーティスト、技術スタッフといった各部門をサポートする中級レベルの特殊映像作成技術助監督を求めています。主な業務はデジタルデータの管理と流通です。これには、協力会社やアーティストから送られてきたスキャンイメージやデジタルデータの品質をチェックし、適切なフォーマットで保管し（必要なら変換もします）、これらを利用する部署に届けることです。また、これらのデータの出入管理も担当します。制作パイプラインに問題があれば、担当部署と連携してこれにあたります。

応募者にはコンピュータ科学や映像制作などの学士と、関連業界での 1 ～ 2 年の経験が求められます。技術面では各種 OS（Mac、Linux および Windows は必須）、プログラミング言語（Python、Perl、C/C++、Java など）、3D アニメーションツール（Maya など）、データベース（Oracle、Redis、MongoDB、Cassandra など）、ネットワーク技術、システムハードウェアの経験が必要です。美的センスと芸術的なバックグラウンドのある方、特に VFX の実務や長編アニメーション作成の実績のある方を優遇します。

シフト勤務が要求されることもあります。

学歴にコンピュータ科学と映像制作が併記されているところからしても、特殊な職であることがわかります。Python プログラミングをしたり Redis データベースをいじったりする、どうみてもエンジニアな人が長編アニメーションを作成したことがあるというのは、これはかなりレアな人材でしょう。もっとも、アニ研でセル画ばかり描いていた工学部出身はいそうな気がしますから、無理難題でもないかもしれません。

## ● IT コーディネータ（IT Coordinator）

すべての会社が最新の IT 技術を欲しているわけではありません。逆に、枯れた

コモディティ技術で十分に通常業務をまわせるところのほうが多いでしょう。こうしたニーズは、ITサービス提供会社から週1回あるいはオンコールでサービスを受けるようにしておけばたいていはカバーできますが、中には駐在が必要なこともあります。それがITコーディネータです。コーディネート（coordinate）は調整、連携という意味なので、ビジネスニーズとIT部門との橋渡しをするのがメインの仕事です。

　ITコーディネータはなんでも屋です。サポートもすればちょっとした変更もします。もちろん、大口の変更は手に余るので、プロのシステムエンジニアに発注します。技術的な要件はあまり高くありません。しかし、中には次に示す専門性の高い職もあります。

- IT調達コーディネータ（IT Procurement Coordinator）－ ITサービス調達時にシステムエンジニアと経営陣を橋渡しする職です。エンジニアが要求する機材の予算を確定し、見積をベンダーから取り、これを設置するプロジェクトの管理者と折衝し、経営者から承認をもらい、契約を履行します。病院における利用電波の基準のように関連する法や規制があれば、それにのっとっているかの確認も行います。どちらかとビジネス職です。

- IT変更コーディネータ（IT Change Coordinator）－システム変更時にシステムエンジニアと利用者を橋渡しする職です。利用者に支障がないように変更や更新を行う計画の立案、その施行、各部門との擦り合わせを担当します。利害関係者との折衝と連絡が主な業務という点では、プロジェクトマネージャ（5.1節）に似ています。

- ITサポートコーディネータ（IT Support Coordinator）－ IT部門と開発部門を橋渡しする職です。IT部門から上がってくる各種の問題をまとめ、必要なデータをそろえ、近い将来の予想も含めた要求条件の洗い出し、開発部門に上げます。ITオペレーションアナリスト（3.1節）とほぼ同じです。

ホテル管理会社の求人例を次に示します。

　管理対象のホテルのすべてのITニーズを監督、統合、サポートするITコーディネータを求めています。主な業務は、社内ITヘルプデスクシステムおよび現場IT機器の更新、現場の問題の分析と改善策の経営陣への報告、PCI標準

規格に準拠しているかの確認です。また、他の IT 要員および部署と密に連携を取り、イベント開催時には毎朝のスタンダアップミーティングを主催してもらいます。

応募者には高卒以上が求められ、大卒以上ならば優遇します。IT 業界、電気通信業界、あるいはホテル業界での IT オペレーションおよびサポート業務の 2 年以上の経験が必要です。技術面ではネットワーク技術が重要で、CAT 5/6 ワイヤリングや無線 LAN、WAN/LAN、ドメインコントローラー、アクティブディレクトリ、ファイヤウォール、VPN の技能が求められます（規模はドメイン数が 2、マシン台数が 50 程度です）。加えて、POS、カードキー、電話交換機、留守番電話などのサービスの経験も必要です。Microsoft が提供する MCSA や MCSE の認定資格が必要です。

---

ホテルに泊まったことがあれば、どんな IT サービスが用意されているかわかると思います。無線 LAN がつながらない、テレビが壊れた、支払い時にカードを受け付けてくれないといった問題が発生し、ホテルスタッフでは対応できないときに裏から出てくるのが、おそらくその手の職の人でしょう。ネットワーク技術が重用視されているのは、いまどき、部屋からインターネットにつながらないホテルなどないことの現われです（日本にはない宿もまだありますが、温泉に投宿したときくらいはネットなしでもよいと個人的には思います）。

PCI は Payment Card Industry の略で、コンピュータに拡張カードを差し込む Peripheral Component Interconnect バスではありません。詳細は 5.4 節を参照してください。

CAT 5/6 はいわゆる LAN、イーサネットケーブルです。ケーブルなんて誰でも抜き差しできるはずでは、と思うかもしれませんが、規模が大きくなると配線のプロが必要です。ケーブリングのための標準規格が JIS や ANSI にもあります。

# 4

コンピュータ科学

　コンピュータ科学（Computer Science）は情報と計算にかかわる理論的な研究分野であるとともに、機械（コンピュータ）でこれらを処理する方法を探求する実践的な学問です。第1章から第3章はいずれも技術利用にかかわる分野でしたが、コンピュータ科学はそれらに基礎的な知識を提供します。いってみれば、工学に対する物理学や化学などの基礎科学や数学の位置にあります。

　学問分野としてのコンピュータ科学には次のトピックが含まれます。

- 理論系
  - 離散数学、グラフ理論
  - データ構造
  - アルゴリズムと計算量
  - 符号化技術
  - プログラミング言語
- 応用系
  - コンピュータアーキテクチャ
  - 情報セキュリティ
  - データベース
  - ネットワークと通信
  - オペレーティングシステム
  - プラットフォーム開発
  - 並列処理と分散処理

# 4 コンピュータ科学

- ●コンピュータグラフィックスと可視化
- ●ヒューマンインタフェース
- ●人工知能とインテリジェントシステム
- ●情報管理
- ●複合系
  - ●数学
  - ●物理学、化学、生物学
  - ●社会科学
  - ●言語学
  - ●経済学

　理論、応用、複合の区分は本書で求人例を扱う便宜上のもので、学術的な分類ではありません。

　理論系はすべてのコンピュータ分野のベースとなる数学に近い分野で、通信理論、暗号理論、プログラミング言語そのものの設計も含まれます。応用系は、実用的なシステムやアプリケーションで直接扱う技術を対象とし、たとえば人工知能が含まれます。複合系は、情報や計算を利用する他の学問と複合してできた分野です。数学なら自動証明、物理学ならシミュレーション、生化学なら新薬開発、言語学なら自動翻訳、経済学ならアルゴリズム取引などがその例です。

　もっとも、コンピュータにかかわる学術分野を科学と呼ぶことには異論もあります。しかし、研究教育機関および求人ではサイエンスを冠して扱っているので、本書ではサイエンティストと呼ばせてもらいます。科学者と書いてもよいのですが、自然科学専門に聞こえてしまうので、あえてカナで表記します。

## ● コンピュータサイエンティスト

　コンピュータサイエンティストはコンピュータ科学の研究者です。研究者というと実用的でないイメージもないわけではないですが、天馬博士はアトムを設計して実装もしていますし、お茶の水博士も保守と姉妹機の実装を担当していますから、実践的でないわけではありません（量産アトムで儲かった話は出てこないので、実業向けではないかもしれません）。

　サイエンティストにはその専門分野の高度な知識が必要です。そして、それを証するのが博士の学位です。つまり、学部で4年間学び、続いて大学院修士課程で

2年間専門性に磨きをかけ、さらに大学院博士課程で3年かけて博士論文を書き上げてから、初めてサイエンティストと呼ばれます。応用系では修士卒からサイエンティスト職に進むケースもありますが、その場合は実績が求められるのが一般的です。博士号はなくとも、学術論文を多数公表している実践家もサイエンティストと呼んでよいでしょう（企業の研究者には多いです）。

　分野を問わず、システムやプログラミングなどのコンピュータ基礎技術は必須です。理論や仮説を検証するには、実際にコードを書いたりシステムを組んだりしなければならないからです。通信用チップやボードなどのデバイスを用いるなら、それらのハードを制御できる技能が必要です。たとえば、浦沢版アトムの「PLUTO」には、天馬博士が超絶技巧でアトムを修理するシーンがあります。すべてのサイエンティストがそこまでの腕前ではないにしても、あの描写は嘘ではありません。

　特定の分野に応用する研究では、応用先の知見も必要です。たとえば、国勢調査を統計解析するならばその地域や国固有の人口統計学的特性、金融機関であれば金融商品、農業あるいはバイオ系であれば植物学や遺伝学などの知識です。

173

**4** コンピュータ科学

● **職業としてのコンピュータサイエンティスト**

　基礎的かつ萌芽的な研究に携わるサイエンティストの就職先は一般には大学や研究機関ですが、産業界に進む道も多くあります。企業には、最先端の製品やサービスを他社に先駆けて展開することで市場で優位に立てるというメリットがあるからです。研究者にも、教育や学事など研究以外の仕事から解放され、うまくいけば潤沢な研究資金が得られるという利点があります。

　米国では産学間の垣根も低く、大学の研究者が会社のサイエンティストに転職する、あるいはその逆もよくみかけます。両者の兼務も一般的です。大学の研究者がベンチャーキャピタルから資金を得てスタートアップカンパニーを起こすこともあり、そうしたほぼ無名な会社が同類のサイエンティストを募る求人もしばしばみかけます。インターンや博士号取りたてのポスドク（付録B参照）向けのポジションが多いのもこの職種の特徴です。

　本章で取り上げる職は産業界のものに限っているため、現在あるいは近未来に収益の上がりそうな流行分野に集中しています。研究教育機関のそれよりバラエティは少ない点はご了承ください。

# 4.1　基礎系

　コンピュータ科学の理論を発展させる研究に携わります。商用の機器やサービスの開発がメインではなく、あくまで研究が主眼であることを明示するため研究サイエンティスト（Research Scientist）という職名もよく用いられます。

　学歴には博士が求められるのが一般的です。分野はコンピュータ科学がメインですが、数学や応用数学なども可です。修士あるいは学士でもよいとする求人は、研究補助員からスタートするエントリーレベルの職が通例です。学位に加え、論文誌に掲載された、あるいは国際会議で発表された学術論文などの著作リストからこれまでの研究業績を示すことも求められます。

　本節の求人例のほとんどは人工知能の研究職です。これは、ディープラーニングにより人工知能技術にブレークスルーが起こり、業種を問わず人工知能の研究開発が活発化したことによるものです。10年後のトレンドはまったく違うかもしれません。

## ● コンピュータサイエンティスト（Computer Scientist）

大学や政府研究機関に所属する研究者同様、自分自身で設定した研究課題に取り組みます。

これまでの職との大きな違いは、業務や要求条件が明確ではない点です。これは、当然といえば当然です。採用後に担当者が実施する研究は担当者本人が決めるものですし、求人元もどんな研究が将来実を結ぶかわかりません。しかし、会社にも大枠の方針はあるので、それに沿った要求にはなります。そのため、分野違いの研究課題では職を求めるのは困難でしょう。もっとも、それは大学など教育研究機関も同じです。

検索サイト運営会社の研究部門の求人例を次に示します。

---

大規模データを利用した最先端の研究課題に自由に取り組むコンピュータサイエンティストを求めています。研究テーマはディープラーニングベースの人工知能、データマイニング、自然言語処理、コンピュータビジョン、ハードウェア／ソフトウェアの性能評価方法、モバイルプラットフォーム向けコンパイラの性能向上などですが、課題設定は各研究者にゆだねられます。基盤でも応用でもかまいません。優れた成果を出せるのなら、当社のサービスと無関係な研究でもかまいません。当社は、研究成果が実用化されるまで何年もかかることは理解しています。サイエンティストは当社のソフトウェアエンジニア、世界各国のパートナー大学の研究者と共同して研究を進めます。成果は、科学界に寄与するため論文として公表してもらいます。

応募者にはコンピュータ科学あるいは関連する分野の博士号、もしくは企業研究所あるいは研究機関での実践的な経験が求められます。これまでの業績は、機械学習関連の著名学術誌に掲載された論文から判断します。プログラミング技術では C/C++ または Python の経験、それと最適化アルゴリズムの知識が必要です。

---

研究課題の中心に人工知能と機械学習が据えられているのは、それがヒトの知的活動を把握する現在主流の方法論だからです。しかし、どの分野からブレイクスルーとなる技術が登場するかはわかりません。研究課題に含みを持たせているの

は、そうした未知の解決方法をとらえようとする試みの現われです。

ディープラーニングはニューラルネットワークベースの機械学習の一手法です。深層学習とも訳されます。言語、音声、画像の判定に高い性能を示すことから各方面で実用化されていますが、理論的な部分にまだ未解決の問題があるため、基礎研究が各所で進められています。

マイクロプロセッサ製造会社の求人も示しましょう。

---

コンピュータおよび通信にかかわる技術、製造技術、または新しいビジネスに通じる技術を開拓するコンピュータサイエンティストを求めています。主な業務は研究計画の立案とその実行です。これには、研究の収益性と実行可能性の評価も含まれます。研究成果は公表することで、産学界に広く寄与してもらいます。また、必要に応じて特許化も行ってもらいます。研究成果が製品に成長するまでの期間は、一般に7年以上を想定しています。

応募者にはコンピュータ科学、コンピュータ工学、電子工学、数学などの分野の博士号が求められます。ラスターグラフィックス、レイトレーシング、被写界深度の調整などグラフィックス関連アルゴリズムの知識、C++ およびシェーディング言語を利用したソフトウェア開発、OpenGL や DirectX 11/12 などの GPU 言語の1年以上の経験が求められます。OpenCL や CUDA などの並列計算、GPGPU、性能評価などの技術を持つ方を優遇します。

---

求人自体に含みが持たされているのは前述の求人例と同じです。ただ、求められる知識から、グラフィックス専用チップを用いた並列計算でグラフィックス処理を行う分野の研究者が対象と判断できます。

注目してほしいのは、収益性と実効可能性も勘案されるという点です。研究者というと浮世離れした、何に使えるのかもわからないことに嬉々として取り組む変人というイメージもありますが、白亜の塔の研究者であっても、人類の役に立つのか、あるいは儲かるかも常に考えています。そうでなければ、企業も国家もカネは出してくれません。

最後に、通信系の求人です。これは、ソーシャルネットワークサービス会社のものです。

4.1 基礎系

通信技術を発展させる研究サイエンティストを求めています。分野は特に限定しませんが、デジタル通信、無線システム、有線システム、光ファイバシステム、高周波および光通信の伝搬特性、高周波通信、電子通信デバイス、物性科学などがメインの課題です。

応募者には物理学、電気工学などの分野における学士以上の学歴と、10年以上のコンピュータアーキテクチャ、あるいはソフトウェアおよびハードウェアの業務経験が求められます。

半導体とは直接的には関係のなさそうなソーシャルネットワーク運営会社の研究に物性科学が含まれているのを不思議に思うかもしれませんが、通信サービス会社ではよくみられます（NTT/Docomo にもあります）。たとえば、トランジスターは米国電話会社のベル研究所で発明されています。より性能の高いチップ、シリコン以外の半導体などは、通信分野に新たなブレイクスルーを、そして新しいサービスと需要を生み出すかもしれないからです。もっとも、SNS の会社が通信インフラストラクチャやデバイスを研究する理由はよくわかりません。おそらく、新規分野を模索しているのでしょう。

学士以上と学歴の要求が高くはありませんが、実務系のノウハウを求めているのかもしれません。

## ● 人工知能サイエンティスト（Computer Scientist, AI）

人工知能、略して AI（Artificial Intelligence）は、ヒトの知的な活動をコンピュータで実現する方法を考える学問分野です。ディープブルー（ゲーム）、Google Translator（機械翻訳）、Siri（音声認識）、Tesla（自動運転）、りんな（チャットボット）など、今、わたしたちが利用している「スマート」な技術の数々が人工知能研究の産物です。

この分野にはニューラルネットワーク、遺伝アルゴリズム、エキスパートシステム、音声認識、画像認識、感性処理、機械学習、ゲーム、自然言語処理、推論、探索、ベイズ理論、知識表現、データマイニング、ヒューマンインタフェース、プラニング、マルチエージェント、ロボットなどいろいろな研究トピックが含まれてい

177

ます。応用分野は多様です。金融、保険、医療、製薬、化学、ゲームや映画等のエンターテイメント産業ではすでに実用レベルで利用されています。ただし、応用分野のデータやパターンに応じてそれぞれに異なる手法やテクニックが要求されるため、それらの分野の知識も求められます。たとえば、医療画像を処理する人工知能なら、X線写真の読み方や特性を（専門医ほどではないにしても）知っていなければなりません。そのため、応用研究の求人には対象分野が明示されているのが一般的ですが、基礎研究ではそこまで分化していないことも多いようです。

　もっとも、人工知能は今も発展中の技術であり、製品やサービスもまだスマートとは思えないこともあります。人工知能サイエンティストは、既存の人工知能をよりスマートにする方法、あるいはまだどんな機械でも達成できていない知的活動を達成する方法を考える研究者です。

　求められるプログラミング言語はPython、Java、R、MATLAB、Goあたりがポピュラーなようです。

　印刷機器製造会社の求人例を次に示します。

　人工知能、自動計画、自動設計、自動推論、マルチエージェントシステムの研究業績のあるモデルベース人工知能研究者を求めています。当社研究部門では、自動的な計画、設計、スケジューリング、制御、最適化、確率論的推論、診断、予後推定を可能とするモデルベース推論を研究しており、実際的な問題を処理するそうしたメカニズムの設計とプロトタイプ作成に特に力を入れています。研究は公的な研究機関、あるいは内外の企業と連携して行っています。

4.1 基礎系

　応募者にはコンピュータ科学、数学、あるいは工学の博士号が必要です。AI
の設計やアプリケーション、マルチエージェントシステム、自動計画、協同的
自動化の経験、これまでに政府の研究補助金の受け入れがあればプラスです。
技術的にはプロトタイプの構築に必要なソフトウェア開発技術が必要です。具
体的には Git や Jenkins などの標準的な開発ツール、Python あるいは LISP な
どのプログラミング言語です。

　モデルベース推論の「推論」とは、たとえば「ソクラテスは人間である。人間は
死ぬ」という知識から、「ソクラテスは死ぬ」という結論に至る思考過程です。こ
れをコンピュータに行わせるにあたっては、推論のもととなる知識をどのように構
築するかが課題となります。現在、専門家の経験的知識を用いたルールベース、与
えられた問題に類似の過去の事例を利用する事例ベース、対象のシステムの構造や
構成要素の特性をモデル化するモデルベースなどの方法があります。いずれにせ
よ、自動で生産計画を立てたり、故障したコンピュータや病気のヒトを診断すると
いった用途があります。
　LISP は 1950 年代に登場した最も古いコンピュータ言語のひとつで、人工知能
研究者に特に好まれてきたものです。

## ● プログラミング言語サイエンティスト（Computer Scientist, Programming Language）

　プログラミング言語は、コンピュータを使っていくうえで必須の機能です。その
研究開発は主として大学や研究機関で行われているため、サイエンティストレベル
の求人はそれらの機関に限られています。それもそのはずで、営利企業が自分たち
の製品を開発するためにわざわざ新しい言語を考案するメリットは少ないからです
（ないとはいいません）。もちろん、Python のグイド・バァンロッサムや Perl のラ
リー・ウォールのようにプログラマが世界を席巻するプログラミング言語を考案す
ることもないわけではないですが、それはどちらかといえば例外です。
　めったにみられない一般企業からの言語研究者のインターンの求人例を次に示し
ます。

## 4 コンピュータ科学

CおよびC++におけるメモリ境界外アクセスの問題を静的および動的に解決する言語拡張プロジェクトに参加するインターンを求めています。プロジェクトの成果はオープンソースとして公開されます。主な業務は言語の評価です。評価は、現在よく用いられているコードサンプルをこの拡張で実装することから行います。また、clang/LLVMコンパイラで実装された言語拡張からその機能を評価します。この過程で発見されるバグの修正、既存のC言語の構造特性の調査、言語テストの自動化も業務のうちです。活動結果はレポートとしてまとめ、プレゼンテーションしてもらいます。

応募者はセキュリティ、プログラミング言語の設計と実装、あるいはOSといった分野を専攻するコンピュータ科学の博士後期課程の学生に限ります。これに加え、C/C++プログラミングの1年以上の経験、ソフトウェアツール、コンパイラあるいはそれに類するメカニズム、エミュレータ、ソフトウェア解析ツールの経験が最低でも6か月以上求められます。コンパイラの開発経験がある方を優遇します。

インターン期間は12週間です。

メモリ境界外アクセスは、変数に割り当てたメモリ範囲の外をアクセスしてしまうバグです。たとえば、変数sに10バイトを割り当て、その範囲だけで使うつもりだったのに、11バイトのデータを誤って書き込んでしまい、隣にある別のデータを上書きしてしまうという問題です。コンピュータの脆弱性の16%はこの問題に起因しているという調査結果もあります。言語機能のほうで解決してくれれば、プログラマの労力は大きく軽減されることでしょう。

clang/LLVMはCあるいはCファミリーの言語のコンパイラです。当初はAppleが開発していましたが、現在ではオープンソースとなっています（そのものはC++で書かれています）。

## 4.2 応用系

　先端的な基礎研究の成果を、現在の問題を解決するために応用します。たとえば、ディープラーニングという基盤技術を用いて、既存の株式売買アドバイスシステムを改善します。主業務が開発なのでエンジニアと同じ仕事に聞こえますが、目的達成に必要な要素や技術に未成熟、あるいは欠けているものが多いため、自作をしたり、実証と検証の実験を実施するといったシステマティックな試行錯誤が必要なところが異なります。

　基礎研究と応用研究の境界はそれほどはっきりしたものではありません。基礎があってから応用があると考えがちですが、応用的な研究をしている間に未知の事実が見いだされ、それがきっかけでその基礎研究が進むことは、科学の歴史ではよくあることです。しかし、サイエンティストの立ち位置はやや異なります。基礎系が独創的な知識の探求を目的としているのに対し、応用系は明確な問題を他よりも有効に解決する方法を確立するところにあります。たとえば、既存の製品の改良や新機能の追加のように、ターゲットとなる製品やサービスが明確です。ビジネス上の目的を効率よく達成したい営利企業に応用系求人が多いのはそのためです。

　求人では、AI Scientist のように「専門分野＋サイエンティスト」といったタイトルがよく用いられます。応用系であることが強調されているときには、Applied が加わることもあります。モノづくりの色彩が濃いことには違いはないため、エンジニアあるいはサイエンティスト・エンジニアという併記型の職名もしばしばあります。一般的なエンジニア職と紛らわしいですが、職務内容が先端的であることと上位の学位が求められるところから区別できます。本節ではサイエンティストで統一しています。

　求められる学歴や業績は基礎系ほどシビアではありませんが、それでも修士以上が必要とされるのが普通です。博士を持っていたり、学術論文があればプラスです。

# 4 コンピュータ科学

## ◼ 博士（はくし）が 100 にんいるむら ◼

　現在、日本では年間約 11,000 人くらいが博士号を取得していますが、この人たちの進路を煽情的に示したのが上記タイトルのウェブページです。これによると、生み出されてくる博士の数を 100 としたとき、その進路の割合は次のようになっています。

- 16 名が医者（医学博士号を持つ医者）
- 14 名が大学教員（助教などから始めます）
- 20 名がポスドク（任期制の給与のよくない研究職。付録 B 参照）
- 8 名が私企業
- 11 名が公務員
- 7 名が他の分野へ転身
- 16 名が無職
- 8 名が行方不明か死亡

　データの出所や統計処理が不明なため、値を文字どおりに受け取るわけにはいきませんが、博士になったものの将来が不安な若手研究者に、あるある感と強い衝撃を与えたことは確かです。博士号がなければほぼなれない職もあるにはあるのですが、その職に就くにはとほうもない運と努力と業績が必要です。かといって、日本の民間企業は「使えない」とアタマから採用してくれないことも少なくありません。博士の行く末に興味のある方は「博士漂流時代」をご一読ください[1]。

## ● 人工知能サイエンティスト（応用）（Applied Scientist, AI）

　基礎系同様、昨今ポピュラーな機械学習が主なターゲットです。職名から基礎系と応用系の区別がつかないこともありますが、既存製品に近い研究開発が示されていれば、応用寄りと考えてよいでしょう。

　ゲームスタジオの求人例を次に示します。

　コンソールゲームマシンおよび PC ゲーム向け AI システムの設計、プロトタイプ、実装を担当する AI サイエンティストを求めています。業務には仕様

---

[1]　榎木英介：「博士漂流時代」，ディスカバー・トゥエンティワン．

書およびテスト項目書の作成も含まれます。研究開発はコンテンツクリエータ、デザイナー、プログラマ、品質担当と協調しながら行われます。

応募者にはコンピュータ科学あるいはそれに類した分野の学士以上、および5年以上の実務経験が必要です。コンピュータ技術については、3Dグラフィック、コーディングスタンダード、C++の知識が必要です。ゲーム業界での就業経験、特にアクション系およびファーストパーソンシューティングの経験者を優遇します。

システムの設計やプロトタイプくらいまでは基礎系でも行いますが、実装や仕様書作成が含まれていることから、これは応用系です。学歴なども勘案すると、ややソフトウェアエンジニア（第1章）に寄り気味のようです。

ゲーム開発ではゲームプレイヤー優遇の文言をよくみかけますが、やはり、やったことがないと務まらない業界なのでしょう。

## ● 自然言語処理サイエンティスト（Computer Scientist, NLP）

自然言語処理（NLP：Natural Language Processing）は、ヒトの言葉をコンピュータで処理する方法を探求するコンピュータ科学の一分野です。チャットであたかもヒトのように対応するプログラム（チャットボット）、話し言葉の意図を理解するiOS搭載のSiri、英文を和文に変換するGoogle翻訳、自動電話応答などが自然言語処理技術の主な成果です。自然言語処理技術は（自動運転などに比べてですが）かなり実用的になっているため、どこよりも精度の高いサービスをスタートすべく、先進的な企業が専門家を必要としています。

自然言語処理にもいろいろな手法や技術がありますが、昨今ではやはり機械学習を用いた手法がポピュラーです。そのため、要求される経験のリストにはかならずといってよいほど機械学習系の技術が含まれています。

自然言語理解（Natural Language Understanding）、略してNLUと呼ばれることもあります。両者には細かい点で違いがありますが、求人の範囲では同じものと考えて差し支えないでしょう。ちなみに、「言語」にわざわざ「自然」がくっついているのは、コンピュータ言語などの人工言語と区別するためです。

金融機関グループの求人例を次に示します。

**④** コンピュータ科学

　　社内のデータサイエンティストや機械学習エンジニア、大学研究機関の研究員からなるチームとともに、高度な AI と自然言語処理技術を用いて社の収益向上に寄与する自然言語処理サイエンティストを求めています。現在、チームが開発しているのは意味にもとづく検索、知識グラフの生成、チャットボット、自動内容要約、同義句の検出、自動質問応答などです。主な業務は、大規模なデータセットからディープラーニングモデルを訓練する、サービスを実用化しその精度を検証する、新規の認知システムを開発するなどです。学会での成果発表も求められます。

　　応募者には、修士以上の学歴と最低 5 年から 10 年の経験が求められます。また、この分野での発表論文も重要です。博士号の所持者は特に優遇します。自然言語処理の方法論（LSA、LDA、LSTM、BiDAF など）、標準的なデータセット（SQuAD や WikiQA）、ディープラーニングのチューニングと最適化、線形代数および統計の知識が必要です。開発技術については、Python、Scala あるいは Java などのプログラミング言語、GPGPU といった技能が求められます。

　　自然言語処理には固有のいろいろな手法や技術があり、上記に示されているのはその一部です。たとえば LSA は潜在意味解析（Latent Semantic Analysis）で、文書中に含まれている単語から文書を分類する手法です。データセットはすでに意味や分類が確定している公開データの集合で、開発している AI の精度を検証するときに用いられます。方法 X に 80% の精度があったという結果を他と比較するに際し、同じデータをもとにしていなければ意味がないからです。ここに出ているSQuAD は Stanford Question Answering Dataset の略で、10 万以上の質問と回答が収録されています。

　　自然言語は多様です。そのため、「タイ語処理」や「あなたの国の言葉」のように特定の言語を指定したポジションもあります。

　　計算言語学（Computational Linguistics）という、ヒトの言葉の構文や意味を規則や統計などの情報処理手法を通じて研究する分野もあります。検索サイト運営会社のインターン職の求人例を次に示します。

184

4.2 応用系

　言語とそのモデル化を研究する計算言語学サイエンティストのインターンを求めています。主な業務は特定の言語の自然言語処理、自動音声認識、テキスト文からの音声合成、対話解析、あるいはモデル化の研究です。まず研究計画を提出していただき、それに沿って実験を行ってもらいます。主な業務は機械学習用訓練データの作成とその評価、およびデータの収集と整理です。あわせて品質管理の方法論、実験方法、実装方法の向上も提言してもらいます。

　応募者は博士前期あるいは後期課程でこの分野を学んでいる学生、あるいはその研究経験を積んだ者でなければなりません。技術的には Linux 環境および Python、C++ などの言語が必要です。自然言語処理に特化した機械学習、実験設計、研究の方法論、量的質的分析の経験がある方を優遇します。マルチリンガルな方は特に歓迎です。

　学術的な分類では、自然言語処理が工学寄りで計算言語学が言語学に近い分野という位置づけになっています。もっとも、これらの求人では（門外漢には）その違いはあまり明らかではありません。強いていえば、前述の自然言語処理の求人が「収益向上」のように実用的であるのに対し、計算言語学がモデル化などやや理論的な側面を扱うところが異なります。

● **画像処理サイエンティスト（Computer Scientist, Image Processing）**

　画像処理（Image Processing）は、画像というデータの羅列からヒトが認識するモノや意味を抽出する技術です。おそらく、誰でもその技術の一端に触れたことはあるでしょう。たとえば、撮影時に選択的に顔に自動フォーカスする、自動車のナンバープレートを読み取る、収穫した果物を映像から等級分けするといった機能です。応用範囲はインターネット画像検索、セキュリティカメラ、光学的な測定器、医療、農業、交通、宇宙開発など幅広い分野にわたります。軍事衛星写真の解析に利用できるなど、軍や諜報機関でのニーズが高いのも特徴です。

　画像処理技術はだいぶ実用的になってはいますが、まだまだ精度の低い分野もあります。たとえば、数万枚ある写真の中からラーメンの映ったものだけ抜き出せという課題は、まだまだ困難です（機械でできないことから、インターネットにアク

185

# 4 コンピュータ科学

セスしているのがヒトか機械かを判断する CAPTCHA に用いられているくらいです)。そのため、従来からある技術はコモディティ化していますが、新しい手法は今もアクティブに研究されています。

イメージングサイエンティスト(Imaging Scientist)、イメージアナリスト(Image Analyst)、コンピュータビジョン研究者（Computer Vision Researcher）とも呼ばれます。要求される技術は一般的な画像処理手法（1.4 節参照）に加え、昨今ではやはり機械学習です。有名な機械学習用データセットの経験も求められます。また、これはどの人工知能系サイエンティストにも共通していますが、分野依存性が高いため、分野固有の知識が要求されます。特に医療系では、たとえば腫瘍診断や放射線治療のように細かく対象が明示されるケースもみられます。コンピュータ技術では、主として画像処理関係のツールやライブラリが求められます。画像中の文字の読み取りと認識がターゲットの場合は、自然言語処理の技術も必要となります。

眼科関係の医療機器を製造販売する会社の求人例を次に示します。

---

眼科医および医療研究者を支援する光学イメージ、測定機器、ネットワークも含めた画像管理技術を研究開発する画像処理サイエンティストを求めていま

す。主な業務は、大量の医療画像データを処理するソフトウェアの開発、実証、評価です。特に、現行のアルゴリズムより高い精度を達成するとともに、使い勝手を改善する研究が求められています。研究では内外の医師や研究者と、プロトタイプの開発では内部のエンジニアと協調してもらいます。

応募者には医療画像、画像処理技術およびコンピュータビジョン、コンピュータグラフィックスの経験が求められます。機械学習の経験は特に必要ではありませんが、あればプラスです。特に 3D 画像処理、画像分類、レンダリング、AR/VR の技術は重要です。プログラミングについては商用レベルのコードが書けなければなりません。CUDA などの GPGPU、OpenGL、3D モデリングなどの CG 関係の技術、C/C++、MATLAB などの言語、OpenCV などのライブラリの経験も必要です。ITK、VTK、IPP の経験者は特に優遇します。経歴にはコンピュータ科学、コンピュータ工学、医療工学などの博士あるいは修士、そして 1 〜 5 年の産業界での経験が求められます。

レンダリングや OpenGL などのコンピュータグラフィックス系技能（1.5 節参照）が含まれているのは、医療用画像では 3 次元構造を直感的に把握、操作できる機器が求められているからです。OpenCV、ITK、IPP は画像処理で利用されるソフトウェアライブラリです。VTK も同じようにライブラリですが、こちらはグラフィックス系のものです。この求人では眼科系の知識は特には求められていないようですが、医療系の知識がプログラミングよりも重要視されている求人もあります。

なお、イメージングという語は上記のようにソフトウェア系にかかわることが多いのですが、ディスプレイなどのハードウェアが対象のこともあります。当然、電子光学系の人材が対象で、色科学、素材、FPGA（プログラムできる集積回路）などの知識が求められます。

## ● コンピュータグラフィックスサイエンティスト（Computer Scientist, Computer Graphics）

コンピュータグラフィックス（CG）は 1.5 節で取り上げたように、コンピュータを用いて画像を生成する技術です。一般ユーザでも利用できるアプリや映画作品からわかるように実用的になりましたが、まだまだ解決しなければならない問題も

たくさんあります。たとえば、複雑な計算を要する物理シミュレーション、アナログかつ連続な幾何学図形をデジタルで表現するとともにその構築や計算のアルゴリズムを考案する計算幾何学、光線がどの経路で反射を繰り返すのかを追跡するレイトレーシングなどの課題があります。GPU を並列に用いた大容量高速処理など、ハード寄りの技術が特に必要になるのがこの分野の特徴です。

　CG 技術を特に必要としているのがゲーム、アニメーション、映像の特殊効果であるのはいうまでもないでしょう。建築物や工業製品の設計に用いるコンピュータ支援設計（CAD）、グラフィカルユーザインタフェース、ビジュアライゼーションといったツールでの応用も盛んです。そのため求人はエンターテイメント系やアプリケーションソフトウェアの研究開発を行っている会社が主となります。

　コンピュータアニメーション制作会社のインターンの求人例を次に示します。

---

　CG 映像制作に携わる CG サイエンティストのインターンを求めています。業務は未解決の問題への取り組み、論文等で示された理論上の手法の実装、ある程度確立した技法の現場への導入のいずれかです。分野としては機械学習、レンダリング、物理シミュレーション、あるいは幾何学図形処理です。

　応募者は現在、学士、修士、あるいは博士後期課程に在籍中の学生で、最低でも 1 年の CG あるいはアルゴリズムの分野での研究開発の経験が求められます。プログラミングでは C、C++、Python、そして GPU プログラミングの経験が必要です。Maya プラグインなど CG 関連ツールの開発経験があればプラスです。

　応募時には担当分野（機械学習、レンダリング、物理シミュレーション、幾何学図形処理）を明記した研究計画書を提出してもらいます。

---

アニメーション会社ですが、職務は純粋に CG 研究で、クリエイティブ職（アニメーション作成そのもの）とは直接には関係ない点に注意してください。

　サイエンティスト職では、上記のように研究計画書が求められることがよくあります。これは、会社が求めている分野と応募者が提供することになる成果を事前にすり合わせるためのものです。

　同じ会社から正社員の職も出ています。こちらは条件が博士号、論文などの業績

となっています。業務内容が「当社に有益な技術の研究開発」と専門分野に含みが
ある点で基礎研究のサイエンティストのものと似ています。

## ● データサイエンティスト（Data Scientist）

データサイエンス（Data Science）は、データから実際に起こっている現象を分
析、理解し、必要に応じてわかりやすい形にまとめて見せる（ビジュアライゼー
ション）研究分野です。

会社には大量のデータ（ビッグデータ）が蓄積されていますが、大量すぎてそう
簡単には処理できないところが問題です。また、経理用、営業用と目的に応じて異
なる形と処理方式を持っており、あるところのデータと別のものとの関連づけは容
易ではありません。そのため、部署単位で定型的な処理しかできず、統合的な経営
判断に役立てることができません。こうした問題に取り組むべく、数学、統計学、
情報科学、コンピュータ科学など多様な分野の技術と知識を統合し、データから経
営戦略上意味のある知見を抽出するのがデータサイエンティストです。たとえば、
ソーシャルネットワークサービスのユーザの属性と活動を横断的に分析すること
で、既存サービスの向上を図ったり、新サービスを提案します。金融関係なら、投
資タイミングを自動的かつ正確に判断するメカニズムなども考えられます。

データを分析するという意味では、2.5節のビジネスアナリスト（BA）と似てい
ます。しかし、BAは既存の手法やツールを用いてデータを分析するのが通例です。
現在の分析精度を高めたり、未知のデータを扱う新手法を考案するデータサイエン
ティストとは立ち位置が異なります。統計技術者（Statistician）という職もありま
すが、これは統計あるいはデータサイエンスの技術を用いて実際にデータを処理す
る実務家です。もっとも、BAも統計技術者も上級レベルになってくるとビジネス
上の手順や方法を設計することも業務に含まれてきますし、データサイエンティス
トも開発あるいはビジネス寄りになってくるとこれらの職とあまり変わらなくなり
ます。そのため、サイエンティストと称されていても研究開発とは無関係の職にぶ
つかる可能性が高いので、注意が必要です。

データサイエンティストには数学や統計学以外にも、機械学習、クラスタ分析、
データマイニングなどの知識が求められます。ここでも、例によって機械学習は大
流行です。新しい手法を試すにはプログラミング技能も必要ですし、データを扱う
のですからデータベースの経験も必要です。加えて、ビジネスデータを扱うのです

から、ビジネスの基本は押さえていなければなりません。理数系のバックグラウンドだけの研究者ではビジネスの知識が不足しがちなので、産業界での就業経験が要求されることもあります。大学によっては、データサイエンティストを養成する複合的なカリキュラムを提供するところもあります。そうしたコースを履修していないのなら、自ら意図的にこれらを学んでおかなければなりません。

　要求条件が厳しすぎると思うでしょう。その代わり、給料は（米国では）ただでさえ払いのよいコンピュータ業界の中でもトップクラスです。

　所属する部署は、データの利用目的によって異なります。たとえば、分析結果をビジネス戦略に用いる実務職の場合、意思決定機関に直属であるなど、経営陣に近い部署に所属します。統計パッケージアプリケーションなどデータ解析機能を有する製品を製造販売する会社なら、研究開発部門に属します。顧客やアクセス情報を活用するマーケティング部門の場合もあるでしょう。むろん、国勢調査データのような大規模データを抱える官公庁も有望な就職先です。

　大手保険会社の求人例を次に示します。

---

　機械学習技術を利用あるいは新規に開発することでデータに埋もれた知識を掘り起こし、既存のデータを関連づけることでよりよい意思決定を支援するデータサイエンティストを求めています。対象はレコメンデーションシステム（たとえば「おすすめ」情報の検出と提示）、自動指標化（顧客ロイヤリティなど）、予想、異常検出などです。

　応募者にはニューラルネットワーク、ディープラーニング、ベイズ理論といった機械学習関係の知識、Python およびデータベース（SQL）のプログラミング技術が求められます。経歴としては、コンピュータ科学、数学あるいは解析系分野の博士号が必要です。

---

　実務寄りのものも見てみましょう。次に示すのは、シンクタンク系企業の新卒向け求人例です。

予測モデル、機械学習、シミュレーション、自然言語処理、ソーシャルネットワーク分析、データ可視化などを担当するデータサイエンティストを求めています。主な業務はデータの収集、クレンジング、組織化と統合といったデータ処理パイプラインシステムの開発です。開発作業は統計技術者、ソフトウェア開発エンジニア、アーティスト、各分野の専門家からなるチームと協力しながら行います。

応募者には Python、Node.js/JavaScript、R、Java、C/C++/C#、Ruby、HTML/CSS などの言語、MySQL や MongoDB などのリレーショナルおよび非リレーショナルなデータベース、Docker などのクラウド技術、Unix、データ処理ツールの経験が求められます。この職はエントリーレベルなので、コンピュータ科学、データサイエンス、統計学、応用数学、工学全般、オペレーションリサーチ、経済学など量的な分析手法を学んだ新規大卒からも広く募集しています。

見てのとおり、同じデータサイエンティストであってもデータ処理システムの開発エンジニア職です。データの収集やクレンジング（データの整理や正規化）があることから、データベースエンジニア（2.3 節）の業務を一部兼ねてもいます。技術要件から判断すると、ウェブ開発（1.3 節）に近い分野での研究開発のようです。

各分野の専門家との共同作業が必要なのは、分野固有のデータの解釈が必要だからです。アーティストが出てくるのが唐突ですが、データ可視化（ビジュアライゼーション）にアーティスティックな効果を取り入れたいという要求があるのかもしれません。

## ● 通信システムサイエンティスト（Computer Scientist, Telecommunication Systems）

人工知能やデータサイエンスのように華々しく取り上げられる分野ではありませんが、通信システムも日々、着実に進歩を続けている分野です。たとえば、携帯電話は現在は 4G（第 4 世代）が主流ですが、より高速な 5G も一部ではスタートしています。有線 LAN（イーサネット）もホームネットワークだと 1 Gb/s ですが、

**4** コンピュータ科学

データセンターなど大容量を必要とする場面では 100 Gb/s も普及しており、さらにその 10 倍の 1 Tb/s も視野に入ってきています。当然ながら、通信チップや通信機器の製造会社、そして通信キャリアなどで研究開発が進められています。

通信用チップセットの製造会社の求人例を次に示します。

---

第 5 世代（5G）無線通信システムを研究開発するサイエンティストを求めています。対象は PHY/MAC レイヤーで、そのうち通信チャネル、スマートアンテナ技術（MIMO）、干渉防止、マルチアクセスのいずれかのシステム設計、モデル化、性能評価を担当してもらいます。

応募者には無線通信理論およびデジタル信号処理の知識が求められます。無線通信では特に PHY/MAC レイヤーの設計思想を理解できていなければなりません。無線通信方式では、OFDM（直交波周波数分割多重）と OFDMA（直交周波数分割多元接続）の開発経験が必要です。LTE の開発、映像音声システムの開発とその評価、テスト駆動開発の経験がある方を優遇します。学歴では電気工学などの博士号が必要です。

---

通信用チップの製造会社なので、ネットワークの物理的（電気的）な信号を伝送する PHY レイヤーとその物理基盤を用いて通信を確立させる MAC レイヤーが担当になっており、ハードウェア寄りです。しかし、理論部分は当然ネットワーク工学的なものです。映像音声システムの経験が挙げられているのは、大容量の通信を必要とする主要なサービスのひとつだからです。

## ● ユーザインタフェースサイエンティスト（Computer Scientist, User Interface）

ユーザインタフェースはコンピュータとヒトの間で情報をやり取りする方法を規定するものです。

実務家である UI/UX デザイナー（1.7 節）は、使い勝手のわるいところを使いやすくするために既存のベストプラクティスやデザインガイドラインに頼ります。これに対し、ユーザインタフェースサイエンティストは新しいガイドラインや製品を生み出します。紙みたいに丸められる新ディスプレイのガイドラインはまだ存在し

ないわけですから、ユーザの挙動、作業時間、誤りを起こす確率、心理状態などを実験で測定したうえで、その適切な使い方を定めます。エルゴノミックキーボードやエルゴノミックペンと呼ばれる使いやすい製品もユーザインタフェースサイエンティストの成果です。会社単位で共通したユーザインタフェースガイドラインを定めるポジションもあり、その場合、管理職に近い上級のエンジニア職とほぼ同じ立ち位置になります。

ユーザインタフェースは学術的にはシステム工学、心理学・生理学、環境工学、人間工学、インダストリアルデザインなどを含む学際的な分野なので、要求される学歴や経験はばらつきがちです。プロトタイプの作成が求められる職場なら、GUIやデバイスのプログラミング、あるいはアプリケーションソフトウェアの開発技術も求められます。グラフィックデザイナーではないのでデザインのセンスは求められませんが、見栄えの悪いプロトタイプで上層部を辟易させないくらいの美意識はあってもよいでしょう。

オンライン店舗向けにモバイルアプリを作成するスタートアップ系ソフトウェア会社の求人例を次に示します。

---

開発段階のソフトウェアのユーザ経験を評価し、最終製品にその結果をフィードバックするユーザインタフェースサイエンティストを求めています。主な業務はデータの収集、そしてこれを量的質的に評価することです。所属は製品研究開発チームです。

応募者にはヒューマンインタフェースの方法論の知識と、必要に応じてプロトタイプも作成できる技能が求められます。実務経験は最低でも3年は必要です。学歴については人間工学、ヒューマンインタフェース、心理学あるいは関連分野の修士以上の学位が必要です。

---

ヒューマンインタフェースサイエンティストも他と同じく、仕事の中身が基礎寄りなのか実務寄りなのかは職場に応じて異なります。本例は、どちらかといえば実務に主軸が置かれたUI/EXデザイナー寄りですが、ユーザ経験の評価（測定実験）が含まれているところはサイエンティストの経験が求められます。

## 4.3 複合系

　複合系は、コンピュータ科学と他分野の情報や計算の側面が融合してできた研究分野です。特に自然科学は対象を数式や数値で扱うため、コンピュータとの親和性は高いです。計算化学や計算物理学などの分野は大学で専攻が設けられているように、以前から確立しています。また、対象をモデル化することで現象を明らかにする経済学や金融学などの分野でも、コンピュータの利用は盛んです。

● **計算化学サイエンティスト（Computer Scientist, Computational Chemistry）**

　化学の分野でも、コンピュータの力で複雑な問題を理論的あるいはシミュレーションで解くことが多くなっています。この化学の一分野は計算化学と呼ばれており、そのエキスパートの求人は農業、医療、製薬、バイオテクノロジーといった広い分野でみられます。たとえば分子の構造と性質を計算で解明することで、新しい素材や薬品を開発します。

　素材開発にせよ新薬の設計にせよ、コンピュータ技術に加えて担当分野の知識が重要です。もっとも、ポジションによってコンピュータと化学のスキルのバランスは異なります。ソフトウェア工学のウェイトが高い職では、エンジニアと組んで化学計算用のアプリケーションを開発したり改良します。要求されるのはシステム構

築、データベース、プログラミング、既存の計算化学用あるいはビジュアライゼーション用の情報処理パッケージや開発ツールキット、GPGPU を用いた高速コンピューティング、機械学習などの知識です。化学寄りなら化学者プロパーの知識ですが、職務が細かく分化されているため、たとえば実験は他のエキスパートに担当してもらえるなど、カバー範囲は狭くてもよいようです。

　化学を中心とした多国籍複合企業のポスドク（付録 B 参照）の求人例を次に示します。

---

　当社のポリマー開発を支援する計算化学サイエンティストを求めています。主な業務は分子動力学法を用いての拡散係数と誘電特性の特定、化学反応時のエネルギー特性の推定、低分子の構造の調査研究です。これらのタスクは新製品開発チーム、製造部門、および他の研究チームと連携して行います。

　応募者には化学、化学工学、物性科学の博士の学位と研究成果（学術論文等）が求められます。量子科学および固体物性シミュレーション用のパッケージ（VASP など）、高性能コンピューティング、Linux/Unix の経験も必要です。

---

VASP は物質を原子レベルでシミュレーションするアプリケーションです。科学分野ではこのように一般には知られていない固有のツールが山ほどあり、しかも単体ではなく他のアプリケーションとも連携しなければならないので、実務経験が重要になってきます。このポジションはポスドクなので、在学中にそんなツールを多用している先生のもとで修業していなければ難しいでしょう。

## ● 生物計算学サイエンティスト（Computer Scientist, Computational Biology）

生物計算学は生物学の問題にコンピュータ科学を応用する学問分野です。
製薬会社の求人例を次に示します。これはエントリーレベルの研究者のものです

---

　医薬品製造開発部門で用いられる分子生化学分析装置の操作業務で、自動実験手順および分析プロトコルのワークフローを設計できる研究者を求めていま

す。業務にはデータ分析およびモデル化もあり、また仮説を立てるなどして研究に参加してもらいます。

応募者には医用生体工学、分子生物学、生化学あるいは近隣の領域での博士号、そして数年のポスドク経験が必要です。自動化ソフトウェアをプログラミングするための SQL、R、Python、C/C++、Java などの言語、Unix の経験も必要です。

操作業務とワークフロー設計が主であるところから、初級レベルであることがわかります。ただ、研究への参加を求められているので、この分野を目指す新人研究者にはちょうどよいと思われます。

分析プロトコルとありますが、TCP/IP などの通信プロトコルは関係ありません。自然科学や心理学など実験を行う分野では、実験の手順や条件を指します。

分子生物学や生化学は生物学や化学の分野ですが、医用生体工学はコンピュータ科学あるいは工学の分野に入ります。たとえば、医療用機器やロボットの研究開発、あるいは生体信号（心拍や神経活動）の解析などがこれに含まれます。

生物と計算の順番をひっくり返した生物計算学（Biological Computing）という分野もあります。これは、DNA やたんぱく質などの生きた素材を使ってコンピュータ（biocomputer）を造る研究です。本書執筆時点では、産業界からの求人はみあたりませんでした。

## ● 社会科学系コンピュータサイエンティスト（Computer Scientist, Social Science）

Facebook や Instagram などのソーシャルネットワークサービス（SNS）からわかるように、情報技術は社会や人と人の関係に大きな影響を与えます。そこから、科学技術だけでなく人文学、哲学、社会学、法学、政治学といった伝統的に文系とされる分野との連携も深まっています。たとえば、コンピュータのある利用方法は倫理的なのか、プライバシー保護と情報の共有を促進させる有効な法はどういうものか、ソーシャルネットワークの口コミは広告戦略にどのような役割を果たすのか、政治への影響はいかなるものかなどの研究があります。通常は大学で探求される学術分野なため、私企業ではレアな職種です。

人工知能の独立研究機関（公的機関ではない）の求人例を次に示します。

AI 開発に関連したプライバシー、透明性と公正さ、経済に対する影響、社会と自動化、ガバナンスと説明責任、リスク管理、AI と道徳、AI の価値などの人文的側面を研究する学際的な研究者を求めています。研究成果は学術論文、内外の白書、レポート等の形で発表してもらいます。

応募者には政治学、社会学、哲学、経済学、心理学、人文学、データサイエンス、科学技術と社会といった分野の博士号と科学的な研究手法が求められます。現在も先端を走る研究者であることを証するため、著名学術誌掲載の論文が最低 3 本は必要です。そのうちひとつは単著でなければなりません。

人文系と理工系では研究手続きや手法が異なるため、人文系であっても理工系と同じ手法で研究をしなければならないことが明示されています。昨今の人文系も手法においては科学的なアプローチを取っている（と思う）ので、問題はないでしょう。

単著とは、著者が自分ひとりだけの論文や著書を指します。理工系の論文は一般に複数人で手掛ける共著が一般的ですが、人文系は単著が多いようです。なお、共著の場合、自身がメインの著者（筆頭著者）であるほうが評価は高くなります。論文には査読ありなしという判断基準もあり、ありのほうがポイントが高いです。査読ありはその論文が数名の同業者の手で内容の妥当性をチェックされたということで、品質保証です。

# 5

その他

　ここまで、コンピュータ技術と直接かかわる職業をピックアップしてきました。本章では、技術の色彩はあるものの、主な業務が技術そのものではない職を取り上げます。

## 5.1　技術マネージャ

　マネージャにはふたつのタイプがあります。ひとつは会社の組織構造にのっとった命令系統上のものです。いわゆる課長や部長などグループを取りまとめる管理職で、グループの目標設定とその達成状況の管理、部下の育成や査定に責任を負います。日本ではしばしばライン（命令系統）マネージャ、米では管理対象が人であることからピープルマネージャと称されます。もう一方は技術を管理するマネージャで、対象は製品や開発プロジェクトです。たとえばプロジェクトの進行状況をモニタし、必要ならばテコ入れを図ります。組織構造とプロジェクトチームが一致していれば両者は同じですが、異なる部署から集まった人員で構成される一時的なチームあるいはチーム群で開発を行う組織では、これらふたつのタイプのマネージャが必要になります。

　ピープルマネージャはもともとは関連部署で経験を積んだエンジニアだったこともありますが、マネージメントプロパーから登用された非エンジニアであることも同じくらい多いです。これら非エンジニア職は本書の守備範囲外なので、ここでは

199

後者のみ取り上げます。

　技術系マネージャは、年季を経たコンピュータ技術者の最終的な昇進先のひとつ
です。もちろん、生涯技術者という生き方を選ぶ人も多いのですが、マネージャの
ほうが給料がよいとか、後進の育成と取りまとめに専念したいといった理由から、
そちらに向かうわけです。

## ● プロジェクトマネージャ（Project Manager）

　製品開発などのプロジェクト（事業企画）が開始から終了まで支障なく実行され
るように監督する職です。日本語ではしばしばプロマネと略されます。頭字語が大
好きな米国では PM と略されることがありますが、後述の Product Manager ある
いは Program Manager と間違えやすいためにできれば避けてほしいところです。
ちなみに、英国圏で PM といえば Prime Minister（首相）がデフォルトです。

　伝統的なスタイルでは、プロジェクトの開始段階でプロジェクトの目的と範囲、
予算、そして最終的な成果物を明確化します。プロジェクトは細かいタスクに分割
して管理するので、この分割、タスク間の相互依存性の確認（タスク A が完了しな
いとタスク B が始められないなど）、タスク単位での人材や物資の割り振り、リス
ク分析を行います。実行段階では進捗状況をチェックし、計画と乖離してきたら追
加のリソースを投入したり時間を調整したりします。最終的には成果物の品質を確
認したのちに発注元に納入します。もっとも、昨今のソフトウェア開発はこのよう
な順序だったスタイルよりは、2 週間など短い単位で開発サイクルを回しながら状
況に応じて進路を修正するスタイルが多いため、そうした場合はそれにあったスタ
イルでプロジェクトを管理します。

　プロジェクト管理には専用の方法論、記法、ツールがあるので、これらに精通す
ることがプロジェクトマネージャの第 1 条件です。プロジェクト管理の授業や専門
のコースを提供する大学で学ぶこともありますが、プロジェクトに参加しながら学
んだり、米国プロジェクトマネージメント協会（PMI）のコースを受講するなどし
てこうした技能を身につけることも多いようです。PMI の提供するプロジェクト管
理者認定資格は PMP といいます。英国にも同等の組織があり、PMQ という認定資
格があります。いずれの資格も付録 A を参照してください。

　プロジェクトマネージャの責務はプロジェクトそのものの管理にあります。製品
仕様、納期、予算といった目的そのものの決定はプロダクトマネージャなど製品サ

イドに責任を持つ人の役割です。プロジェクトチームを管理するといっても、チームの水先案内人のような意味合いであって、労働時間、給与、評価といった人事的なものは含まれません（それはピープルマネージャの担当です）。その代わり、複数の、しばしばまったく異なる内容のプロジェクトを同時に担当することもあります。

　プロジェクトは人員や資金を集めて限られた時間内に所定の目的を達成する活動ですから、どの業界にもプロジェクトマネージャはいます。最も古典的なのは、橋やビルなどの建設関係でしょう。それぞれ得意とする専門分野もあり、たとえば軍艦の艤装を専門とするプロジェクトマネージャもいます。コンピュータ系プロジェクトマネージャに必要な固有の知識には、情報システム、ソフトウェア要件、ソフトウェア開発および製品ライフサイクルなどがあります。いずれもハイレベルなもので、プログラムを書いたりネットワークの問題を解決するといった直接的な技能は必要ありません。

　従業員 100 名以下の中小規模な IT ソリューションプロバイダ（IT システム構築の請負業者）の若手向け求人例を次に示します。

---

　契約締結から完了まで、プロジェクトが予定された期間内に完結するように管理する初級プロジェクトマネージャを求めています。主な業務はプロジェクトの開始、利害関係者（ステークホルダー）間の擦り合わせ、計画の作成、進行管理、人員や物資などリソースの調整、プロジェクトの範囲やスケジュールの変更、リスク管理、経営陣への報告、プロジェクト関連の文書作成、そして成果物が要求を満たしているかの最終確認です。いちどきに 10 本から 20 本のプロジェクトを担当してもらい、それぞれについて顧客との窓口となってもらいます。

　応募者には 1～2 年のプロジェクト管理の経験が求められます。かならずしも IT 関係である必要はありませんが、そうならばプラスです。また、当社の主力商品についての知識が必要です。

---

　最初の部分はプロジェクト管理の基本のおさらいみたいなもので、特に重要な情報ではありません。主力商品の知識が必要とありますが、この会社のサイト記載の

ざくっとした商品説明から製品の技術的な正体を感知するくらいに技術的な前知識があれば問題ないでしょう。

いちどきに 10 本から 20 本のプロジェクトは多いといえます。ソリューションプロバイダのような業種では、いちどきに対応する案件が小ぶりだが多めになりがちということでしょう。プロジェクトの実務は営業やコンサルタントなど第 2 章のシステムエンジニアが実行するので、進行管理だけなら担当可能という雇用側の判断だといえます。

次の求人は上級者向けで、大手ソフトウェア製品会社のコンサルティング部門のものです。

---

大規模かつ複雑なプロジェクトを高い機動性で管理し、指定の時間と予算で完遂できる上級プロジェクトマネージャを求めています。対象のプロジェクトは当社コンサルティング部門が携わる外部顧客の案件で、主としてシステム構築とアプリケーション開発です。顧客へのプレゼンテーションも必要です。契約締結前には営業チームを支援し、要件の洗い出し、潜在的なニーズの掘り起こしに努めます。プロジェクト開始後はリスクを管理し、発生する問題に対処します。開発部門には、プロダクトマネージャを通じて製品の要求機能に寄与します。コンサルティング部門やパートナー会社には技術的な指導を提供します。

応募者には、最低でもコンピュータ科学あるいは技術系の学士、10 年以上の経営情報システムあるいはそれに類したシステムの経験、法人顧客へのサポート業務に対する理解が求められます。プロジェクトマネージメントプロフェッショナル認定（PMP）、プロジェクト管理に対する深い造詣と長年の経験、特にコンサルティング部門固有の要求にかかわる知識が必要です。また、顧客のビジネス上の問題を技術に落とし込み、経営陣とビジネス上あるいは技術上の問題について討議できる知識が必要です。プロジェクト管理ツールには Microsoft Project を使います。

---

要求条件に示されているように、専門分野は経営情報システム（MIS：Management Information System）です。MIS は集めたデータから経営上の判断

に役立つ情報を抽出あるいは可視化するシステムで、エンタープライズソフトウェアシステム（2.4節）の一種です。

Microsoft Project は Excel をカスタマイズしたようなプロジェクト管理専用のツールで、昔は主流でした。最近はクラウド系のものがほどんとです。

## ● プロダクトマネージャ（Product Manager）

開発部隊の技術的なトップです。この職名はコンピュータ系以外のポジションでもよく用いられるため、テクニカルプロダクトマネージャとすることで業務が技術的なことを明示することもあります。

プロダクト（product）はその会社が製造販売する製品あるいはサービスを指します。プロダクトマネージャはこれらのプロダクトの将来像とそれを達成するための戦略を定め、その戦略にのっとって、企画からリリースまでの開発サイクルのすべての段階で開発部隊のかじを取ります。これには、製品に盛り込む機能の優先順位の決定、市場の動向や収益性の予測、マーケティング戦略、どのプロダクトをどういう順にリリースしていくかのロードマップの策定といった業務が含まれます。

プロダクトの開発はプロジェクト単位で行われますが、その管理は前項のプロジェクトマネージャが担当します。プロダクトマネージャは報告を受ける立場であり、プロジェクトの実行や進行の管理はしません。プロダクトマネージャは通常、会社が生産する複数のプロダクト（製品）のひとつふたつを担当します。製品間の整合性や相乗効果といった複数のプロダクトの取りまとめは、次項のプログラムマネージャが担当します。

プロダクトマネージャは、取り扱う製品そのものの知識とそれを達成するために必要な技術に詳しくなければなりません。しかし、かならずしもその会社の製品群に精通していることは求められません。このレベルになると、ハイレベルなアーキテクチャ、仕様、機能、そして現在の技術や市場環境が把握できていればよいのです。技術については、将来的に利用可能となるであろう技術にもアンテナを張っていなければなりません。たとえば、今は Java が流行っているが近い将来には Go が主流になるであろうから、5年後から製品の主要言語を Go に移行するという判断をします（あくまで例です）。これに加え、マーケティング、営業、サポートなど他部署との折衝といったソフトスキルも重要です。

製品開発から昇進することもありますが、技術畑ではあるが、管理や経営などの

**5** その他

ビジネス部門で働いてきた人にも適した職種です。

コミュニケーションツールを開発するソフトウェア会社の求人例を次に示します。

---

　担当製品のゴールと開発に必要なリソースを定め、開発開始の段階からリリースまで複数のチームを率いるプロダクトマネージャを求めています。主な業務は、当社の基本方針、他の製品との整合性、開発リスク、ユーザやセキュリティ上の要求を勘案しながら、製品のアーキテクチャを定めることです。このとき、他のプロダクトマネージャや開発部隊と共同し、現在の製品だけでなく、将来へのインパクトも考慮します。開発時には、複雑で相互依存性のあるシステム上の問題の解決に寄与します。

　応募者には 5 年以上の大規模な製品開発プロジェクト、戦略的な意思決定にかかわる業務の経験が必要です。また、システムソフトウェアアーキテクチャ、機能とそれらの相互依存性の分析手法、設計方法、開発計画といった開発にかかわる手法に通じていなければなりません。コンピュータ科学あるいは関連分野の学士が求められます。

---

エンジニアから管理職へのキャリアパスはいくつかありますが、この求人ではソフトウェアアーキテクト（1.1 節）のバックグラウンドがあるとよさそうです。

### ● プログラムマネージャ（Program Manager）

プログラマを監督する職ではありません。この program はコンサート演目の「プログラム」と同じ意味で、ビジネス上の目的を達成するための複数のプロジェクトのリストです。これらのプロジェクトは、あるプロジェクトの成果をもとにしなければ次のプロジェクトがスタートできないなど、相互に関連しています。しかし、それぞれが独立に進行しているプロジェクトを担当するプロジェクトマネージャでは、全体的な調整が取れません。たとえば、ヒトとカネなどリソースの取り合いが発生するかもしれませんし、情報が円滑に共有されないかもしれません。全体の目的や方針を定め、プロジェクト間を調整するのがプログラムマネージャです。

プログラムとプロジェクトの違いはわかりにくいので例を示します。ある教育機関が、卒業生の IT 業界への就職率を高めるという目的を立てたとします。この目

204

的そのものがプログラムです。プログラムには、ネットワークアクセスを便利にする、最新のアプリケーションや実習環境をそろえる、オンライン図書を拡充する、業界経験の豊富な教員を登用する、セミナーを定期的に開催するなど、目的達成に必要な活動がいくつかあります。このように、プログラムの目的を管理可能な活動に分解したときのそれぞれの要素がプロジェクトです。それぞれのプロジェクトの成果物を有機的に結び合わせると、最終的にプログラムの目的が達成され、プログラムが完了します。

　主な業務がプログラムそのものの設計であるため、プログラムマネージャには新規ビジネスを創出する起業家の素質と経営者の力量が求められます。実行には開発プロジェクトが必要であるため、開発ライフサイクルやプロジェクト管理に通じている必要もあります。新規のコンピュータプロダクトを生み出すのですから、コンピュータ全般の知識はもちろん重要です。全組織的に活動するところから政治力、人間力、組織力などのソフトスキルも必要です。前述のPMI（米国）やAPM（英国）が提供するプログラムマネジメント関係の認証資格もあり、これが求められることもあります（付録A参照）。

プログラムマネージャは、経験を積んだプロジェクトマネージャやプロダクトマネージャから登用されることが多いようです。製品全体を統括することからアーキテクトから進んでくる例もあります。

スマートフォンハードウェア製造会社のアプリケーション開発部門の求人例を次に示します。

---

アイデアを形にし、技術を発展させ、創造的な製品および機能を世に出すことのできるプログラムマネージャを求めています。主な業務は移動体通信機用アプリケーションの要求定義、開発、リリースまでのライフサイクルの管理、市場のニーズと顧客の要望の取りまとめ、製品の将来像とそこに至る戦略の策定です。要求定義ではユーザ経験部門、デザイン部門、開発部門と協調しながらユーザインタフェース上の問題に責任を持ちます。機能と開発期間のバランスを適切に取るのも重要です。

応募者にはコンピュータ科学あるいはそれに類する学位、3年以上のコンシューマ向けプロダクトの管理経験、3年以上のモバイルアプリケーションアーキテクチャの実務経験、3年以上のユーザインタフェースデザインの経験が必要です。3年以上のプロダクトマネージャの経験があれば、経験のある製品のタイプは問いません。

---

経験で製品タイプを問わないところから、実務的な技術詳細よりハイレベルな製品開発の方針と手法が重要であるところもこの業務の性格を示しています。ただ、ユーザ経験（1.7節および4.2節）とデザインが要求条件に挙がっているので、広義な意味でのプロダクトデザイン関連であることが必要なようです。

## ● IT 変更管理マネージャ（Change Management Manager）

変更管理（change management）は情報システムを変更するときの手法、プロセス（手続き）、ポリシー（方針）を指します。

情報システムは問題解決のための修正、効率化のためのチューニング、OS アップデート、経営陣から要求される機能変更（たとえば新料金プランへの対応）といった要求からしばしば変更されます。当然、ひとつの変更が他の機能に悪影響を及ぼ

すこともあるため、変更要求および変更内容はシステマティックな方法で管理され
なければなりません。もちろん、現在の変更方法に問題があればこれを修正するな
ど、よりよい方法を常に探す必要もあります。方法や方針の変更があれば実務担当
者に周知し、必要に応じてトレーニングを提供しなければなりません。こうした変
更管理方法の策定、そして変更そのものの実施と監督をするのがIT変更管理マネー
ジャです。

　IT変更管理マネージャは多種多様な業務システムに通じていなければなりませ
ん。これは、情報システムの変更にかかわる情報が、システムの問題の所在を示
すログサーバ、ユーザから上げられてきた問題の管理ツール（チケット処理シス
テム）、バグ管理ツール、ソフトウェアおよび設定変更の情報を収容した変更管理
ツールなど、各所に分散しているためです。もっとも、システムエンジニアレベル
の詳細知識は必要ありません。

　変更管理の具体的な要求条件やプロセスは、ITILというIT運用管理（サービス
マネージメント）の教本に詳しく示されています（付録A参照）。逆にいえば、こ
の本に示されている手法を具象化できる人材が変更管理マネージャともいえます。

　情報通信サービス提供会社の求人例を示します。

---

　変更管理プロセスの設計、拡張、改定を担当する変更管理マネージャを求め
ています。プロセスはITILで定められたITサービスマネージメントの手法に
準拠し、数値で達成率を測れるように設計します。これに加え、作成したプロ
セスをチームメンバーおよび関係者に周知し、必要なトレーニングも実施しま
す。変更管理に対する要求への対応、週1回の変更管理レビューミーティング
の主催、経営陣へのレポート作成も担当してもらいます。

　応募者には3年以上のITIL変更管理プロセス業務の経験、2〜3年の電気通
信業界あるいは軍の通信系職種での勤務経験、そして学士の学歴が求められま
す。ITオペレーション、ネットワークシステム、システム工学、開発、品質管
理（QA）の業務経験があればプラスです。ITシステムについては、ルータや
仮想化メカニズムなどデータセンターに配置された各種システム、ネットワー
クシステム、アプリケーション、データベースといった要素技術の基礎知識が
必要です。レポート作成の経験も必須です。

変更管理には、ソフトウェア開発における仕様変更など開発工程管理という意味もありますが、これらについては 1.6 節を参照してください。ネットで検索すると、個人、チーム、組織、社会を現在の状態から望ましい将来の状態へと変換させる体系的な手法というビジネス啓蒙書の惹句みたいな定義が出てきますが、これはコンピュータ技術職とは関係ありません。

## ● 最高情報責任者（CIO：Chief Information Officer）

その会社の情報技術全般の責任を負う、IT 部門のトップです。最高デジタル責任者（CDO：Chief Digital Officer）、最高技術責任者（CTO：Chief Technical Officer）といった呼称の職もこれと同じです。取締役クラスなので、IT 担当取締役のような呼ばれ方もします。蛇足ですが、最高投資責任者（Investment）も最高イノベーション責任者（Innovation）も略せば同じ CIO です。

会社が IT システムを利用するのは、今までより効率よく儲けるためです。どの IT システムをいつどのようなタイミングでどの程度の規模でどこに投入すればどれだけ収益が上がるのかを判断するのが CIO です。そして、その目的を達成するため、方針や取扱手順、開発や設置の計画、IT 予算の管理、リスク対応、人的資源の採用および割り当てといった諸活動を管理します。予算管理は特に重要で、投資に対して得られる利得を最大化しなければなりません。リスク対応の責任も重く、顧客情報の漏洩があれば一番に矢面に立たされます。CIO は経営者のひとりです。しかし、同じ経営陣であってもビジネス一本やりの人たちは（たいていはそれほど）IT に精通していないので、彼ら（とその部門）と IT 部門を橋渡しするのも CIO の役目です。

経営者に求められる資格同様、CIO の要求条件にも明確な定義はありません。コンピュータ科学を学んだエンジニア上がりもあれば、経営学を修めたビジネスマン／ビジネスウーマンのこともあります。システマティックな管理能力が問われるので、プロダクトマネージャやプロジェクトマネージャから登用されることもあるでしょう。IT を使って仕事のやり方をより効率的に一変させることから、仕事の手順と IT を結びつけるビジネスアナリストの背景が役立つこともあるでしょう。情報管理に ERP（2.4 節）の経験も有用と思われますが、調べた範囲では求人条件としてはそれほど強いものではないようです。

米国のとある大都市の CIO の求人例を次に示します。

5.1 技術マネージャ

　当市のビジネス、市民、訪問者を支援する情報通信システムインフラストラクチャおよびサービスを統括する最高情報責任者を求めています。目的は市組織の効率を技術によって高めるところにあります。そして、これを達成するため人事、調達、予算、プロジェクト管理、イノベーション、インフラストラクチャの設置と維持管理、開発手段の標準化、技術全般にかかわる方針の策定、利用可能な技術の調査研究といった幅広い管理運用業務と、市長が定める全体的な方針にもとづいたこれらの活動の戦略的計画の策定を担当してもらいます。当市は現在、既存のシステムの刷新を考えています。CIO は現在のシステムを継続的に利用できるようにするとともに、新システムを支障なく導入できる計画を立案しなければなりません。また、市のスポークスマンとして技術の重要性を市民および他市に訴えなければなりません。

　応募者には大規模なコンピュータシステムの 10 年以上の管理経験が求められます。このうち 6 年は上級の管理職としてのものでなければなりません。学歴としては最低でも情報システム管理、コンピュータ科学、行政学、経営学などの学士が必要です。

　求人条件が他よりもさくっとしているのは、上記のとおり、資格要件が定義しづらいのと業務内容が多岐にわたりすぎることの現われです。なお、公共機関の職員、つまり公務員だからといって、米国では公務員試験があったり一生の身分保障があるわけではありません。門戸は普通の会社と同じく一般に開かれています。

## ◢ CIO になるための 5 つのステップ ◣

　とあるビジネス系ウェブ新聞に「CIO になるための（そう簡単ではない）5 つのステップ」という記事がありました。5 つのステップは次のとおりです。

- コンピュータ科学あるいは関連分野の学士を取得します。
- プロジェクト管理の経験と認定資格を得ます。
- 自分の専門分野をひとつふたつ定め、その技能を磨き、認定資格を取得します。
- IT ガバナンスとリスク管理の実務経験を積みます。

209

**⑤** その他

● 経営学修士（MBA：Master of Business Administration）を取得します。

米国では近所のコミュニティ大学やオンラインコースで必要単位だけ取得できるので、仕事をしながらでも大学で学びなおすことができます。早朝から終電まで、土日込みで働くことも多い日本のコンピュータ業界では難易度の高いアドバイスです。

# 5.2　文書・デザイン

コンピュータシステムの背後にはかならず文書（ドキュメント）があります。操作手順書、ユーザマニュアル、ホワイトペーパー、設置および運用ガイド、トレーニング用教材、Q&Aなど直接ユーザが利用するものもあれば、開発ロードマップ、コーディング標準、設計図、ネットワーク構成図、テスト手順書といったエンジニアリング部門に必要なものもあります。製品やサービスそのものにかかわるものだけでなく、プロジェクトの目標や範囲を示す文書やマーケティング文書もあります。これらをわかりやすく記述し、システムの更新にあわせて改定をするには、技術だけでなく文書作成に長けた人材が必要です。グローバルに展開されている製品やサービスならば、各地域の言語に翻訳する人もなくてはなりません。

## ● テクニカルライター（Technical Writer）

技術的な内容をわかりやすい文章に起こす職種です。対象となるドキュメントは本節冒頭で述べたように多岐にわたります。媒体もPDFも含めた紙のドキュメント、ウェブコンテンツ、SNSやウェブフォーラム、ビデオコンテンツなど幅広くなっています。

媒体の多様化にともない、デジタルコンテンツクリエータ（Digital Content Creator）、コンテンツ開発者（Content Developer）、コンテンツデザイナー（Content Designer）といった職名も用いられるようになってきました。エンドユーザに着目しているときはユーザ経験ライター（UX Writer）、マーケティングに着目しているときはテクニカルコミュニケータ（Technical Communicator）などのタイトルも使われます。プログラムや設定例を含む文書ではサンプルを自力で書く特

210

5.2 文書・デザイン

殊なケースもあり、その場合、プログラマライター（Programmer Writer）のように プログラミング技能が求められることをはっきりと示す職名が用いられます。

いずれにせよ、基本は他者に情報を伝える文章を書く職です。

文章を書くといういわゆる文系的な職種なので、まずは語学力と編集技術が要求されます。ドキュメントにはたいてい社内の文書標準があるので、これに遵守した規律正しい文章を書く能力もいります。開発者が技術偏重で書いた文章を読み解き、一般にもわかりやすく書き直さなければならないため、技術が理解できなければなりません。しかし、本人が技術者である必要はありません。ウェブ向けのドキュメントでは、画面設計などユーザインタフェースに関する知識やビデオ編集作成の技術が求められることもあります。

情報技術では、ウェブを対象とするときは PDF、XML、HTML、CSS、 Markdown 言語などの電子ドキュメント技術に詳しくなければなりません。その職場で使用している各種のツール群、たとえばデジタルパブリッシング用ツールならば InDesign や Illustrator、ウェブ作成なら Dreamweaver や WordPress、管理ツールなら GitHub、ドキュメント管理プラットフォームなら Microsoft SharePoint などの経験が求められることもあります。教育目的なら、学習管理システム（LMS： Learning Management System）の経験があるとよいでしょう。

製品と直接関連している文書の作成なら、開発部門に属するのが一般的です。教育目的ならサポート部門や営業部門でしょうし、SNS を含む対外広報が主体ならマーケティング部門もあります。

特に必要とされる資格はありません。過去の実績から実力を示すには、文書なり書籍なり、形として残るような業績を積み上げておくと有利です。ライターは製品やサービス全体の意図と構造を把握しなければならないため、システムエンジニアから移籍してくることもあります。むろん逆もあり、コンピュータ系編集者からネットワーク機器の技術営業に転職する例もあります。

ネットワーク製品を製造する会社の開発部門の求人例を次に示します。

複数のドキュメントプロジェクトを管理し、ライティングチームを率いる上級レベルのテクニカルライターを求めています。プロジェクトではソフトウェアエンジニア、担当分野の専門家、ユーザ経験デザイナー、プロダクトマネー

211

ジャと密に連絡を取ってもらいます。対象は当社製品群のガイド、ヘルプ、ビデオ、補助的な文書、ハウツー文書などで、これらを製品リリースのタイミングとあわせて発行します。

応募者には業界標準のパブリッシング技術および方法論、当社製品の特長であるセキュリティおよびネットワークの技術の知識、6年以上のテクニカルライティングおよび5年以上のコンピュータ業界での経験が必要です。学歴にはテクニカルライティング、英語（この会社の公用語）、あるいは関係する分野の学士以上が求められます。

ここではセキュリティおよびネットワーク技術の知識が求められていますが、技術者ではないので自分で暗号鍵を生成する経験までは問われません。ロシア語通訳でエッセイストの米原万里が、会話に出てくると想定される専門分野の知識を会談前に集中して詰めこみ、あとで忘れてしまうといった旨のことを言っていましたが、そんなものでよいのです。

## ● ローカライゼーションスペシャリスト（Localization Specialist）

画面やコンソールに表示されるテキスト、マニュアルの文言、通貨記号や日付フォーマットなどを言語Aから言語Bに翻訳する作業を担当します。ローカライゼーションは使用する地域にあわせるという意味で、訳せば地域化です。

ローカライゼーションスペシャリストは言語の翻訳そのものは担当しません。それは次項の翻訳家の仕事です。また、プログラムを各種言語に対応させるソフトウェアアーキテクチャの開発は国際化エンジニア（1.7節）の役割です。

では、何をするかといえば、翻訳家ではわからない技術的なニュアンスをなおす、言葉の品質管理です。たとえば、「select T from table」が「表からTを選択」と訳されていたら、もとに戻します。SQLのコマンドだからです。もちろん、データベースの文脈でなければ既訳で適切です。専門語の用語集の編纂も重要な役割です。ウェブのrequestが要求なのかリクエストなのか、computerはコンピュータなのかコンピューターなのか、表記にぶれがないようにしなければならないからです。ソフトウェア上の問題を国際化エンジニアに報告するのも業務のうちです。たとえば、2018年1月12日が「12日1月, 2018」と表示されていたら修正依頼

を上げます。

　必要なのは、まずは翻訳元と翻訳先の言語の知識、それと対象分野の知識です。たとえば Unix 製品のローカライゼーションには、Unix の実際的な経験が必要です。もっとも、なければないでググりまくるという手もないわけではありません。

　コンテンツの開発管理には作成、保存、変換、配送といった一連の処理をつかさどるパイプライン型の開発システムがしばしば用いられますが、この担当もローカライゼーションスペシャリストと呼ばれます。この場合、システムを操作するという点では IT オペレータ（3.1 節）あるいはシステム管理者（3.2 節）、問題発生時の対処という点ではサポートエンジニア（3.3 節）と同じ業務内容です。

　ゲーム製造販売会社の求人例を次に示します。訳は英語から韓国語です。

　当社のゲーム、ウェブコンテンツ、マーケティング資料、その他文書などを韓国語にローカライズするローカライゼーションスペシャリストを求めています。業務には用語集やスタイルガイドの維持管理も含まれます。また、韓国語の声優のキャスティングから始まり、オーディオデータの校正、編集なども行います。問題があれば報告を上げます。

　応募者にはネイティブクラスの韓国語と流暢な英語、また優れた文章能力が求められます。作業で必要になる翻訳支援ツールやバージョン管理システムの経験も必要です。ゲームは SF あるいはファンタジー系が主体なのでこのジャンルの知識を有し、そして何よりも本人がゲーマーでなければなりません。

　翻訳支援ツール（CAT：Computer Assisted Translation）は、翻訳者が一貫性のある訳文を高速に生成するのを支援するソフトウェアです。たとえば、同じような文と過去訳があれば新規の文でもある程度までは自動的に翻訳する、用語集を参照することで専門用語を適切にあてるなどの支援をしてくれます。たとえば、「This is a pen」が「これはペンです」と訳してあれば、「This is a desk」を「これは机です」と推薦してくれます。最も有名なアプリケーションは SDL Trados です。なお、こうしたツールはあくまで支援であり、訳すのは人間です。Google の機械翻訳とは目的が異なります。

## ⑤ その他

● **翻訳家（Translator）**

言語 A を言語 B に翻訳する職です。

技術文書と小説などの一般的な文書の大きな違いは、前者では原文を変更することもあるところです。村上春樹が、小説中でフォルクスワーゲンビートルのエンジンが前に積まれていたら、それがその世界では正しいのでそのまま訳す、という旨のことを言っていましたが、技術文書では、現実どおりにリア置きに訳しなおします。

コンピュータ技術系の翻訳では、コンピュータ技術に明るいことが望まれます。また、そのように条件に明記してある求人もあります。しかし、必須ではありません。技術的な意味も表記のぶれも少し調べればわかりますので、翻訳ならそれで間に合います（間に合わせます）。それよりも語学力です。逆にいえば、要求条件はそれだけともいえます。翻訳には日本語から英語（日英）、英語から日本語（英日）のように方向がありますが、やるのはたいていどちらか一方向です。どちらもできるのはかなりのバイリンガルで、レアな人材です。

翻訳家は正社員もないわけではないですが、他職と比べて外注業者や契約社員が多いのが特徴です。

日本のゲーム関連会社の海外支社の求人例を次に示します。これは契約社員職です（期間は明記されていません）。

---

Jira、Confluence、Redmine 上の設計仕様書、技術文書、アートおよびサウンドのレビュー文書、フローチャート、ツール類、プレゼンテーションスライドなどのドキュメントおよび通信文を日英および英日で翻訳する翻訳者を求めています。

応募者にはビジネス環境での 3 年以上の日英および英日翻訳の経験、読み書きともに流暢な日本語と英語が必要です。技術的には Microsoft Office が求められます。

日英と英日の両方向が求められているところから、翻訳技術的にはかなり難易度が高いです。また、翻訳対象の文書から開発者が読者と予想されるため、ソフトウェア開発にも詳しくなければなりません。ますます難易度が高いです。

Jira は本書でもよく出てくる開発プロセス支援ツール、Confluence は企業内で利用するウィキ（参加者が読み書き編集できるウェブベースの掲示板）、Redmine はプロジェクト管理システムで、いずれも関係者間で情報を共有するためのツールです。おそらく、日米に分かれた開発拠点間のコミュニケーションを円滑にするのが目的でしょう。

## ■ 言語の熟達レベル ■

言語関連職では、「流暢」や「ネイティブ並み」といった語で対象言語の熟達レベルが示されます。これらは単なる形容ではなく、学業成績の優良可不可のような評価基準を伴う区分であり、米国などマルチリンガル環境では能力判断のための標準も用意されています。表 5.1 に示すのは、米国連邦政府が用いている ILR（Interagency Language Roundtable）スケールと呼ばれる 6 段階のレベル分けです。和訳は筆者らによるもので、正式なものではありません。また、ILR 以外のソースから得た、求人でよく用いられる英説明語も併記しました。

**表5.1●言語熟達レベル**

| レベル | 説明 |
|---|---|
| 5 | ネイティブレベル（native or bilingual proficiency） |
| 4 | プロレベル（full professional proficiency, fluent, near native） |
| 3 | 業務実用的な能力（professional working proficiency, excellent, highly proficient in spoken and written language） |
| 2 | 実用的な能力（limited working proficiency, good command） |
| 1 | 基礎能力のみ（elementary proficiency, basic communication skill） |
| 0 | 能力なし（no proficiency） |

5 その他

　これによれば、英語から韓国語の翻訳を担当する前項の求人例の韓国語レベルは
5（native）、英語は 4（fluent）です。これは、翻訳元言語よりも翻訳先言語が重要
視されていることを意味しており、翻訳先の能力のほうが訳文の品質に寄与すると
いう翻訳業界のコンセンサスと一致します。

　本項は英日どちらも 4（fluent）です。英日と日英をどちらもこなす条件のため、
低めに設定していると思えます。文書そのものよりも開発者のコミュニケーション
の支援が目的と思われるので、品質はさほど重要ではないのでしょう。海外製品の
日本語訳マニュアルは何を言っているのかよくわからないときがありますが、エン
ジニアなら文脈から読み取ってくれますからね。


## ● UI/UX コピーライター（UI/UX Copywriter）

　宣伝文句（copy）の書き手（writer）というと、広告代理店の仕事と思うかもし
れません。確かに、製品ができあがったあとで消費者が飛びつきそうな惹句をマー
ケティング部門がひねり出すというのが、伝統的な製品開発の流れでした。

　しかし、製品やサービスは急速にデジタル化、ソフトウェア化、ウェブ化、アプ
リ化しています。潜在的な顧客が最初に触れるのは、販売促進を目的としたテレビ
や新聞の広告ではなく、実際のサービス画面であることはネットではもう一般的で
す。アプリも、ダウンロードしてから購入するか考えるのが日常です。そんなアプ
リで、メニュー項目の意味がわからなかったことはないですか。もっとひどい場合
には、アプリ自体の目的があいまいなことすらあります。それは的確かつシンプル
な言葉で機能や目的が表現されていないからです。そこで、ユーザが製品の良し悪
しの判断基準とする画面上の文言、メニュー項目、ヘルプ画面といった文章にかか
わる UI（ユーザインタフェース）および UX（ユーザ経験）を開発段階で設計する
ことも多くなってきました（1.7 節参照）。これが UI/UX コピーライターの起源で
す。製品の企画からリリースまでのサイクルが早くなり、後追いでコピーを考える
のでは間に合わなくなってきたこともこの職の広がりを後押ししています。

　もっとも、新進のカタカナ職名であるため、本場米国でも定着しているとはいい
がたい模様です。それでも、大手ハイテク企業では盛んに求人するようになってき
ています。対象がオンラインサービスであることも多いため、オンライン経験デザ
イナー（Online Experience Designer）と呼ばれることもあります。ユーザ経験は

製品が受け入れられるか否かに大きく影響する重要な設計要素であるため、プロダクトマネージャレベル、場合によっては取締役レベルのポジションが用意されることもあります。

　UI/UXコピーライターはやはり、もともとはコピーライターなどマーケティング系の技能を有した人がなることが多いようです。ウェブデザイナーなど中身（コンテンツ）を作成するポジションから移ってくることもあります。グローバル化に伴い、同じウェブやアプリが各国語対応になっているのは当然なため、国際化対応のエンジニアやライターから引っ越してくることもあるでしょう。いずれにせよ、並みならぬ言葉のセンスが求められます。コンピュータ技術そのものについてはエンジニアほど詳しくなくてもよいですが、検索エンジン最適化（次項）の方法論を理解する程度の技術力は求められます。

　ウェブ求人情報サイトを運営する会社の求人例を次に示します。

---

　プロダクトマネージャ、研究開発部門、UXデザイン部門、ローカライゼーション部門、経営陣と協力しながら、まだ汲み上げられていないユーザニーズを掘り起こし、これを解決する方法を提案できるUXコピーライターを求めています。主な業務は既存コンテンツの見なおし、コンテンツ評価、コンテンツをサイト全体で統一できるようにする作業（ライブラリ作成も含む）、検索エンジン最適化、米国障害者法などコンテンツにかかわる関連法に準拠しているかの確認です。また、当社のデザインガイドラインとコーポレートアイデンティティ指針にのっとって、ウェブおよびモバイルアプリ向けに明晰にして簡潔な文言、直感的にわかりやすい指示文、ヘルプ、メニュー項目を生み出してもらうウェブコンテンツコピーライター業務も担当してもらいます。対象プラットフォームはタッチ式インタフェースなど多岐にわたります。

　応募者には最低でも5年のウェブコンテンツおよびユーザインタフェーステキストの業務経験が必要です。求められる学歴は英語（この会社の公用語）、広告、マーケティングなどの学士です。優れた文章作成能力と編集技術はいうまでもなく、ウェブ設計の方法論、HTMLやGoogle Docなどの技術、ソフトウェアテストの方法論（A/Bテスト法）、検索エンジン最適化の原理といった情報技術にも詳しくなければなりません。多国語が操れるならプラスです。

---

すべてのコンテンツに統一感を与えるには用語の統一が欠かせません。上記のライブラリ作成はこのための用語辞書の作成や改定作業を指します。

米国障害者法（ADA：The Americans with Disabilities Act）は障害者に対する差別を禁じる法です。雇用やサービスの提供に適用されるだけでなく、障害者が機器の使用で不利益を被らないようにするアクセシビリティ（日本語ではバリアフリー）にも触れています。ウェブや電子機器では、音声認識や文字の読み上げ、映像字幕、マウスやタッチパネルを使わなくても操作できる技術がこれに該当します。

要求条件にあるA/Bテスト法とは、ウェブコンテンツを現在版（A）と将来版（B）のように2種類用意し、それらに顧客が分散してアクセスするように仕向けるテスト方法です。期待していたユーザビリティやユーザ評価の向上が将来版で観測できれば、これが以降正式版となります。効果が得られていなければ将来版は閉じられ、現在版が継続して用いられます。特別な環境を用意せずに実環境でテストでき、被験者を募る必要がなく、また結果がよければそのまま正式版に移行できるため、ウェブサイトでよく用いられる方法です。

## ● SEO スペシャリスト（SEO Specialist）

検索エンジン最適化（SEO：Search Engine Optimization）は、Googleなどの検索エンジンで自社のサイトが検索結果の上位にくるようにウェブサイトのコンテンツを調整する作業で、マーケティング関係者には必須のテクニックです。たとえば、他サイトと相互にリンクを張り合う、よく検索されるキーワードを用意する、文中のキーワードを所定のHTMLタグでくくる、画像には検索可能な文字情報を付加する、頻繁にアップデートすることで常に新着情報らしくするなどの小技があります。

検索キーワードから関連する度合い（ページランク）を計算するアルゴリズムを理解するには、コンピュータ科学および数学の知識が必要です。また、アルゴリズムは公開されていないものも数多くあるため、リバースエンジニアリングも必要です。しかし、職業としてのSEOスペシャリストはサイエンティストでもエンジニアでもありません。原理を理解してではなく、経験則的に得られた方法論でウェブサイトにSEOを施し、アクセス統計を解析し、次のキャンペーンなどに結果を利用するマーケティングの専門家です。HTMLやCSSなどがわかれば技術的には十

分です。難しい話は各種の便利ツールがやってくれます。

アパレル会社の求人例を次に示します。

当社のウェブサイトが検索の上位にくるようにコンテンツを開発、管理するSEOスペシャリストを求めています。主な業務はタイトルタグやメタキーワードの付加、XMLサイトマップの作製、戦略的なリンクの構築、有効なキーワードの調査です。また、SEOの立場からサイトのアーキテクチャ、サイト内検索の性能向上、商品データの付加情報の作成にも寄与してもらいます。

応募者には検索エンジン、クロウラー、サーチエンジンマーケティング、そして最近のマーケティング事情に詳しいことが求められます。ウェブ技術ではHTML、CSS、JavaScript、Google Search Console、Google Analytics、Bing Webmaster Tools、SEMrushの利用経験が必要です。コンテンツやコピーの作成、編集、校正、内容チェック、まとめ作成などライティング系のバックグラウンドがあればプラスです。学歴は学士以上、ビジネス系あるいはマーケティング系専攻を優遇します。

クロウラー（crawler）はウェブサイトに周期的にアクセスすることで、サイト情報を検索エンジンのデータベースに収録するソフトウェアです。ロボットやボットともいいます。サイトについて知ってほしいことをクロウラーに伝えるのもSEOのテクニックのひとつです。サーチエンジンマーケティング（SEM: Search Engine Marketing）は検索エンジンを使ったマーケティング手法の総称で、たいていは検索連動型の広告を指します。Google Search ConsoleなどはSEOのための便利ツールです。

## ● テクニカルアーティスト（Technical Artist）

テクニカルアーティストは、ゲームなどビジュアル重視のデザインが正しくソフトウェアで表現されることを保障する職です。いってみれば、アートとエンジニアリングの間を取り持つ、開発部隊に属するクリエイティブ職です。

2D/3Dモデリング、テクスチャ（模様）、レンダリング（数値データから実際の画面を生成）、シェーダー（グラフィックスに陰影を加える）、レイトレーシング

# 5 その他

（光の反射や映り込みなど写実的な映像の生成）、特殊効果（エフェクト）などコンピュータグラフィックスにかかわる技術の経験が求められるのはいうまでもありませんが、開発者と話ができるくらいのコンピュータ技術も必要です。

　細かい話は飛ばして、具体的な職務内容が読み取れる求人例を見てみましょう。以下はゲーム製造販売大手のものです。

---

　ゲームアーティストとエンジニアの間を橋渡しするテクニカルアーティストを求めています。主な業務は、Unity でのアートアセットの実装、制作パイプラインの問題解決、アーティストへの技術的な助言、作成手順書の記述、ゲームパフォーマンスの向上などです。

　応募者には、ゲームスタジオでの 1 ～ 3 年のゲーム開発経験が必要です。学歴にはコンピュータ科学、芸術などの学士が求められます。必須技術はUnity、2D グラフィックスソフトウェア（Photoshop）、2D グラフィックスアニメーションソフトウェア（After Effects、3ds Max あるいは類似のもの）、3Dグラフィックスソフトウェア（Maya）、バージョン管理システム（CVS など）、プログラミング言語数種（C#、JavaScript、Python）、UI/UX の方法論です。そして何より、ビデオゲームのプレー経験が重要です。応募者にはグラフィックスおよびアニメーションの作品を提出してもらいます。

---

　アートアセットは映像音声、テクスチャデータ、3D モデル、アニメーションデータなどゲームを構成するデジタルメディア要素を指します。Unity については 1.5節も参照してください。

# 5.3　教育

　複雑なコンピュータシステムやツールを効率的に使いこなすようになるには、実践的なトレーニングが欠かせません。また、トレーニングで得られた技能があらかじめ定められた基準を満たすかを証明する認証資格も必要です。これらの活動には教材および試験問題が必要ですが、これらは一度作成されたら終わりではなく、新

バージョンが登場したら変更点を反映し、現実の製品の利用方法が変化してきたら強調すべきポイントを変える必要もあります。

　こうした教育需要に応えるのが教材開発者やインストラクターです。これらの職種で必須の技能には、テクニカルライター同様、電子ドキュメントやドキュメント管理プラットフォームの技術、そして文書作成能力が挙げられます。教授形態は対面型とネットワーク型（ウェブベーストレーニング）があり、後者ではこれを運用、活用するシステムの知識が求められます。教育支援システム（LMS：Learning Management System）という、教材を保持し、生徒の進捗状態やレポートを管理するエンタープライズソフトウェアの経験が必要なこともあります。まだ何も知らない生徒でも使え、そして無茶をやって壊してもかまわない実習環境（ラボ）を構築する技術も重要です。教員免許など公教育の資格は重要視されません。

　情報技術系の教育職に求められる技術力は、対象の生徒と分野に応じて異なります。ここでは、一般職、業界職、製品職の3レベルに便宜上分けて説明します。

　一般職は理論、あるいはUnixシステム、ウェブサーバ、C言語のように普遍性の高い技術を教える教員です。本書がターゲットにしている技術関連職というよりは教職のカテゴリーに属するので、ここでは取り扱いません。

　業界職は、セキュリティやクラウドサービスのように専門性が高いトピックや業界標準の認定資格のある分野を扱います。この職は、専門的なレベルがあまり高くない新人を教授するという点では一般職の素養が、基礎はあるがその製品や分野の具体的な機能や事例を知らない技術者を育成するという意味では技術専門家の知識

が求められます。つまり、一般職と製品職のハイブリッドです。勤務先は認定試験を提供する業界団体やコンサルティングファームのように製品を利用する企業が多いようです。

製品職は、特定の会社の特定の製品やサービスの専門知識を教授する職です。たとえば、Cisco のルータや Microsoft の Azure などです。技術的には、サポート部門（3.3節）レベルの能力が前提となります。新製品や新バージョンが出ると同時、場合によってはそれよりも一歩先に教育を開始しなければならないため、まだ実装されていない機能を仕様書の裏を読みながら把握したり、新しく加わったがまだドキュメントに書かれていない差異を見つけ出す技術力もなければなりません。製品に対するトレーニングサービスはそれらを開発している会社が提供するのが一般的なため、勤務先もそれらの企業です。製品に対する深い知識が求められるため、開発者、サポートエンジニア、製品の代表的な利用事例（ユースケース）をわきまえたコンサルタントやセールスが兼務する、あるいはそこから登用されるケースが多くなります。反対に一般的な教授能力は低くてもかまいません。

## ● 教材開発者（Curriculum Developer）

製品のトレーニングコースで用いる教材を設計、開発します。認定試験があれば、その試験問題の作成も業務に含まれます。定義的には教材開発者は実際に教授を行いませんが、インストラクターを兼務することも多いようです。

次に示す教材開発者の求人は、パブリッククラウドサービス提供会社が提供する教材を作成する職のものです。特定の会社が提供するその会社固有の技術の教授職なので、上述の分類では製品職に相当します。

当社が現在企画している新しい教育プログラムを担当する教材開発者を求めています。このプログラムは大学を含む高等教育機関をターゲットにしており、トレーニングと認定試験で構成されています。対象は当社のパブリッククラウドサービスで、これにはビッグデータ、ウェブアプリケーション、セキュリティ、ネットワーク、高性能コンピューティング、ストレージ、エンタープライズソフトウェア、サービス移行などの技術が含まれます。主な業務はユーザニーズの分析、教材の開発、実習システムおよびオンラインコースウェアの構築、バー

ジョンアップ時には既存コンテンツの更新です。教材の内容を検討する段階では技術部門（開発、サポート、コンサルタント、システムエンジニアなど）と、教材を作成するうえでは教材デザイナーやメディアプロデューサーと連携してもらいます。

　応募者にはすぐれた文章能力、IT 関連知識、そして技術的な内容を学生にわかりやすい形に置き換えるテクニックが必要です。5 年以上の教材開発および技術文書作成の実務経験とともに、上記のクラウド関連技術のいずれかの知識が求められます。それ以外ではシステム管理、ソフトウェア開発、DevOps などの技術的バックグラウンドが求められます。2 年以上の教育機関での教授経験、当社サービスの認定資格、教育管理システムの経験があればプラスです。

　仮想的なポジションですが、全米に散らばるオフィス拠点のひとつの近隣で働くことが条件です。また、イベント参加などの目的で出張が求められます（全勤務時間の 10 〜 25% 程度）。

仮想的な（virtual）ポジションとはおもしろい形容ですが、これは自宅を仮想オフィスとみなした自宅勤務が主であるという意味です。ただし、拠点の近くという条件があるところから、ときおり出社が求められるようです。イベント参加はおそらく、コンファレンス等でしばしば実施されるチュートリアルやワークショップのインストラクターを依頼されるという意味でしょう。25% ということは、1 年のうち 3 か月は出張していることになります。

## ● インストラクター（Instructor）

　技術を教授（instruct）する職です。教室での対面型が主体ですが、出張コストが低いこともあり、昨今では画面共有のできるコミュニケーションツールを利用したオンライン型も盛んです。ウェブコンテンツを利用したウェブベーストレーニングでは、ビデオ出演が求められることもあります。

　主な業務は学校の先生と同じです。つまり、教材や実習環境をクラスの目的や生徒のレベルにあわせて用意し、それを用いて授業を行い、クラスを管理し、教室を整理し、必要ならクイズや試験を課し、成績を付けるといった作業です。大手なら、自社製品専門のインストラクターを用意するのが一般的です。

**❺** その他

　政府系の案件を得意とする IT システムソリューション提供会社の求人例を次に示します。ターゲットは、CompCIA 認定試験の合格です（付録 A 参照）。一般、業界、製品という分類に従えば、業界職に属します。

---

　当社社員向けの CompCIA 認定試験対策を担当するインストラクターを求めています。トレーニングはブートキャンプスタイルで教室で実施されますが、ウェブベースのコースも利用できるようにしてもらいます。主な業務はコース教材の準備、教室で必要となる機器のセットアップ、生徒指導です。教材は、当社のニーズと生徒のレベルに適切なものでなければなりません。機材はグラフィックスやビデオ、あるいはハンドアウトなど、それぞれのコースに最適なものを選定してもらいます。機器類は適切に管理し、問題が生じたときはこれに対処します。授業では、生徒が参加できるアクティブかつ生徒中心の形式をとり、質問には適宜答え、成績を管理します。これらに加え、当社の教育プログラムの開発や企画にもかかわってもらいます。

　応募者には CompTIA が提供する A+、Security+、Network+ など技術系に加え CTT+ の認定資格が必要です。求められる業務経験は、IT 業界での教室ベースの教授経験 5 年以上です。

---

　ブートキャンプ（boot camp）は、数週間など一定期間内に新入社員を戦力に仕上げる教育プログラムです。語源は新兵のトレーニングですが、コンピュータ業界でよく用いられます。教育内容は技術が主体ですが、顧客対応の心構えや業務手順などソフトな面もしばしば含まれます。ちなみに、（会社の）人材採用を日本語でリクルート（recruit）といい、この語を掲げた就職支援会社もありますが、これも軍隊の新兵を採用するというニュアンスがあります（これを避けるには hiring を使います）。

　CTT+ の 3 文字目の T は trainer の略で、つまりインストラクター用認定資格です（付録 A 参照）。

# 5.4 法務

法務担当者は契約、株主総会や証券取引、買収（M&A）、保険、訴訟および賠償
対応、知的財産の登録や保全、関連法へのコンプライアンスの推進と監督、労務
（労働法）など会社の活動で発生する法的な案件を扱います。

情報技術関連では、顧客やビジネスパートナーのデータを扱うシステムの設計に
助言を与える業務があります。具体的には、システムが個人情報保護法などに準拠
しているかを確認し、必要ならば設計変更を進言します。法務処理手順をテクノロ
ジーを利用して効率化する、全社的な技術利用方針を策定するといったアーキテク
トやマネージャレベルの活動も含まれます。また、作業手順を確認する監査の役割
も果たします。こうした情報技術系法務職では、法律に加えて関連する情報技術の
知見が必要になります。職業上、厳格な守秘義務が課せられるのも特徴です。

要求される法律知識のレベルは、ポジションや与えられる業務内容によって異な
ります。一般的な法務では、書類作成や弁護士との交渉といった補助的な業務が中
心です。企業内弁護士はその真逆で、弁護士資格を持ったプロフェッショナルで
す。同じ法務でも、技術的要求が高いと限りなくシステムエンジニアに近くなって
きます。

## ● 知的財産パラリーガル（Intellectual Property Paralegal）

パラリーガル（paralegal）は法務関係の資格を必要としない補助職です。パラ
（para）は「補助的」や「そばにいる」という意味で、文字どおり有資格の弁護士
の横で雑務を担当します。

法律案件なのに弁護士を使わないのは、コストが高いからです。書類仕事はコス
トの安いパラリーガルに任せ、最終的な確認だけを弁護士に依頼すればコストを削
減できます。業務が簡単なものになると、専門職というよりは事務員と呼んだほう
がよいポジションもあります。

知的財産は人が生み出した無形のアイデアや創造物などのうち、金銭的な価値を
有するものです。これには発明（特許や実用新案）、製品の形状（意匠）、会社や製
品のロゴや名称（商標）、社名（商号）、コピー、文章、マニュアル、映像や音楽、
プログラムといった著作物、会社の商業上の秘密などが含まれます。それぞれのタ
イプは該当するそれぞれの法律で保護されています。

## ❺ その他

　知的財産パラリーガルは会社や公的機関などの法務部門に属し、上記の知的財産を保護し、有効に活用できるように支援します。たとえば、特許申請書やソフトウェアライセンスを作成します。また、自社の特許が侵害されていないかをチェックし、侵害が確認されたら必要な措置を取ります。これから発売する新製品やサービスの名称が他社ですでに使われていないかの事前チェックも業務のひとつです。

　知的財産パラリーガルに求められる知識は、ポジションと業務内容によって差があります。単なる文書作成レベルではWordとExcelくらいしか求められません。レベルが上がってくれば、当然ながら知的財産および関連法の知識が求められます。技術色の強い上級レベルの職では、それなりの技術力が必要です。会社のブランドと直接関係するため、マーケティングの経験が重要視されることもあります。日本ではパラリーガルを学ぶコースはないようですが、米国をはじめ専門職扱いをする地域では、そうしたコースの修了を示す学位が要求されることもあります。

　セキュリティ関連ソフトウェアを製造販売する会社の求人例を次に示します。なお、契約社員職です。

---

　契約業務および知的財産ライセンス作成など、法務を担当する知的財産パラリーガルを求めています。契約業務においては、テンプレートを使った契約書の作成、作成から締結までの作業フローの監視、契約の管理や改定を担当します。ライセンスについては、ソフトウェアライセンス条項、ソフトウェア利用

5.4 法務

許諾契約、サービス水準合意などをカバーします。当社の契約システムの維持管理と効率化のための技術的助言も含まれます。

応募者には 4 年以上の企業あるいは法律事務所でのパラリーガルもしくは契約業務の経験、理学または教養学士が求められます。短大卒でもかまいません。オフィス業務の技能には Microsoft Office が必要です。

テンプレートベースの文書作成なので、事務員レベルです。要求される学位や経験からすると技術的な知識を要する契約システムのお守りがミスマッチな気がしますが、おそらく契約文書の出し入れ程度の作業を指しているのでしょう。

## ● 特許分類付与担当 (Patent Classifier)

発明家や会社が申請した特許に、その内容にふさわしい特許分類コードを付与する技術的な職です。たとえばデジタルデータの処理方法にかかわる特許なら、GO6F というコードを割り振ります。この下位のより詳細なコードも必要で、たとえば GO6F の中でも「メモリ、入力／出力装置または中央処理ユニットの間の情報または他の信号の相互接続または転送」の内容なら 13/00 を加えます。分類コード体系は国際的に統一された国際特許分類 (IPC：International Patent Classification) が基本ですが、各国の特許機関が独自に用いるコードも併用されています。

当然ながら、特許というこれまで知られていない知見（既知では特許になりません）を記述した文章を読みながら、これはどの分類かと事細かく判定するには、その分野の知識が必要になります。そのため、特許分類付与担当の職務は分野ごとに分かれています。

米国特許商標庁 (USPTO) が特許分類サービスを委託している会社の求人例を次に示します。

USPTO に申請された出願書類に対し、USPTO の分類規格（USPC）および IPC にのっとって適切な分類を付与する特許分類付与担当を求めています。分野はコンピュータアーキテクチャ、データベース、暗号、制御システムです。USPTO の区分では Technical Center 2100 です。

227

**⑤ その他**

　応募者にはメモリシステム、プロセッサ、ネットワーク、データベース、暗号、制御システム、コンピュータ科学、情報管理システム、コンピュータアーキテクチャのうちいくつかの分野の知識が求められます。調査と分類作業には自動化システムを用いているので、これを使いこなす技能も必要です。学歴はコンピュータ科学、情報管理システム、数学、工学を専攻した学士以上が必要です。

---

　米国特許商標庁は商務省傘下の連邦政府機関で、職員数はだいたい正規（連邦政府職員）が 12,600 人、派遣が 3,900 人です（2017 年度末現在）。ちなみに、日本の特許庁は経済産業省の機関で、職員数は 2011 年時点で 2,900 人だそうです。2018 年度の特許出願数は米国と日本でそれぞれ 65 万件と 31 万件なので、日本の特許審査官がオーバーワーク状態になっていると予想されます。

　Technical Center（TC）は特許審査部を産業技術分野別に 9 つに組織分けしたときの呼称です（課に該当すると思います）。この例を検索した時点では、この会社は 8 つの TC の担当をそれぞれ募集していたので、以下に参考までに示します（USPTO の分類ではなく、求人上の詳細から抽出しています）。

- TC 1600 および 1700 －有機化学、生化学、製薬化学、微生物学、工業化学
- TC 2600 －電気通信、画像解析、グラフィックス処理、テレビ、動的情報収容および検索
- TC 2800 －半導体、電気部品、回路、発電、配電、電気変換、静的メモリ、光学
- TC 3600 －機械工学、土木工学
- TC 3700 －医療機器、医療消耗品、診断装置、治療機器

### ● カウンセル（Counsel）

　聞きなれない職名ですが、カウンセル（counsel）はカウンセラーと同じ「助言する人」という意味で、ここでは法的なアドバイスを提供する社内弁護士を指します。当然、有資格者です。ここまでくると、情報技術関係というよりは、純然たる法律家です。

　カウンセルには担当業務に応じていろいろなバリエーションがあります。大企業の弁護士団を統括するのが、最近では日本でも聞くようになったジェネラルカウン

セル（General Counsel）です。主席カウンセル（Chief Counsel）とも主席法務オフィサー（Chief Legal Officer）ともいいます。製品知的財産カウンセル（Product Intellectual Property Counsel）は文字どおり知的財産担当の弁護士です。

オンラインショッピングサイトの上級商標カウンセル（Senior Trademark Counsel）の求人例を次に示します。

---

ライセンス、ブランド、技術案件に関係した知的財産の中でも、特に商標を担当する弁護士を求めています。主な業務は、登録しようとしている商標が他と抵触しないかの確認、企業合併および買収で新たに取得された商標の確認、世界中で用いられる当社の商標ポートフォリオの管理です。また、商標戦略の策定と実施、経営陣や上級管理職への商標の有用性の啓蒙も行ってもらいます。加えて、上層部の日々の活動に助言を与え、法的な問題を解決し、訴訟になる前の法的な争いに関与し、これに対処します。

応募者には 15 年以上の商標を専門とした弁護士経験が求められ、そのうち最低でも 3 年は法律事務所のものでなければなりません。また、法務博士（付録 A 参照）が必要です。ドメイン名関係の技術知識とインターネット企業での勤務経験がある方を優遇します。

---

ドメイン名（domain name）は www.cutt.co.jp のようにウェブで使う名称で、レジストリサービスと呼ばれる組織で登録されます。先願主義なため、未登録の社名やサービス名を用いたドメイン名を先んじて登録し、あとからその会社に莫大な金額で転売する商売もあります。弁護士が必要なわけです。

蛇足ですが、似た音の council（末尾から 2 文字目が i）は「評議会」の意味で、政治家や委員などが集まって討議する場です。日本語ではカウンセル（e）とカウンシル（i）で書き分けている気がしますが、厳密ではありません。

## ● IT コンプライアンスアナリスト（IT Compliance Analyst）

会社活動が関連法に準拠しているかを確認し、問題のある箇所があればそれを解決する手段を提案する職です。活動内容を確認するという意味では、内部監査役（Internal Auditor）に近い職種です。リスク管理も重要です。法的に問題のある行

為は公的には罰金や業務停止、金銭的には上場停止、ビジネス的には顧客離れなど一瞬にしてビジネスに大きな影響を与えることもあり、そうしたリスクを回避する方法、あるいは発生時の対処策はあらかじめ用意しておかなければなりません。この観点からすると、法務職というよりは、業務手順策定担当の管理職とも考えられます。法務関係の社内窓口として機能することもあり、その場合は、上げられてきた問題を適切に解決する法務部門の実務担当の扱いです。

このように多様な技能が求められますが、すべてを兼ね備えるのはよほどの逸材でないと難しいため、このうちのひとつかふたつに焦点を絞った求人が一般的です。必要となる技能は、どのようなケースであれ、まずは法律知識です。法というルールでデータを管理するシステムを使いこなす、あるいは問題点を指摘できるという点では、システムエンジニアリングの技能が求められることもあります。

ネットワークデバイスとそれを利用したネットワークサービスを提供する会社の求人例を次に示します。

当社のプライバシー保護活動を支援する IT コンプライアンスアナリストを求めています。主な業務はプライバシーにかかわる問題点およびリスクの分析、個人情報を処理するシステムの設計と評価、処理手順のテスト、技術的な問題解決手段の提案およびその達成手段の経営陣への説明、関連法に準拠しているかの確認です。また、これらの業務を遂行するため、当社のビジネスプロセスを理解し、適切に法的問題を処理できるように関連する IT 部門を管理します。さらに、業務手順をより効率よく、規模の変化にも対応できるようにする目的で、現行システムと要求条件のギャップを明らかにし、自動監査システムやテストツールを開発します。

応募者には 5 年以上のシステム監査経験、大企業での情報システムの業務経験、情報システムあるいはシステム系の学士が求められます。SOX、HIPPA、GDPR などの関連法、SSAE 16、PCI SSC、WebTrust などの業界標準、あるいは各種のフレームワークの業務経験があればプラスです。情報システムについてはプログラミング言語（Bash、Perl、PHP などのスクリプト言語）、データベース（MySQL、Oracle）の経験が必要です。

プログラミングやシステム開発が含まれていることから、技術職に限りなく近い法務職であることがわかります。上記記載の関連法および標準を以下で簡単に説明します。

- SOX －法案提出者の名前を取ったサーベンス・オクスリー法（Sarbanes-Oxley Act）の略です。正式かつその中身を示した長い名称は An act to protect investors by improving the accuracy and reliability of corporate disclosures made pursuant to the securities laws, and for other purposes で、要は上場企業の財務報告手順を規定する米国連邦法です。

- HIPPA －直訳すれば「医療保険の移行と説明責任に関する法律」とでもなる Health Insurance Portability and Accountability Actの略です。米国連邦法で、SOX同様、法案提出者の名前を取ってカッセボーム・ケネディ法（Kassebaum-Kennedy Act）とも呼ばれます。66語、スペースも含めて416文字という強烈に長い正式名称はここでは割愛します。要は、電子化された医療情報のプライバシー保護やセキュリティ保全を定めた法律です。

- GDBR － EU が個人情報の保護を目的に制定した一般データ保護規則（General Data Protection Regulation）の略です。これは次項で扱います。

- SSAE 16 －米国公認会計士協会の定めた米国業務基準書第16号（Statement on Standards for Attestation Engagements No. 16）の略で、会計監査手順を示したものです。

- PCI SSC － Payment Card Industry Security Standards Council（PCI SSC）の略で、クレジットカード、デビットカード、ATM カードなどの支払いカード提供会社が設立した業界団体です。PCI SSCはカード決済におけるセキュリティを網羅した PCI DSS（Data Security Standard）という業界標準を定めており、ネットワークを介して安全に決済をする方法などが含まれています。

- WebTrust －インターネット取引を公正にし、消費者の利益を保護することを目的とした審査制度です。この審査に合格した事業者は、自社のホームページに認定シールを掲げることができます。米国とカナダの公認会計士協会とVerisign 社が協力して運用しています。

実は他にも記載されていたのですが、あまりに多いので割愛しました。この職でどれだけ多くの知識が求められるかが、これで十分にわかったと思います。

## ● データ保護責任者（Data Protection Officer）

データ保護責任者（略して DPO）は、関連法にのっとって個人データ管理業務を監督します。責任者本人が個人データを保持するデータベースを設計したり、処理プログラムやレポートを作成するのではありません。全社的なデータ保護方針および要領を策定し、実務担当者らがその規則を遵守しているかを監視するのが役割です。また、必要に応じて社員にトレーニングを施し、定期的に監査を実施し、リスク管理をし、監督機関（官公庁等）と連絡を取ります。最高情報責任者（5.1 節）が情報技術全般に責任を持つ役員であるように、会社のデータ保護活動全般に責任を負います。

EU で 2018 年 5 月から GDPR（上述）が施行され、これが（場合によって）DPO の選任を義務づけているため、DPO 人材の獲得はグローバル企業の急務となっています。米国だけでも新たに 28,000 人ほど人材が必要という試算もあります。GDPR は EU 内に拠点のある企業だけが対象ではありません。EU 内の個人データを EU 外からであろうと取り扱う企業すべてが対象になっています。日本のオンラインショップにユーザ登録をしている EU 国民も対象となるため、拠点が EU 内にあろうとなかろうと、日本企業も例外ではありません。

とはいえ、最近の動きであることもあって、DPO に求められる能力や資質はまだ明確ではありません。しかし、GDPR の定義にもとづき、データ保護関連法とその実施に精通し、その会社のデータ保護用 IT インフラストラクチャ、加えてその技術にも詳しい人材でなければならないということまでは決まっています。データ保護の実施は全組織にかかわるものなので、社内でどのように情報が流通しているかなど、組織上の知見も必要です。まとめると、情報技術に強い法務家兼役員といったところです。

英国のコンサルティングファームの求人例を次に示します。

---

GDPR を筆頭にデータ保護関連法および規制を当社が遵守するよう、データプライバシー部門を管理し、個人データを扱う社内すべての部署の活動に責任を負うデータ保護責任者を求めています。主な業務は、当社の活動がデータ保護法に準拠しているかを監視し報告する、社内のデータ保護方針および取り扱い手順を策定かつ必要に応じて改定する、データ保護にかかわる問題発生時に

は対応部門を支援するといったものです。また、当社のデータ保護委員会を率い、取締役会等に定期的に報告を上げることで、社の最高意思決定機関と密に連携してもらいます。加えて、英国情報コミッショナーオフィスとの窓口としても機能してもらいます。

応募者は関連法（特に GDPR）と膨大なデータを保護しなければならない組織のリスク分析に精通していなければならず、問題発生時には迅速に対応できる能力が求められます。これと同等の役職および上級管理職の経験も必要です。学歴には最低でも学士が必要です。CIPP や BCS プロフェッショナル認証といった関連する認定資格があればプラスです。

---

情報コミッショナーオフィス（ICO：Information Commissioner's Office）は英国の監督官庁です。CIPP は情報プライバシープロフェッショナル認証の略でプライバシー関連の、BCS プロフェッショナル認証は情報システム関連のそれぞれ認証資格です（付録 A 参照）。

いきなり取締役レベルでは敷居も高いので、英国の高等教育機関の DPO 補助職を次に示します。大学職員というと教員を思い浮かべるかもしれませんが、教務やネットワーク管理といった学生や教員の活動を支援するバックオフィス系の仕事も多くあります。

---

GDPR および関連法を順守するための活動を行うとともに、学問の自由を確保する DPO アシスタントを求めています。主な業務は DPO の支援で、法的文書を一般にわかりやすいように書き起こし、これをもとにしたトレーニングを実施することです。また、個人情報開示請求を取り扱い、学部それぞれの情報担当と連携し、学外業者との契約締結を支援します。

応募者には法律あるいは情報関係のコンプライアンス業務、個人情報開示請求業務の経験を有した個人情報保護に興味のある人が求められます。

---

業務内容は本節冒頭のパラリーガルとほぼ重なっています。

# ❺ その他

## ● デジタル法科学者（Digital Forensic Scientist）

　デジタル法科学は、司法解剖で死因を判断するように、データ改ざんやサイバー攻撃を受けたコンピュータ機器やデータから、その攻撃の手法や犯人を追跡する科学分野です。求人は、犯罪に絡んでくるために当然ながら司法機関からのものが多いですが、セキュリティ関係のソフトウェアやサービスを提供する会社からも散見されます。

　米国の州司法部門の求人例を次に示します。

---

　多様な記録デバイスやシステムに収容された、あるいはそこから削除されたり隠蔽されているデータを収集、時系列に沿っての証拠物件の保全、デジタル法科学にもとづく診断を行うデジタル法医学者を求めています。主な業務は最新のデジタル法医学の文献、技術、プロセスの調査研究をし、これらをまとめた文書を作成することです。事件捜査時には関係者を支援し、裁判時には証言をします。

　応募者にはコンピュータ科学、情報セキュリティ、ネットワークアーキテクチャ、データベースおよび電子メールシステム、現行のデジタル法科学の手法およびツール、各種コンピュータシステム（最低でもWindows、Mac OS、

234

Linux）の知識が求められます。また、法手続きの知識が必要です。経歴には修士以上が求められ、これに加えてデジタル法科学の経験が最低でも3年は必要です。学士も歓迎ですが、その場合は6～10年の業務経験が必要です。

法律だけでも十分に複雑なのに、セキュリティ関係の複雑な技術も理解していなければならないと、かなりハードルの高い職です。そのわりには、セキュリティアナリストより若干程度しか給与は高くありません。公的機関はあまり給料はよくないのが一般的なのです。

## ● AMLスペシャリスト（AML Specialist）

AMLはマネーロンダリング防止（Anti-Money Laundering）の略です。金融システム上で発生する不自然な取引、詐欺行為、資金逃避（タックスヘイブン）、反社会勢力の金融取引やマネーロンダリングの防止および排除、関連法案の順守といった業務を担当します。AMLのメカニズムはコンピュータシステムで構築されているので技術担当者は必要なはずですが、専門のシステムエンジニアの職はほとんどみかけません。

法務職ですが、技術を使いこなす必要まではないにしても、技術的なトピックに詳しいことが求められます。非常に特化した職種なため、（特に国際的に営業している）大手金融業者、コンサルティングファーム、通信サービス会社といった組織でしかポジションはないと考えられます。

複数の金融会社を束ねるホールディングカンパニーの求人例を次に示します。

当社のマネーロンダリング防止要領が効果的に、また一貫して実行されるよう、実施計画の維持管理を担当するAMLスペシャリストを求めています。主な業務は、当社の金融犯罪対処指針に防止要領が沿うよう保証することです。この他にも、不審あるいは異常な活動やパターンのアラートが上がってきたらこれを追跡調査する、アラートメカニズムの改善方法を提案する、新規口座開設時の身元確認書類をレビューする、定期的に顧客のチェックを行う、米国愛国法第314条に対応する、経営陣への月例報告書を作成する、システムの設計および機能の改善に寄与する、政府金融情報機関と良好な関係を築くなどで

**❺ その他**

す。所属部署はコンプライアンス部で、ポジションは副社長補佐です。

　応募者には 5 〜 7 年のコンプライアンス活動の一環としての金融犯罪対応業務、3 年以上の関連法案（愛国法他）業務、リスク管理の経験が求められます。CAMS の認定資格があればプラスです。技術的にはデータを管理するための標準的なコンピュータ環境（Access を含む Microsoft Office）および Actimize の技能が必要です。

　副社長補佐（Associate Vice President）というポジションから、上級の命令権限が必要な職であることがわかると思います。

　米国愛国法の正式名称は 10 語からなるやや長めなものですが、Patriot Act として知られています。2001 年 9 月 11 日のアメリカ同時多発テロ事件を契機に制定された法で、テロリズムへの対処を目的としています。このうち第314条はマネーロンダリング防止のための米国政府への協力を定めています。時限立法であったため、2015 年には議会の承認が得られずに延長されませんでしたが、その中身は2015 年制定の米国自由法（これも正式名称は長いですが、Freedom Act と略されています）に受け継がれています。旧法の名称が求人に出ているのが不思議ですが、その道の人ならわかって当然ということなのでしょう。

　技術レベルは Word レベルと高くない代わりに、法務系の知識が要求されるのは前述のとおりです。CAMS は公認 AML スペシャリストの略です（付録 A 参照）。Actimize はマネーロンダリング防止ソリューションソフトウェアで、イスラエルのNICE 社の製品です。

## 5.5 その他

その他章のその他節とはひどい分類ですが、コンピュータ技術とそれほど関係ないわけではない非技術的な求人をいくつか紹介します。

### ● ゲーム店店員（Gaming Expert）

大手ソフトウェア会社直営の販売店の店員の求人例を次に示します。

---

当社最新のデバイスとゲームの腕と知識を生かして、顧客をとりこにするゲーム販売員を求めています。業務は、店舗での経験を通じて当社の商品を顧客に発見、購入してもらい、そして好きになってもらえるようにすることです。このとき、地域ゲームコミュニティのゲームの好み、プレースタイル、期待される経験を踏まえて顧客に接します。これには地域のeスポーツチーム、トーナメントの開催者などのパートナーとの友好な関係の確立も含まれます。また、ゲームに関することならばすべて最先端を走れるよう、常に学び続けることも求められます。

応募者には1年以上のリテール営業あるいはカスタマーサービスの経験が求められます。技術系の商品の経験はプラスです。Xbox、プレステ、PCゲーム、従来型のコンソール式ゲーム機などゲーム技術の動向、eスポーツなど業界の動向に詳しいことも求められます。

---

ゲーマーだって、腕を極めればその仕事があるという好例です。それにしても、あの店にはそういう凄腕たちがたむろしていたとは知りませんでした。今度、腕前を見物に行こうと思います。

eスポーツやトーナメントが言及されていますが、eスポーツも今後より活動範囲の広がるエリアのひとつです。

### ● 通信料金分析担当（Telecom Expense Analyst）

通話料やデータ量が入り組んで決定される電話料金プランは複雑怪奇です。ひとり分ならまだしも、たくさんの社員が利用するケースではどのプランがよいか決め

**❺** その他

あぐねること必至です。また、一社のプランだけでも十分にわけがわからないのに、固定と携帯と国際電話とデータ通信でそれぞれ違った通信会社（キャリア）を選択できるとなると、状況はさらに複雑になります。多国籍企業だとバリエーションはさらに増えます。この職は、通信会社のプランや契約条項を精査し、会社の通信サービス利用形態に最も適したプランを提案することで、社の経費を抑えるものです。他にも、請求書の確認や監査などの業務も含まれます。

IT 技術の要件は特にはありません。

社員としてではなく、コンサルタントとして独立して活躍するケースが多いようです。それほど頻繁にプランを変えることはないからでしょう。請求書の確認や監査が加わると継続的に業務が発生するので、正社員もありえます。その場合、電話料金体系にはデータ量やバンド幅といった通信技術が含まれるので、所属部署は IT 部門が一番しっくりくるでしょう。おカネ勘定が主体なので経理部門もありそうです。ちなみに、筆者の社用携帯電話は経理部が、固定電話は IT 部門が、インターネット接続は雑居ビルの管理会社がそれぞれ管理しています。

国際的なコンピュータ機器製造会社の求人例を次に示します。

---

当社が利用している国内外の携帯通信サービスのコストを分析する料金分析担当者を求めています。業務はコスト分析と最適化、当社の業務活動を支援する通信サービスの選択、請求書の確認と支払、監査、在庫管理、通信会社との契約書の確認、予算の確定と予測です。契約のライフサイクルにおいては、通信会社のパフォーマンスを測定、監視、分析することでサービス合意水準を満たしているかを評価します。料金に問題が生じたときにはこれを解決します。これに加え、通信サービスを利用する当社の職員の問題解決も提供します。通信会社は AT&T、Sprint、T-Mobile、Verizon で、音声通信、データ通信、携帯サービスが対象です。

応募者には 3 年以上の通信料金分析の経験が求められます。国際通信の経験があればプラスです。各社それぞれの契約上の用語、サービス、料金、税金に詳しくなければなりません。契約管理業務の知識も必要です。IT 技術としては Microsoft Office、SQL、Keynote、Numbers が使いこなせることが条件です。

---

238

5.5 その他

求められる IT 技能は一般の事務職程度ですが、データベースのプログラミング言語である SQL が入っているのが意外です。もっとも、データベースアクセス時の検索条件を SQL で記述する程度なのかもしれません。あと、iOS アプリの Keynote と Numbers があるのが異色です。

## ● データ入力事務員（Data Entry Clerk）

アルバイトや派遣の定番ともいうべき仕事ですが、正社員職もないわけではありません。職務内容は紙に書かれている情報をコンピュータに投入する、顧客との直接対応で得られたデータを打ち込む、あるいは表示、印刷されているデータ群を別の表などに手作業で移すといった作業です。簡単なものですが、データのチェック作業も含まれることもあります。

求められる技能は高速かつ正確なタイピングです。あとは、一般的な事務ツール（たいていは Microsoft Office）です。データベースに直接データを投入することが求められることもあり、その場合、SQL やデータベースの知識が多少なりともあるとよいでしょう。

各種事務作業のアウトソーシングサービスを提供する会社の求人例を次に示します。

---

データベースにデータを投入するデータ入力事務員を求めています。対象は各種のレポートや業務管理上の記録で、番号などの情報が正確であるかも必要に応じて検証してもらいます。これ以外の事務作業も命ぜられることもあります。

応募者には 10 キー電卓、パーソナルコンピュータ、データベースソフトウェアおよび Microsoft Office のスキルが求められます。学歴には高卒以上が求められます。

---

ウェブショッピングの経験からわかるように、昨今では顧客が自らデータベースに必要なデータを入力してくれるので、別の人が入れなおす機会は従来よりも減っています。また、データ入力作業を自動化する RPA という技術も広まってきています（2.7 節）。先細りが予想されるため、職を得たあとも油断をしないで他のスキ

239

**5** その他

ルを上げておくことが望まれます。もっとも、紙と印鑑と物理的な出頭を至高とする日本の官公庁がある限り、永遠不滅かもしれません。

　ちなみに、昔は需要が多かったタイピスト職の平均打鍵速度は1分あたり50〜80ワードです。英語1ワードの平均長は5文字なので、スペースも含めれば毎分300〜480バイトです。データ投入とは打ち込む内容が違いますが（データはランダムな数字の羅列が多いですが、タイピストがタイプする自然言語にはパターンがあり、予測できます）、どれだけ早いかの目安にはなると思います。

# 6

キャリアデザインの実践

　ここまで、コンピュータ関連ソフトウェア系技術職を網羅的に見てきました。しかし、これほどたくさんある職から何を選べばいいのか、このままだと迷ってしまうことでしょう。

　そこで本章では、ここまでの情報を利用してキャリアをデザインする方法を説明します。具体的には次のトピックを扱います。

　6.1　キャリアデザインとは

　6.2　キャリアデザインの実践

　6.3　コンピュータ関連職のキャリアパス

　6.4　キャリア相談

　最初の 6.1 節ではキャリアデザインの考え方を説明します。続く 6.2 節では、実際に自分のキャリアを設計する方法を具体的な例を挙げて示します。6.3 節では本書の情報を用いて、特にコンピュータ関連業種でどのようにキャリアを発展させていくか、その道筋を説明します。6.4 節では、筆者がキャリアカウンセラーとして対応した、就活中の学生さんや求職活動中の方から受けた質問とその回答をいくつか示します。

　各節はそれぞれ独立して読むことができるので、とりあえず自分のキャリアをデザインしたいのなら 6.2 節へ、コンピュータ関連職に進むことが決まっている、あるいはすでに就いており、今の立ち位置から今後の進路を考察したいのなら 6.3 節へジャンプしてもかまいません。

241

# 6 キャリアデザインの実践

## 6.1 キャリアデザインとは

　キャリア（career）は狭義には職業上の経歴を指しますが、仕事だけでなく、人生の歩みそのものといってもよいでしょう。

　キャリアデザイン（人生設計）とは、キャリア（人生）をどのように選択していくのかの未来図を描く作業です。別の言いかたをすれば、自分に適した生き方を見つける作業です。

　好きなことを仕事にしなさい、とよく言われます。しかし、ゲームが好きだからといってプログラマを目指すのは短絡的です。ゲーム好きといっても、着弾判定アルゴリズムや 3D グラフィックスなどのゲーム関連技術そのものに関心はないかもしれません。どちらかといえば、オンラインロールプレイングゲームのチャット機能に興味があるのかもしれません。そうならばプログラマではなく、インタフェースのデザインやソーシャルな活動を支援するシステム作りが向いているでしょう。技術はまったく眼中になく、レイドパーティ作りとオフ会に価値を見出しているのなら、人を取りまとめるマネージャ職に適性があるかもしれません。

　このように、自分に適した生き方というのは、案外はっきりとはわからないものです。そこで、自分自身の長所、価値観、方向性を言葉で表現することで明確にします。言語化は大切です。漠然と頭の中で描いているだけだとあっという間に変容し、つかみどころがありません。しかし言語化し、紙やスマートフォンのメモに残しておけば、明確にした自分の思いを日々確認できます。ちょっとステレオタイプですが、机の前に張っておくこともできます。

　人生にはかならず転機があります。転機には、昇進や栄転、配置転換、リスト

ラ、転職など仕事で起こること、結婚、出産、子育て、病気、親の介護といったプライベートなできごとなど、さまざまなものがあります。キャリアカウンセラーである筆者のもとには、こうした転機の前後にキャリア相談に訪れる方が多くみられます。逆に、転機がきっかけで初めて過去と現在と未来のキャリアに思いをはせ、キャリアデザインを考えようとすることが多いともいえます。

　ですから、将来起こりうる転機にあらかじめ備えるには、日頃からキャリアデザインのやり方を知り、実践しておくとよいわけです。キャリアデザインでは、これまでの人生の山と谷、あるいは転機を思い出し、何をしてきたかを再確認します。具体的には、自分の持つ長所、価値観、方向性を把握し、明確な言葉で表現します。過去の対応策を明らかにすることで、転職しなければならないといった次の転機への心構えができます。

　キャリアデザインには正解も不正解もありません。未来は不確定ですし、仮に計画どおりにキャリアを進めることができたとしても、それが正解であったとは誰も判断できません。重要なのは、自分なりのそのときの将来に対する考えを認識することなのです。


# 6.2　キャリアデザインの実践

　キャリアデザインの意義がわかったところで、次の３つのツールを使ってキャリアデザインを実践しましょう。

- ライフラインチャート
- バリューカード
- Want-Can-Must 図

いずれも白紙のサンプルを付録 D に掲載しました。コピーしてご利用ください。特殊な機能があるわけではないので、ご自身で白紙やノートに書き込んでもかまいません。

　これらのツールを用いたキャリアデザイン作成作業は４つのステップに分かれます。まず、ライフラインチャートを通じて、過去を振り返りながら自分の長所を言語化します。次にバリューカードを作成することで、自分の大切にしている価値観を言語化します。続いては、以上２点の結果から自分の指向性を言語化し、これを

ライフラインチャートの未来部分に書き込みます。最後に長所、価値観、指向性を Want-Can-Must 図で統合することで、やりたいこと、できること、しなければならないことを可視化します。

　ここで説明するキャリアデザイン手順は一般的なもので、しかも一例です。また、コンピュータ関連に特化したものではありません。しかし、せっかく本書の第1章から第5章に資料があるのですから、Want-Can-Must 図の項ではソフトウェアエンジニア関連の職に就くことを前提にしてデザインします。

　では、始めましょう。

## ● ライフラインチャート（過去）

　ライフラインチャートは、過去の経験から自分の長所を言語化するツールです。チャートには横軸の年齢に沿って、自分の記憶にある幸福感の上がり下がりをカーブで描き込みます。縦軸の幸福感は、プラス方向が幸福、マイナス方向が落ち込んだときを示します。

　ライフラインチャートは次の7ステップで作成します。

① 横軸に、現在までの年齢を記入します。スタートは0歳からでも、中学や大学に入学した時点からでもかまいません。

② うれしかったあるいは楽しかった時点を選び、そのときの状態やできごとを示す語を上半分（縦軸でプラス）の領域に加えます。

③ 反対に、落ち込んだり苦しかったりした時点を選び、そのときの状態・できごとを示す語を下半分（縦軸でマイナス）の領域に加えます。

④ 横軸はプラスマイナス0の状態からスタートし、そこから順に②と③の状態・できごとを時間順につなぎます。これで、山と谷を形作るカーブが描けます。チャートには未来もありますが、そこは次のステップで利用するので、ここでは現在を表すところかでカーブを止めます。

⑤ 山の箇所に、うれしかったり楽しかったりした理由を加えます。

⑥ 谷から立ち上がる箇所に、落ち込んだあるいは絶望したところから回復できた理由を加えます。

⑦ ⑤と⑥の理由から、自分の長所を見い出し、言葉で表現します。

例を示します。

① 高校入学の15歳をスタート、現在の年齢を35歳として5歳きざみで年齢を書き込みます。
② 学生時代のサークル活動が楽しかった20歳前後、仕事でほめられることが多くなって得意になった20代後半、そして恋人ができたことがうれしかった30代半ばを楽しかった状態・できごととして書き込みます。
③ 新人研修で自分の能力や適性に疑問が生じて落ち込んだ22歳ころ、そして病で仕事から遠ざかった30代前半を落ち込んだ状態・できごととして書き込みます。
④ 原点からスタートして、サークル活動（＋）、新人研修（－）、仕事で得意（＋）、病気（－）、恋人（＋）の順で山と谷を描くように線を引きます。

ここまででチャートは次の図6.1のようになります。

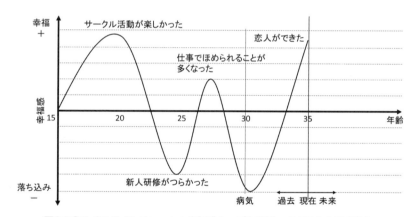

**図6.1●ライフラインチャート：幸福感カーブと状態・できごとの書き込み**

この例では＋と－が交互に来ていますが、＋が連続する、逆に－が連続するチャートもありえます。自分の思ったようにカーブを描いてください。

⑤ ②の状態・できごとがなぜ楽しかったのかを振り返り、言葉でその理由を表現します。たとえば、サークル活動が楽しかったのは、素敵な仲間に恵まれ、い

ろいろ得られることが多かったのが理由だと思えば、そのように書き込みます。

⑥③の状態・できごとからどうやって立ち直ったのかを振り返り、言葉でその理由を表現します。たとえば、つらかった新人研修を乗り越えられたのは励ましてくれたり、作業を手伝ってくれたり、知らないことを教えてくれた同期のおかげだとしたら「同期とともに乗り越えた」と書き込みます。

このようにしてできたライフラインチャートは次の図6.2のようになります。

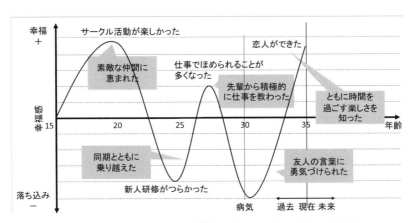

**図6.2●ライフラインチャート：状態・できごとに対する理由の書き込み**

ステップ⑤⑥の振り返りはなかなか難しいです。人によって異なりますし、正解があるわけでもありません。

たとえば、図6.1とまったく同じライフラインチャートであったとしても、サークル活動が楽しかったのは、コンピュータクラブで開発したゲームが学園祭で大好評だった、あるいは技術力が上がったのが理由かもしれません。同様に、病気から精神的に快復できたのは、病床で落ちこみがちな心を、医療機器の機能や利用方法を看護師さんから学ぶことでポジティブに持っていくことができたからとなるかもしれません。そんな別シナリオを図6.3に示します。

6.2 キャリアデザインの実践

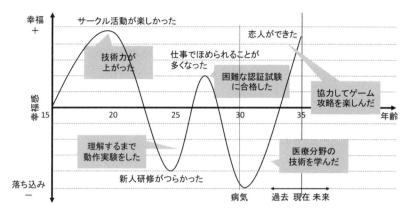

**図6.3 ● ライフラインチャート：状態・できごとに対する理由の書き込み（別シナリオ）**

⑦ ステップ⑤と⑥の理由から自分の長所をひとことで表現します。図6.2の理由を書いたのなら、いずれの状態・できごとにも友人や先輩などの他者が自分の人生に大きくかかわっていることがわかります。そこで長所は次のように書きます。

---
人との交流が好きで、それを自らのエネルギーにできる
---

図6.3の理由なら、それが医療のように今までのものとは異なる分野であっても、機会をとらえて技術を深く学ぶことに喜びを覚えると読み取れるでしょう。それなら、長所は次のようになります。

---
多様な技術に興味があり、それらを活用することが得意
---

もちろん、同じ状態・できごとで同じ理由づけであっても、出てくる言葉は人によって異なるでしょう。たとえば図6.3から、技術の使われ方を分析したり、実験結果やゲーム進行を理路整然と体系化するほうに興味があると思ったのなら、こうも書けるはずです。

---
ニーズや状況の分析が好きで、実装する技術もある
---

247

## 6 キャリアデザインの実践

　図6.2と図6.3はどちらもそれぞれ似たような理由で統一されているから比較的楽ですが、まったく無関係にみえる理由で埋められることもあるでしょう。理由が雑多なら、それらの中でも多い理由でまとめたり、最も目立つあるいは印象深かった理由で代表してもかまいません。ひとつにまとめず、複数書いても問題ありません。要は、自分の言葉で自分の過去にしてきたことをまとめることができればよいのです。繰り返しになりますが、正解があるわけではありません。

　ここまでで、自分の長所が言語化できました。

### ● バリューカード

　バリューカードは自分の価値観を知るためのツールです。

　カードには価値観を示す言葉が書かれています。その枚数は十数枚から百枚とバリエーションがありますが、よく使われるのは本書でも用いる次の15枚のものです。

| | | |
|---|---|---|
| 他者への影響力 | 権威・責任 | 社会的評価 |
| 報酬・豊かな生活 | 安全性・安心感 | プライベートの時間 |
| 身体的活動 | 協調性 | 自立性 |
| 公共性・公益性 | 多様性 | 個性の発揮 |
| 美的追求 | 秩序・完璧性 | リスク・冒険性 |

手順は次のとおりです。

① 付録Dのカードをコピーし、切り取り線に沿ってカード単位に切り分けます。
② カードを重要な順に並び替えます。このとき、他人や世間がどう思うかではなく、自分にとって重要な順にするのが大切です。同程度に重要に思えるカードもあるかもしれませんが、同じ順位はつけないようにします。
③ 並べ終えたら、カード左上の順位を書き込む□に1から15の番号を書き込みます。これは、ばらばらになっても容易にもとの順に戻せるようにするためです。
④ 付録Dのカードには、カードとは別に理由を示すシートがあります。これに、順位づけの理由を書き込みます。

248

⑤ その理由をひとことでまとめます。

たとえば、ステップ②と③で 15 枚のカードを次のように並べたとします。

| | | |
|---|---|---|
| 1 協調性 | 2 多様性 | 3 公共性・公益性 |
| 4 安全性・安心感 | 5 プライベートの時間 | 6 秩序・完璧性 |
| 7 自立性 | 8 個性の発揮 | 9 美的追求 |
| 10 社会的評価 | 11 リスク・冒険性 | 12 身体的活動 |
| 13 他者への影響力 | 14 権威・責任 | 15 報酬・豊かな生活 |

　ステップ④の理由の記述はなかなか難しいと思います。うまく書けないのなら、カードにある言葉に対する自分なりの説明を順に書いていくとよいでしょう。たとえば、次のように書きます。

---

　人が協調して生きていける社会が理想的だと思います。その実現には、それぞれの違いを認めあう多様性の尊重が重要ですし、社会のまとまりを守るには公共性・公益性を念頭に置かなければなりません。これらは、わたしたちが安全・安心に暮らすために必要です。社会に貢献するには仕事一辺倒ではなく、プライベートの時間も確保できなければなりません。また、社会の安定にはある程度の秩序が必要ですが、同時に自立性や個性が発揮できる社会であるべきです。それは個性豊かなアーティストが活躍できる社会でもあり、創造された美しい作品をわたしたちが享受できる場もあります。もちろん、それには個人活動に適切な社会的な評価が与えられなければなりません。リスクや冒険は私にとってはどちらかといえば避けたいものですが、私が望む社会には必要でしょう。運動はやるべきだと思いますが、あまり得意ではないです。他者への影響力や権威にはあまり興味がないし、贅沢な生活はたいして望んでいません。

---

　カードの言葉を並べていっただけですが、それなりに意識的にも無意識的にも感じていた価値観が浮かび上がったのではと思います。重要なのは文章にすることです。文章にすると、今までばらばらだった価値観が一本筋の通った考えになります。

ステップ⑤でこれをひとことでまとめます。あとで参照するときに便利だから
で、必須ではありません。いってみれば、タイトルをつけるようなものです。上記
の例では社会と個人に関心が集まっていることが読み取れるので、たとえば次のよ
うにまとめます。

---

個人と社会が協調できる世界

---

別の例も見てみましょう。カードの並びは次のとおりです。

| | | |
|---|---|---|
| 1 社会的評価 | 2 報酬・豊かな生活 | 3 他者への影響力 |
| 4 権威・責任 | 5 公共性・公益性 | 6 個性の発揮 |
| 7 美的追求 | 8 秩序・完璧性 | 9 リスク・冒険性 |
| 10 安全性・安心感 | 11 自立性 | 12 プライベートの時間 |
| 13 身体的活動 | 14 協調性 | 15 多様性 |

理由文は次のような感じです。

---

　社会的に高い評価が得られることが私の最大のモチベーションで、評価を反
映するのは努力と能力に見合った報酬です。評価にはまた、社会を組織できる
影響力と責任のあるポジションも含まれます。それはつまり、公共性の高い分
野での活躍を意味します。加えて、自分の個性が発揮でき、同時に自分の美学
を満たす仕事を完璧に行える職場でなければなりません。この目的を達成でき
るなら、リスクは歓迎です。ただし、安全・安心な生活を送れる範囲内の必要
があります。自立やプライベートは必要ですが、仕事に比べれば重要ではあり
ません。同様にフィジカルな活動、協調性、多様性も必要かもしれませんが、
自分のキャリアの上では順位は低くなります。

---

同じ価値観であっても、とらえ方はそれぞれ異なります。たとえば、最初のもの
では公共性は社会のまとまりと関係があると考えているのに対し、上記では、公的
な場面のほうが強い影響力が発揮できる可能性が高いので望ましい職場であると考
えています。それでよいのです。国語の試験ではないのですから、自分の感じたよ
うに言葉を使ってください。

まとめると次のようになります。影響力が抜けているように多少舌足らずですが、タイトルなので短くまとめるほうを優先しています。

### 高い評価と個性の発揮

15枚全部をキーワードに文章を起こすのがどうしても難しいのでしたら、最初の数枚だけに注目してもかまいません（しかし、カードは15枚全部順に並べてください）。以下の例は、最初の5枚をピックアップしたパターンです。

| | | |
|---|---|---|
| 1 個性の発揮 | 2 社会的評価 | 3 多様性 |
| 4 公共性・公益性 | 5 美的追及 | … |

理由文はこんな感じです。

自分の個性が最も大事なのは、キャリアを考えるにあたって大切なのは自分自身だからです。当然社会からも評価をされたいので、これが次点。個性的な生活とキャリアを達成できるのは、自分自身も含めたさまざまな人たちの多様性があってのことなので、これも大切にしたい。評価については、社会の役に立つものでなければ評価されないのだから、仕事の上での公共性・公益性も重要です。また、自分の美学に反することはしたくないので、次には美的追及がきます。あとは、まぁ、どれもそれほど重要ではありません。

まとめは次のようになります。一つ前のものと前後が入れ替わっただけであまり違わないようですが、理由づけはかなり違うことがわかると思います。

### 個性の発揮と公共的な評価

最後にもうひとつ。今度は、避けたいことだけに注目して、バリューカードの最初の3枚と最後の2枚だけを次のようにピックアップしたパターンを示します。

| | | |
|---|---|---|
| 1 秩序・完璧性 | 2 協調性 | 3 公共性・公益性 |
| … | 14 報酬・豊かな生活 | 15 多様性 |

## 6 キャリアデザインの実践

理由文はこんな感じです。

---

　最も大切なのは<u>秩序</u>で、それは互いが<u>協調</u>することで構成された社会のこと
です。こうした社会を達成するには、個人よりも<u>公益性</u>が優先されなければな
りません。そういう意味では、それぞれが平均以上の豊かさなどを求めてはい
けないと思います。だから、<u>高い報酬や豪奢な生活</u>はわたしにとってその他の
価値観より低いし、興味もありません。また、勝手なことばかりしていてはい
けないと思うので、<u>過度な多様性</u>にはネガティブな意見を持っています。

---

まとめはこうでしょうか。

---

秩序と公共性

---

ここまでで、自分の価値観が言語化できました。

## ● ライフラインチャート（未来）

ライフラインチャートは未来の方向性や理想的なキャリア像を構想するツールに
も利用できます。次の手順で行います。

① ライフラインチャートの最も直近の状態・できごと点から始め、未来に向け
　て右上がりの線を引きます。もちろん、幸福感にあふれる未来がかならず訪
　れるというわけではありません。逆に、将来をそのようにするにはどこに向
　かえばよいのかを知るために、この線を引くのです。
② 過去のライフラインチャートから得られた長所とバリューカードから得られ
　た価値観をもとに、最も理想的な将来のキャリア像とそこに進みたい理由を
　書き込みます。漠然とした仕事内容でかまいません。

　たとえば、ライフラインチャートから「人との交流が好きで、それを自らのエネ
ルギーにできる」という長所（図6.2）が、バリューカードから「個人と社会が協
調できる世界」という価値観がそれぞれ得られたとします。どんな仕事がよいで
しょうか。長所に重点を置くのなら「人とかかわる職」になるかもしれませんし、
価値観を強調したいのなら「公共的な仕事」になるかもしれません。長所の文も後

252

半が重要なら「人を元気づけられる仕事」になるかもしれません。いずれにせよ、まとめ文に過度に依存せず、チャートそのものや理由文を参考にしながら探してください。

将来の理想を「人とかかわる職」とした例を図 6.4 に示します。

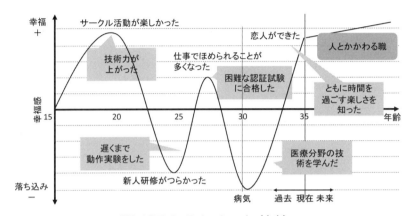

**図6.4●ライフラインチャート（未来）**

ライフラインチャートの図 6.3 から「多様な技術に興味があり、それらを活用することが得意」が長所で、バリューカードが上記と同じ「個人と社会が協調できる世界」という価値観だったとしたら、「個人と社会に調和を生む技術の創生」という未来像もよいでしょう。

しつこいようですが、正答があるわけではありません。言葉から導かれた未来像が自分の感覚と合わなければ、ライフラインチャートとバリューカードの理由文を別の角度から読み直してください。

ここまでで、自分の長所を生かし、価値観を満足させる将来進むべき仕事、あるいはやりたいこと、あるいは方向性が得られました。

● **Want-Can-Must 図**

Want-Can-Must 図は自分がしたいこと（want）、自分ができること（can）、そして今しなければならないこと（must）を可視化するツールです。ライフラインチャート（未来）で得られた方向性は、まだ漠然としたものです。そこで、このツールから将来の理想像を達成するより具体的な道筋を立てます。

手順は次のとおりです。

① Want の枠内に、理想の未来像を具体的に示す職種を書き込みます。プロ野球選手やお花屋さんのようにざくっとした目標でもよいのですが、コンピュータ関連職を考えている本書読者なら、本書の中の該当する職種を書くとよいでしょう。

② Can の枠内には、Want を達成するために自分にできることを書き込みます。ここで「できること」は、自分のスキル、能力、体力、周囲から得られる支援、（金銭的な）資産など持っているリソースの中でも Want にかかわりのあるものを指します。

③ Must の枠内には、Want を達成するために今できることを書き込みます。

たとえば、図 6.2 および図 6.4 から、結果が次のようなものであったとします。

長所　　人との交流が好きで、それを自らのエネルギーにできる
価値観　個人と社会が協調できる世界
方向性　人とかかわる職

　コンピュータ技術に関係ない例だと、営業、教員、販売員など人と接する機会のある職種ならなんでも Want に書き込めるでしょう。自分の適性にあった職を選んでください。

　コンピュータ関連職だと本書の営業やフィールドのエンジニア（2.1 および 2.2 節）、コンサルタント（2.6 節）、技術サポートエンジニア（3.3 節）、インストラクターを含む教育関係（5.3 節）が考えられます。長所と方向性が同じでも、価値観が他者への影響力や権威・責任に傾いているのなら、組織を束ねるマネージャ職（5.1 節）もあるでしょう。直感に従ってえいやっと決めてくれてよいですし、欲張って複数書いてもかまいません。複数書いたら、その中でも今日特に注目したものにチェックマークを入れましょう。ここでは営業エンジニアにしました。

　Can には、たとえばプレゼン資料を作るのがうまい、初めての人とも打ちとけて話せる、技術力はないほうではないなど、関係するスキルを記入します。勉強のための講座の費用、空き時間、家族の支えがあるといったリソースを書くこともでき

ます。

　Must には、技術力に難があるのなら、システム構築の教科書から勉強する、会社や大学のシステムの構造を使いながら把握する、システム会社のユースケース（利用事例）やホワイトペーパーを読み込むなど、技術力を磨くために今できる活動を書き込みます。

　Want-Can-Must 図は次の図 6.5 のようになります。

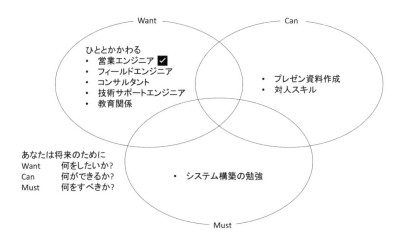

**図6.5●Want-Can-Must図（例1）**

　別の例も見てみましょう。図 6.3 から結果が次のようなものであったとします。

　　長所　　　多様な技術に興味があり、それらを活用することが得意
　　価値観　　秩序と公共性
　　方向性　　開発

　方向性は第 1 章と第 2 章のすべての職を内包する大枠なので、ここでは価値観に着目し、秩序を重んじる職種を探しましょう。もっとも、ソフトウェアもシステムも開発には秩序と規律が必要なので、これもどれでもということになってしまいます。そこで、特に秩序だった職ということで、開発工程管理（1.6 節）、組み込みソフトウェア開発者（1.2 節）、データベースエンジニア（2.3 節）あたりを選択し

ます。多様な技術が長所と述べているので、ここでは開発工程管理を Want に書き込みます。プログラミング経験はあり、GitHub も使ったことがあるとして、これらを Can に書き込みます。開発工程管理は系統だって学んだことがないとして、1.6 節にあるキーワードをとりあえず Must に並べてみましょう。

これらを書き込むと図 6.6 のようになります。

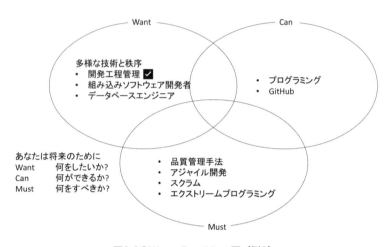

**図6.6●Want-Can-Must図（例2）**

もうひとつ別のパターンを見てみましょう。最初の例と価値観と方向性は同じでも長所が次のように異なっているとします。

　　長所　　　ニーズや状況の分析が好きで、実装する技術もある
　　価値観　　個人と社会が協調できる世界
　　方向性　　人とかかわる職

分析的な職種にはソフトウェアアーキテクト（1.1 節）、データアーキテクト（2.3 節）などのアーキテクト職、あるいはアナリスト（2.5 節）やコンサルタント（2.6 節）、さらには実践系サイエンティスト職（4.2 節）が考えられます。しかし、価値観と方向性は純然たるエンジニアよりは人との交流も楽しむ職を指し示しているので、ここではビジネスアナリストを選ぶとしましょう。そこで、Can にはプログラ

ムが書ける、Unix を設定できるなどを書き込みます。資格試験の勉強をする時間もとれるしその費用もある、転職にあたって家族の協力も得られるというのも得がたいリソースのうちです。ビジネスアナリストの項目をみると、この職に就くには BABOK という認証資格が必要だとあります。そこで、Must にはビジネス分析の方法論を独習し、ECBA、CCBA、CBAP と順番に資格試験を受ける計画を書き込みます。さらに、毎日家で1時間の勉強時間をとる、といった勉強に必要な具体的な計画も書くとよいでしょう。

これを Want-Can-Must 図におこせば、図 6.7 のようになります。

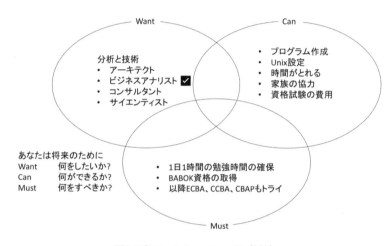

**図6.7●Want-Can-Must図（例3）**

これで、自分が就きたい職（Want）、その職に就くために必要なスキルや特性（Can）、そして今は欠けているが将来の目標達成に必要な技能を身につけるために今しなければならないこと（Must）を一覧できるようになりました。

● **今後のキャリアデザイン**

できあがった Want-Can-Must 図がこのキャリアデザイン作成作業の最終成果物なので、自宅の机の前や冷蔵庫にでも掲げ、日々見なおしてください。

しかし、重要なのは Want-Can-Must だけではありません。長所、価値観、未来への指向性をツールを通じて言語化したその思考過程も、この作業の重要な成果物

のひとつです。これまではなんとなく、あるいは他者にひきずられながら進路を考えていたとしても、今では、ここで説明した手法を適切に踏襲することによって、自分のキャリアを言語化できるようになりました。これは、非常に効果的なスキルです。

過去の振り返り方は、今日と1か月後では異なるでしょう。価値観も、半年もしたら変わっているかもしれません。それにともなって最終結果も変わってくるでしょう。人生の転機にきたと思えたら、キャリアデザインを再訪してみましょう。

## 6.3 コンピュータ関連職のキャリアパス

6.2節では、3つのキャリアデザインツールを用いて、自分の長所、価値観、方向性を言語化し、そこから将来の就きたい職、そのためにできることとしなければならないことを導き出しました。しかし、そこに至る、あるいはそこから先に進むキャリア上の道筋は明確ではありません。本節ではこの道筋、すなわちキャリアパスを考えます。

キャリアパスは、RPG（ロールプレイングゲーム）でいえばレベルアップとクラスチェンジを繰り返すようなものです。

経験値が増えればそれだけ高いレベルになり、HPやMPが向上します。ここではそれは技術力であったり、経験年数だったりします。所定の条件を満たせば、異なる技能や職能が身につくことで戦闘力と柔軟性がアップします。たとえば、徒歩の剣士が馬も使える騎士にクラスが上がったり、長剣専門の剣士がランスやバトルアックスを併用できるようになります。これは、プログラミングとシステム管理ができるDevOps（3.3節）になる感じです。戦士が魔法使いにクラスチェンジして魔法戦士になるように、これまでの技能を応用はするものの別の職種へと道を変えることもあります。プログラマから営業に、あるいはその逆に進むのに相当するでしょう。

初心者には開かれていない職業もあります。たとえば、聖戦士には神官と戦士の職を経てからでないとなれないように、アーキテクト職はプログラミングとソフトウェア設計ができ、十数年の業界経験がないと到達できません。新卒でいきなり最高情報責任者（CIO）にも、当然ですがなれません（起業なら別ですが）。

6.3　コンピュータ関連職のキャリアパス

このようにレベルを上げつつ、関連する職を変遷していきながら、最終的な目標
である職へと向かう道筋がキャリアパスなのです。

コンピュータソフトウェア業界でのキャリアパスを考えるには、まず、本書目次
記載の職を確認します（全部で約 120 種あります）。6.2 節で得られた職あるいは
職種からスタートし、前後あるいは関連する職の職務内容や条件を確認します。仕
事の内容がイメージしにくければ、各章冒頭の説明も合わせて読むことで、絞り込
みましょう。逆に、最終的な目標（たとえばプロダクトマネージャ）から逆算して、
現在のレベルでも達成可能な職を探していってもかまいません。そして、それら
の職が自分の長所、価値観、方向性と合致しているか、また Want-Can-Must と比
較して実現可能かを確認します。Want で記述した職が漠然としたものなら、どれ
かひとつピックアップしてスタートしてください。最初は興味本位でもかまいませ
ん。

● 一般的なキャリアパス

とはいうものの、いきなり 120 種ものオプションから適切な職をキャリアに沿っ
てピックアップするのは難しいでしょう。そこで、一般的なキャリアパスを次の図
6.8 から示します。

259

# 6 キャリアデザインの実践

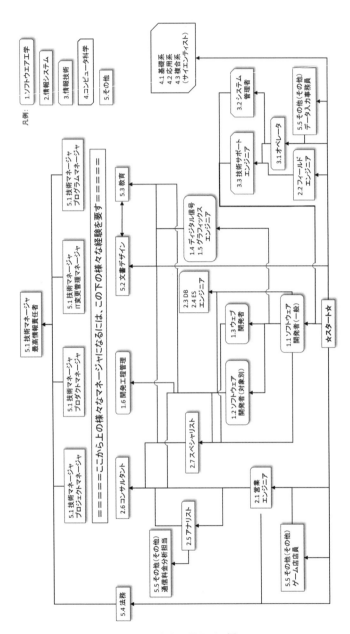

**図6.8 ● キャリアパス例**

## 6.3 コンピュータ関連職のキャリアパス

　四角い枠がほぼ各節に対応しています。しかし、たとえば 1.4 節と 1.5 節あるいは 2.3 節と 2.4 節のように、キャリアパスとして似た道筋にある節はひとつにまとめています。反対に、5.1 節のマネージャ職はそれぞれが異なる性質とキャリアパスを持つため、分けて描いています。

　スタート地点は未経験者用です。これまでにコンピュータソフトウェア関連の経験やスキルがあれば、途中からスタートしてもかまいません。たとえば、システムの知識があればいきなりシステム管理者からスタートするのもありです。

　どの経路をたどってもかまいません。いくつか例を見てみましょう。

　システムエンジニア職の中でも外回りの多いフィールドエンジニア（2.2 節）から、IT 系の技術サポートエンジニア（3.3 節）に職種を変え、またシステム系である IT コーディネータに戻るキャリアパスです。共通しているのは顧客と直接対応するという点で、長所や価値観が人との交流にある人向けです。また、IT コーディネータは、過去の顧客とのつながりを生かしてフリーランスになる道でもあります。IT コーディネータに求められる広い見識と素養は、前段階のシステム系と IT 系の経験から得るという計画です。

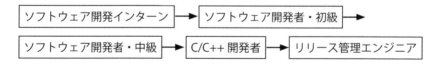

　最初の職はいずれもソフトウェア開発者（1.1 節）に属するプログラミング職です。つまり、同じタイプの中で順次レベルアップをしていきながらより専門性の高い職に向かっています。そこから先は一線のプログラミング職から退き、開発工程全体を管轄するリリース管理エンジニア（1.6 節）で落ち着きます。技術系管理職（5.1 節）に向かうのもありでしょうけど、上位の責任は負いたくない、あるいはエンジニアリングの世界にはとどまりたいという要求があるケースです。経歴によっては、同様にウェブ開発者（1.3 節）やデータベースエンジニア（2.3 節）に移行

するのもありです。

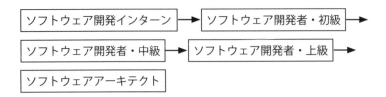

上記とほぼ同じですが、1.1 節の枠内だけで完結する生涯一線のエンジニアコースです。RPG でいえば、ずっと戦士という枠内で最終的には何でも倒せるバーサーカークラスにレベルアップしていくのに相当します。

目標がコンサルタントレベルであったとしても、新卒レベルでは相手にしてもらえません。そこで、まずは IT オペレータ（3.1 節）に進み、スライムを倒しながらレベルを稼ぎます。IT オペレータ業務を客観的に把握できるようになったら、IT オペレーションアナリスト（同 3.1 節）という分析的な技能が求められる職に進みます。しかし、これだけでは情報技術の中でも IT オペレーションに特化しすぎており、広い知識が求められるコンサルタントにはたどり着けません。そこで、システム系のシステムアナリスト（2.5 節）を経て、情報セキュリティに特化したコンサルタント（2.6 節）に進みます。そこで上がりでもよいですが、さらに法務知識を学び、IT コンプライアンスアナリスト（5.4 節）まで進むのもありでしょう。地位的にも給与的にも非常に高いレベルです。

ゲーム好きが高じてゲーム店の店員からスタートするというのもありでしょう（5.5 節）。プログラミングやシステム構築など技術的なレベルは上がりませんが、対人スキルと商品知識の吸収能力は上がるでしょう（何しろ売り物のゲームならなんでも知っていなければならないのですから、生半可な学習量ではないはずです）。

そこから営業エンジニア（2.1節）をへて、よりレベルの高い営業コンサルタント（2.6節）を目指します。

```
┌─────────────┐    ┌───────────────────────┐
│ ゲーム店店員 │──→ │ セキュリティエンジニア │
└─────────────┘    └───────────────────────┘
```

スタートは上記と同じですが、行き先はがらっと変わって技術色と専門性の強いセキュリティエンジニア（2.7節）です。2.7節のコラムでも書きましたが、セキュリティとゲームの相性は悪くはないのです。もっとも、技術的、数学的な素養がもともと高いことが前提です。

ゲームプログラマに進む道があってもよいとは思いますが、ゲームプレイとプログラミングはかならずしも一致しません。もちろん、ゲームプログラマには各種ゲームのプレイ経験があることが好ましいですが、逆が真であるとは限りません。

## ● キャリアパス上の障害と考え方

レベルアップあるいはクラスチェンジをするだけの能力や経験がなければ、当然、キャリアパスを順当に進めることができません。しかし、本人に目標とやる気があっても、能力や経験を積み重ねることのできない環境もないわけではありません。

たとえば、海外では10年以上同じ肩書のエンジニアも珍しくはありません。日本のように就業年数で自動的に昇進あるいは転属するわけではないからです。しかし、同じ業務ばかりでは、経験値は上がっても、他クラスの技能は身につきません。そうしたときは、意図的に目標に近い業務には率先して飛び込んだり、勉強をする必要があります。

日本では職種と職掌の定義があいまいなため、キャリアパスもあいまいになりがちです。つまり、外部からでも評価可能な専門性を高めなければならないのに、転属を繰り返していくうちに、何を専門にしているのかすら本人もわからないという状況に陥りがちです。自分の技能をつとめて明確化しなければ、道に迷ってしまうでしょう。

しかし、こうした日本の状況は、チャンスととらえることもできます。たとえば、普通のエンジニアが法務に携わることはまずありえません。しかし、広い技術知識を見込まれて特許部に2年ほど配属された、あるいは担当している新製品の

商標調査と登録を任されれば、新しいスキルを取得する機会になります。そうなると、一般のエンジニアの視野には入ってこないITコンプライアンスアナリスト（5.4節）の道も開けるかもしれません。

● **キャリアパス再訪**

　キャリアパスの描き方をここまで見てきましたが、今すべてを決定する必要はありません。やるやらないは別として、とりあえずやってみたいキャリアパスを描くだけでも十分です。

　6.2節末尾で述べたように、キャリアデザインの結果（長所、価値観、方向性、Want/Can/Must）は状況や時間が変われば変わってきます。もし、人生の転機が訪れたり、くじけそうになったり、チャンスが巡ってきたように思えたら、そのときの状況で最適になるようにキャリアパスを描きなおしましょう。1度はやったことなので、次にはより容易にできると思います。

　必要とされる、あるいは旬の技術も時代とともに変わるので、それに応じてキャリアパスも変更しなければなりません。今ではあたりまえになっているスマートフォンとアプリですが、iPhoneが発表されたのはほんの十数年前の2007年のことです。インタラクティブなアプリを構築するウェブ技術者は数の上ではマイノリティでしたし、そうした仕事もフロントとバックに分かれてはいませんでした。ソーシャルメディアを解析することでマーケティングに役立てる技術も一般的ではありませんでした。しかし、今ではそうした職種の求人のほうが従来型よりも旺盛です。10年前にこれらを予測してキャリアパスを描いた人はいないでしょう。ですから、新技術にアンテナを張り、旬の技術に対応できるよう、自分のキャリアパスを再構築することは重要なのです。

# 6.4　キャリア相談

　本節では、キャリアカウンセラーである筆者が大学生あるいは求職活動中の方のキャリア相談で受けた質問の中でも、本書のトピックであるコンピュータ関連職にかかわりのあるものを抜粋して掲載します。なお、相談内容はいずれも日本の就職環境に固有のものであり、他国には該当しないものもあります。

## 6.4 キャリア相談

● 専門性はどの程度要求されるのですか

大手総合コンピュータ企業の日本 IBM の採用ページは、「学歴よりも実力」と書いています。同様な外資系企業でも、実力主義の傾向はみられます。しかし、日本企業では大学での専門は、今もあまり重視されていないように思います。もっとも、大学教育をより実践的なものにするという方針が政府から打ち出されているので、これからは新卒レベルでも専門性が求められるようになってくると予想されます。

● どんな人物が求められているのでしょうか

一般に、採用側は同じ職場で働きたいと思える人を選びます。これは、同じ条件なら明るくて、前向きで、責任感があり、問題を乗り越える力があって、コミュニケーション力などが高いほうが有利なことを意味します。暗くてうしろ向きですぐ諦めて、しかも何を言っているのかわからないことが多い人とは、利害関係でもなければ友だちにはなりたくないのと同じです。もちろん、エンジニア職には高い技術スキルが求められるのですが、同程度の技術スキルならば、一緒に仕事がやりやすい人のほうが求められるのは当然のことです。

● 技術系でもコミュニケーション能力は求められるのでしょうか

程度によります。顧客と直接対する営業エンジニアやサポートエンジニアなら、コミュニケーション能力は重要視されるでしょう。プロジェクトマネージャやアナリストを目指すのであれば、単なるコミュニケーション能力以上の、調停力や交渉力も必要になるでしょう。反対に、研究成果が最重要な研究職、プログラムなど精緻な成果物が求められる開発職なら、コミュニケーションに問題があってもやっていけるでしょう。

なお、コミュニケーション能力＝話し上手ではありません。飲み会や日常会話で気の利いたことを言って話題をさらう人よりも、相手の話をよく聞き、言いたいこととその奥にある価値観に気づいてそれに誠意をもって答えられるような人こそが、ビジネスの場において必要とされる、本当の意味でのコミュニケーション能力が高い人といえるでしょう。

265

## 6 キャリアデザインの実践

- コンピュータ関連職では、自然科学系よりも情報工学系が優先されませんか

  大丈夫です。昨今では、理系文系を問わず、コンピュータで情報処理をすることが多くなっているからです。たとえば、化学専攻なら化学分析システムの設定や調整、社会科学ならフィールド調査データの解析のための SPSS や R、心理学ならコミュニティを表現するためのグラフ理論の知識を学んだといった経験は、ソフトウェア技術職で貴重なものと考えてもらえるでしょう。CG など自然現象のシミュレーションが求められる分野なら、物理出身は重宝されるでしょう。

  情報工学以外の専門性が顕著に出た求人では、その分野の専門性の高いほうがおそらく有利です。情報工学出身がコンピュータ業界に飛び込むのはある意味あたり前ですが、たとえば生理学出身でたまたまコンピュータに詳しい人材のほうがレアだからです。いずれにせよ、履歴書に示された経験と求人の要件がうまくマッチしているほうがよりチャンスが高いということです。

- 残業はどれくらいでしょうか

  学生さんからよくある質問です。これも、職種や職場環境によります。シフト時間が決まっているオペレータやサポート職であれば、残業の可能性は低いでしょう。その代わり、故障対応では深夜対応や直るまで帰れないこともあります。開発プロジェクトは時間やリソースの不足を残業で補うこともあるでしょう。端的にいえば、今も昔も残業はあり、なくなる気配はありません。将来、働き方改革がすみずみまで行きわたり、業務と職掌を明確にする習慣が根づけば、人員配分もより適切になり、残業も減ると思いたいです。

  なお、海外でも残業がないわけでありません。深夜であってもメールに対応する技術者も多くいます。また、仕事が増えてきたからと、ただでさえ忙しいところに追加の仕事を任せられることもないわけではありません。ただ、日本ほどその頻度が多くなかったり、そうしたことが度重なると転職してしまうことが多いというだけです。

# 6.5 おわりに

「プランド・ハップンスタンス」（planned happenstance）という、スタンフォード大学のジョン・D・クランボルツが発表したキャリア関係の考え方があります[1]。「計画された偶発性」という意味で、将来のキャリアパスはひとつに決定されるものではなく、8割は予想しない偶発のできごとによって変わるということです。

キャリアパスを描こうと言っておきながら、あとがきでそれはないだろうと思われるかもしれません。しかし、偶発的だからキャリアデザインは無意味だとはいっていません。これまでのできごとを思い出してください。学校を選んだときも、バイト先や就職先を決めたときも、誰かに会った、何かで読んだ、小耳にはさんだといったことがきっかけになってはいないでしょうか。偶発的なできごとや出会いも重要なのです。キャリアデザインとは、将来の目標に至る道を考えつつも、別の道やチャンスが到来したときにその機会を逃さないためのものなのです。

クランボルツは、そのために必要な5つの要素として好奇心、持続性、柔軟性、楽観性、リスクテイキング（冒険心）を挙げています。いつもさまざまな事柄に興味をもち、学び続ける。一度始めたら、途中で投げ出さない。物事を決めつけずに、こだわりを捨て、常に開かれた心を持つ。未来を信じる。そして、結果がわからなくても、行動してみる。これらを実践していくと、計画的に偶発のできごとを呼び込む、あるいは呼び込んだあとでそれを生かせるようになります。

キャリアデザインは、いつまでも完成することはありません。常に自分の過去の山と谷を振り返り、自分の長所を言語化し、価値観を再確認し、それをもとにWant を見出し、Can と Must を決めていく習慣をつけてください。人生の転機はいつやってくるかわかりません。そんなときに本書が少しでも役に立てば、これに勝る喜びはありません。

---

[1]　J. D. クランボルツ，A. S. レヴィン：「その幸運は偶然ではないんです」，ダイヤモンド社.

# 付　録

## A 認定資格

　コンピュータ関連の認定資格は数えきれないほどあります。本付録では、本書に
登場したものに限って列挙します。

- Bachelor
学士。大学学部を卒業した者に与えられる学位です。原則4年ですが、英国お
よびコモンウェルス諸国では3年で取得するパターンもあります。日本では
「学士」に続いて専門分野がカッコ書きで示されます。英語圏の略字表記では、
頭文字のBのあとに専攻分野が示されます。たとえば学士（計算機科学）は
BCS（Computer Science）、学士（理学）はBS（Science）あるいはBSc、学士（工
学）はBEあるいはBEng、学士（教養）はBA（Liberal Arts）です。

- British Computing Society（BCS）
英国計算機学会。コンピュータ関連の認証資格を多数提供しており、そのうち
のプロフェッショナル認証（Professional Certification）は英国圏の求人にし
ばしば登場します。英国およびコモンウェルス諸国のインドやオーストラリア
で求職するのなら、米国系よりもこちらがよいこともあるでしょう。

269

- Certified Anti-Money Laundering Specialist（CAMS）
公認 AML（マネーロンダリング防止）スペシャリスト。マネーロンダリングおよびテロ資金供与の対策、金融犯罪の検知、防止、統制の専門家を支援する協会と同名の認定資格です。

- Certified Ethical Hacker（CEH）
認定ホワイトハッカー。Ethical（道徳的な）というタイトルからわかるように、悪意ではなく、倫理的な活動としてハッキング（システムを設計された意図以外の方法で操作する技術）のできるセキュリティ技術者を認定します。米国のEC-Council（国際電子商取引コンサルタント協議会）が提供しています。興味をそそる素敵なネーミングですが、6時間の実地試験もあるハードなものです。しかも、CEH はまだエントリーレベルで、その先には中級（Advanced）と上級（Expert）が控えています。道は遠いです。
ちなみに、悪いハッカーはブラックハッカーといいます。

- Certified Fraud Examiners（CFE）
公認不正検査士。公認不正検査士協会（ACFE：Association of Certified Fraud Examiners）が提供する認定試験で、不正対策に重要な4つの分野（会計知識、法律知識、犯罪心理学、調査手法）の知識を証する資格です。

- Certified Information Privacy Professional（CIPP）
情報プライバシープロフェッショナル認証。国際プライバシー専門家協会（IAPP：International Association of Privacy Professionals）という米国の団体が提供しており、エントリーレベルにはこの他にもふたつの認定資格があります。

- Certified Information Security Manager（CISM）
公認情報セキュリティマネージャ。情報システム監査・コントロール協会（ISACA：Information Systems Audit and Control Association）が提供するマネージメントレベルの情報セキュリティの国際資格です。対象はセキュリティにかかわるマネージャ、役員、あるいはコンサルタントです。

付録 A 認定資格

- Certified Information Systems Auditor（CISA）
公認情報システム監査人。CISM と同じ ISACA が提供する情報システム監査に関連する専門資格です。

- Certified Information Systems Security Professional（CISSP）
情報システムセキュリティプロフェッショナル認証。国際情報システムセキュリティ認証協会（International Information Systems Security Certification Consortium）が提供する上級クラスの認定資格です。内容はリスク管理、資産の保全、セキュリティアーキテクチャとエンジニアリング、ネットワークセキュリティ、アクセス管理、評価とテスト、運用、ソフトウェア開発など多岐にわたります。

- Certified Internal Auditor（CIA）
公認内部監査人。米国内部監査人協会（IIA：The Institute of Internal Auditors）が提供する監査人のための認定資格で、内部監査の国際標準など基礎と実務の幅広い知識が試されます。コンピュータ技術とは直接関係ありません。

- Cisco Certified Internetwork Expert（CCIE）
ネットワーク機器会社の Cisco Systems が提供する、ネットワーク技術者認定の中でも最高レベルの資格です。8 時間の実技試験もある超難関試験で、世界中で約 5 万人しか所持していないとのことです。計算機科学博士は米国で年間約 2,000 人に授けられているので、レアさ加減でいったらこちらのほうが上かもしれません。
Cisco はこの他にもエントリーレベルからスタートする各種の認定資格を提供しています。いずれも CCIE 同様 CC（Cisco 認定）から始まるネーミングで、レベルは順に CCENT（Entry Network Technician）、CCNA（Network Associates）、CCNP（Network Professional）、CCIE（Internetwork Expert）です。ベンダー独自の試験ですが、ネットワーク技術を幅広くカバーしているため、Cisco 以外の環境でもネットワークの技能を示す資格としてよく利用されます。

271

- The Computing Technology Industry Association（CompTIA）
コンピューティング技術産業協会。米国にある IT 関連資格を認定する非営利の業界団体で、コンプティアと読みます。同名の認定資格をいくつも提供しており、たとえばコンピュータの基礎知識をカバーした CompTIA A+、ネットワーク関連の CompTIA Network+、サーバ技術を扱う CompTIA Server+、セキュリティ系の CompTIA Security、技術トレーナーの CompTIA CTT+（Certified Technical Trainer）などがあります。認定レベルも初級、プロフェッショナル、マスター、専門のように分かれており、このうち求人でよく求められているのは +（プラス）のついたプロレベルのものです。

- Disaster Recovery Institute International（DRII）
訳せば国際災害復旧協会になりますが、日本支部は DRI とだけ呼んでおり、定訳はないようです。地震や竜巻などの自然災害やテロなどの人災などが発生してもビジネス活動を継続するための指針、計画、システムの方法論や普及を図る団体です。（難易度順に）ABCP、CFCP、CBCP という認定資格試験も提供しています。それぞれ Associate Business Continuity Professional、Certified Functional Continuity Professional、Certified Business Continuity Professional の略です。

- Doctor of Science（DS）
博士（理学）。DSc や Sc D と略されます。通常は、理学部など理工学系の博士後期課程（3 年間）で必要単位を取得した上で博士論文を受理されてから授与されます。卒業したからといって自動的に博士になるわけではありません（博士号なしの場合、日本では単位取得満期退学という経歴がよく用いられますが公式のものではありません）。

- Information Technology Infrastructure Library（ITIL）
情報技術インフラストラクチャライブラリ。IT の運用管理（サービスマネージメント）の範例とすべき事例を示した英国の書籍です。数回改版されているためバージョン番号が付けられており、たとえば ITIL V2 はバージョン 2 を示します。この書籍をベースにした認定試験がいくつかの教育ベンダーから提供

272

されており、たとえば英国の AXELOS が提供する基礎試験に ITIL Foundation
Certificate があります。その次のレベルは分野別（オペレーション部門やリ
リース管理部門など）に分かれており、ITIL Intermediate Certifications や
ITIL Practitioner Certificates と総称されています。

● International Institute of Business Analysis Certificate（IIBA）
国際ビジネスアナリシス協会。ビジネス分析の啓蒙と推進を行うカナダの
非営利団体で、3 レベルに分かれた認定資格を提供しています。順に ECBA
（Early Certificate in Business Analysis）、CCBA（Certification of Capability
in Business Analysis）、CBAP（Certified Business Analysis Professional）です。
この協会はまた、BABOK（Business Analysis Body of Knowledge）というビ
ジネスアナリストのためのガイドブックも発行しています。

● Juniper Networks Certified Associate（JNCIA）
ジュニパーネットワークス認定アソシエイト。ネットワーク機器会社の
Juniper Networks の提供するベンダー独自の認定資格の中でも最もエント
リーレベルのネットワーク技術認定資格です。同業他社の Cisco Systems の認
定資格同様にレベル分けされており、資格名称の末尾がこれを示しています。
順に Associate、Specialist、Professional、Expert の 4 段階です。

● Juris Doctor（JD）
法務博士。D Jur とも略されます。Juris は正確には jurisprudence で「法学」
という意味です。博士とありますが、修士 2 年＋博士 3 年の過程ではなく、
学部卒から 2 ～ 3 年の専門職大学院を卒業すると得られます。日本だと法科
大学院卒相当です。

● Master of Science（MS）
修士（理学）。MSc とも略されます。4 年間の学部卒業後、理学部など理工学
系の修士あるいは博士前期課程（2 年間）を卒業した者に与えられる学位です。

273

- Microsoft Certified Professional（MCP）
  マイクロソフト認定プロフェッショナル。Microsoftが大量に提供している認定資格のひとつで、Microsoftのシステムを多用している職場環境でしばしば求められます。他にもMTA（Microsoft Technology Associate）という基礎レベル、MCSA（Microsoft Certified Solution Associate）という中級レベル、MCSDやMCSE（Microsoft Certified Solutionは共通で最後はそれぞれDeveloperとExpert）という上級レベルの資格もあります。それぞれ製品や分野ごとに資格があり、たとえばWindows Server管理者の資格はMCSA Windows Serverです。

- Oracle Certified Professional（OCP）
  オラクル認定プロフェッショナル。Oracleが自社製品のために提供する独自の認定資格です。Oracleには主力のデータベース、プログラミング言語のJava、顧客関連管理（CRM）のSiebel、Unix系OSのSolarisなど多様な商品があり、それぞれ認定資格があります。ベンダー独自資格ですが、その市場占有率の高さから、データベース資格の中でも有用なもののひとつと考えられています。

- Project Management Qualification（PMQ）
  プロジェクトマネージメント資格。英国のプロジェクト管理協会（APM：Association for Project Management）の提供するプロジェクト管理者の認定資格です。

- Project Manager Professional（PMP）
  プロジェクトマネージメントプロフェッショナル。米国のプロジェクトマネージメント協会（PMI：Project Management Institute）が提供するプロジェクト管理者の認定資格です。PMIはPMBOK（Project Management Body Of Knowledge）というプロジェクト管理ガイドも発行しており、試験はそこから出題されます。

- Red Hat Certified Systems Administrator（RHCSA）
  Red Hat認定システム管理者。Linux（Unix）ディストリビューションのひと

つである Red Hat が提供する、Unix システム管理者の技能を認定する資格です。先頭の RHC 以降の略字が難易度を示しており、標題の RHCSA は最も簡単なものです。RHCE(Engineer)は上級システム管理者に必要な高度なスキル、知識、および能力を認定するもの、RHCA（Architect）はそれよりもさらに上位のアーキテクトレベルの資格です。ベンダー独自資格ですが、Linux の基盤技術は他の Unix と広く共有されているため、Unix 技術者の資格として広く利用されています。

- Salesforce Certified Platform Developer
  Salesforce 認定 Platform デベロッパー。顧客関連管理（CRM）ソフトウェアを製造販売する Salesforce の提供するベンダー独自資格です。タイトル中の Platform はクラウドベースの Salesforce 製品を開発するためのプラットフォームを指し、カスタムアプリケーションを作成するときにこの知識が必要となります。Salesforce 社はこの他にも管理者、コンサルタント、アーキテクト向けの認定資格も提供しています。

- SAP Certified Associate
  SAP 認定アソシエイツ。企業資源計画（ERP）ソフトウェアを製造販売する SAP の提供するベンダー独自資格です。Certified と Associate の間に Application、Technology、Development など修飾子を挟むことで対象者を示したり、Associate のうしろに対象業務を加えたりと、いくつものバリエーションがあります。

- VMware Certified Associate（VCA）
  VMware 認定アソシエイト。仮想化ソフトウェア技術の大手 VMware が提供するベンダー独自資格です。Associate は最も初級レベルです。続くは VCP（VMware Certified Professional）、VCAP（Advanced Professional）で、ラスボスは VCDX（Design Expert）です。それぞれについてデータセンター、ネットワーク仮想化、クラウド管理などの専門分野が用意されています。

# B 雇用形態

　雇用者（会社）と被雇用者（従業員）との間には、各種の雇用条件を定めた雇用契約書（employment agreement）が交わされます。内容はそれぞれの国の労働法によりますが、おおむね以下の項目が記述されています。

- 職名（ポジション）
- 雇用形態
- 雇用場所
- 就業時間
- 被雇用者の義務
- 賃金
- 休日、休暇
- 雇用解除の条件
- 問題が生じたときの対処方法
- 制約条件

　本付録ではこのうち雇用形態について説明します。また、これに関連して雇用場所、就業時間、雇用解除条件について多少触れます。

- フルタイム正社員（Permanent – Full Time）
  日本では特別な事情のない限り、定年までフルタイムの雇用が継続される雇用形態が一般的です。英語ではこれを「永続的」（permanent）や「通常」（regular）と称します。米国でも無期契約には変わりはありませんが、「特別な事情」は緩く、頭数がだぶついた、業務成績がよろしくない、被雇用者に長い病欠が見込まれる、オフィスを閉じるなどの理由で会社側から契約を解除できます。ただし、事前のリードタイムは必要です（解約日の30日前に通知するなど）。
  ここで「フルタイム」（full time）は週40時間を指します。月〜金の週5日

なら 1 日 8 時間、休み時間を 1 時間挟むため、08:00 ～ 17:00 や 09:00 ～ 18:00 などの 1 日 9 時間就業となります。もっとも、米国の労働法では何時間をもってフルタイムとするかは定義していません（ただし週 40 時間以上には残業手当が要求されます）。

- 短時間正社員（Permanent – Part Time）
正社員と同じく無期契約ですが、労働時間が週 40 時間よりも少ない雇用形態です。日本では時間範囲は明示的ではありませんが、米国では週 20 時間から 30 時間が目安となっています。

- フルタイム契約社員（Fixed-term – Full time）
1 年や 2 年のように雇用期間が定まっている雇用形態です（有期雇用）。フルタイム正社員同様、労働時間は週 40 時間のフルタイムです。プロジェクトなど始まりと終わりがあらかじめ計画されている事業でよくみられます。
雇用期間に季節性のあるものは特に季節労働者（Seasonal Employee）といいます。収穫期の農業や繁忙期の商店の雇用でみられ、季節感のほとんどないコンピュータ系では馴染みがありません。

- パートタイム労働者（Fixed-term – Part Time）
フルタイム契約社員の短時間版です。臨時雇い（Casual Worker）ともいいます。日本でよくいうアルバイトやパート（両者に法律上の差異はありません）です。コンピュータ関係だと教育機関で講義単位で雇われる非常勤講師でよくみかけます。
パートタイムでは、年間の仕事量を示すためにしばしば FTE という単位が用いられます。Full-Time Equivalent の略で、意訳すれば「正社員換算」です。フルタイムの週 40 時間／日、年 52 週間（法定休日および有給休暇を含む）が 1 FTE です。1 日 4 時間で他はフルタイムと同じ働き方だと、0.5 FTE となります。

- ポスドク（Post-Doctoral Fellow）
博士研究員。博士号を取得後、会社や大学で修業を兼ねて任期制で働くポジ

ションです。教育や雑事に時間を割かれないので、博士課程在学時と同じように研究に専念できるというメリットがあります。逆に、任期が定まっているので、期間内に成果を上げなければ次はないとプレッシャーも高いです。この間深めた研究成果をもって大学の正職員に進むのが王道です。給与水準は欧米では高く、少なくとも大学新卒技術系正社員と同等レベルが期待できます（もちろん安いところもあります）。

- インターン（Intern）
特定の職種の経験を積むために組織に属して労働を提供する、主として就学中の大学生を対象にした雇用形態です。法的に制度化されていないため、内容や待遇は組織によって異なります。分類上は有期雇用に該当しますが、フルタイムもあればパートタイムもあります。時期は夏休みが多いですが、学期中のものもあります。給与については一部だけ支払われるという変則パターンもありますが、コンピュータ技術系では支払われるケースが多いようです。
インターンが得られる便益には次のものがあります。
  - 実務経験を積むことができる
  - 産業界で最先端の技術に触れることができる
  - 将来、その職種あるいは産業で働きたいかを見なおす機会が得られる
  - インターン先の組織あるいは関連分野の団体とのつながりができる
  - 卒業後には、無期雇用正社員に考慮してもらえることもある
  - 大学の単位として認められるケースもある

- 産学協同教育（Cooperative Education）
会社で働くことで実務経験を積ませる教育方法で、米語ではCo-Opsと略されます。インターンと似ていますが、授業の一環であるために大学側の主導でシステマティックに実行され、単位もつきます。日本でも教育実習、児童福祉実習、図書館司書実習など無試験で卒業後に資格が得られる分野で同等の制度がみられますが、米国のものは職業により幅があります。もちろん、コンピュータ業界のものも多数あります。

付録 B　雇用形態

- 在宅勤務（Work from Home）

オフィスに出社せず、自宅から業務をこなします。Telework や Telecommuting ともいいます。多くの業務が IT 化され、組織の IT 設備にどこからでもオフィス同様にアクセスできるようになったことから、在宅勤務を認める組織や部署は増えています。米国のとある推計では、30 〜 40% の労働者がなんらかの形で在宅勤務をしているようです（例によって、どのような母集団からのデータをどのように集計するかで値は異なります）。

雇用者にとって、在宅勤務には次のメリットがあるとされています。

- 通勤時間をなくすことで、疲労なしで業務に専念させられる（生産性の向上）
- オフィススペースや電力などのコストを削減できる
- ワークライフバランスを追及できるなど、潜在的な被雇用者にアピールするポイントが増える

デメリットは次のとおりです。

- コミュニケーションの機会が減る
- たとえば週 40 時間の労働時間が適切に守られているか判断できない
- 全組織的に施行していなければ不公平であるとの誹りを免れず、被雇用者のモラルが低下する

在宅勤務に向く職種として、しばしばソフトウェアプログラマやシステム管理者などが挙げられます。しかし、プログラマは他との頻繁な擦り合わせが必要な職業なので、ときおり遅く出社したり、1 日くらい行方不明でもかまいませんが、コンスタントな在宅勤務はあまり向くとは思えません。どちらかといえば、業務が定型的な事務員に向くと思います。


- 外勤（Field）

その名の示すとおり、オフィス外の現場（field）に出て仕事をするのが主です。2.1 節で見たように営業職でよくみられます。


- オンコールシフト（On-call shift）

土日休日深夜早朝を問わず、いつでも組織から業務に対応するように求められる勤務体系です。障害がいつ発生するか予期できないサポート関係、問題が数

秒でインターネット全体に波及するセキュリティ関連職でしばしばみられます。月曜から金曜の8時から17時といった通常の勤務がまったく要求されない完全なオンコールシフトな職も存在しますが、コンピュータ系では通常勤務の正社員に追加で求められるのが通例です。

オンコールシフトは、3人で1週間ずつ順番に担当するといった交代制が一般的です。シフト期間に複数名を割り当て、1名を先に連絡する主担当（primary）とし、残りを主担当との連絡が取れないときの副担当（secondary あるいは backup）とするシフト形態もあります。リモートアクセスが可能でなく、特定の場所に物理的に出向かなければならない業務では、シフト期間中はその場所から一定距離内にいなければならないという旅行制限が課せられるケースもあります。

手当や代休の扱いは、組織によって異なります。呼び出された分だけ補填するケースもあれば、呼び出しの有無にかかわらず給与に一定の手当を加えるスタイルもあります。深夜あるいは休日手当の有無もありますし、代休のあるなしもさまざまです。また、自宅から一次対応をしたり、出先で呼び出されることがあるため、自宅インターネットや携帯電話の費用が一部あるいは全額支給されることもあります。

付録 B　雇用形態

# ● 問題が生じたら

　求人情報と労働条件が異なっている、サービス残業が長期化している、パワハラ
やセクハラを受けているといった、労働上の重大な問題が生じているときには、ま
ずは相談をすることが大切です。

　以下、日本における労働問題に対する相談窓口のサイトを示します。いずれもタ
イトルを検索すれば見つかります。

● 総合労働相談コーナー（厚生労働省）
　全国 380 か所にある労働問題を対象とした相談窓口の所在地と連絡先が示さ
　れています。解雇、雇い止めから、賃金引き下げ、パワハラなどあらゆる問題
　に対応します。予約不要、無料です。どこに相談してよいのかわからないとき
　に相談するとよいでしょう。

● 労働相談ホットライン（全労連）
　上記と同じく労働問題に対応する電話相談窓口です。上記が公的機関によるも
　のなのに対して、こちらは労働組合組織である全国労働組合総連合が運営して
　います。同様の組織である日本労働組合総連合会（連合）には「なんでも労働
　相談ダイヤル」があります。

● NPO 法人 POSSE
　若者による、若者のための、労働および生活にかかわる相談に応じる NPO 法
　人です。たとえば、労働法の教育や、非正規雇用者の住居問題、奨学金の相談
　などの相談に応じます。

● みんなの人権 110 番（法務省）
　労働問題に限らず、差別や虐待、パワーハラスメントなど人権問題全般を対象
　とした電話相談窓口で、法律の観点から相談に乗ってくれます。運営は最寄り
　の法務局職員または人権擁護委員です。

281

- 法テラス(日本司法支援センター)
  弁護士や司法書士など法の専門家のアドバイスをある程度まで無料で提供するサービス(独立行政法人)です。対象は法全般ですが、当然これには労働問題も含まれています。

もちろん、労働法そのものについて知っておくことも大切です。以下、関連するサイトを示します。

- 知って役立つ労働法～働くときに必要な基礎知識～(厚生労働省)
  厚生労働省が編纂した若者向けの労働法解説ガイドブックです。60ページ近くある大部のものですが、これで労働法がだいたい理解できます。初めて就職する方なら、採用の際の労働契約や企業側が守るべき義務が書かれている第2章「働き始める前に」だけでも読んでおくとよいでしょう。

- これってあり？～まんが知って役立つ労働法Q&A～(厚生労働省)
  同じく厚生労働省の労働法解説ですが、マンガ版で、典型的な労働問題の場面を分かりやすく描いてあります。

# C 特典

特典（perks）は職場環境での便益、特別な休暇、金銭的な報酬など、給与や会社が拠出することが法で定められている社会保険料以外の便益を指します。Employee benefits（雇用者への便益）や fringe benefits（付加的な便益）ともいいます。有能な人材をひきつけ、また長く勤めてもらうための手段として、いろいろな特典が提供されています。しかし、日本では一般的な通勤手当、住宅手当あるいは家賃補助、市場価格よりも安く提供される社宅や独身寮、慶弔や災害に対する見舞金、財形貯蓄制度、社内預金は、海外ではほとんどみられません。

以下、求人でみかける特典をいくつか示します。

- ボーナス（Incentive）
  日本では給与の一部と考えられており、会社側が勝手には減額できないのですが、海外では会社の業績に応じたプラスアルファなので、ないこともあります。筆者の経験の範囲内では、だいたいベース給与の 10% 程度です。会社の業績が悪かった夏のボーナスは、ビーチタオルと砂遊びセットでした。

- 有給休暇（Annual leave、Paid time off）
  有給休暇のあるなしは国によって異なります。フルタイム労働者には、日本では年 10 日から 20 日が労働基本法で、ニュージーランドでは年 20 日が労働法でそれぞれ定められています。こうした規定のある国では有給休暇は特典ではありません。

米国はいわゆる先進諸国の中でも唯一有給休暇を労働者に付与しなければならないと法で定めていないため、有給休暇は特典と解されています。もっとも、たいていの会社は年に 10 日から 20 日程度を付与しています。日数は契約時点で何日と決められることもあれば、入社時の年度は 15 日だが年を経るにつれて一定まで暫時増加というパターンもあります。

- 育児休暇（Parental leave）

上述の有給休暇同様、国によって事情は異なります。米国には実は育児休暇がないので、求人には特典として記されます（具体的な日数まで明示されることはあまりありませんが）。ニュージーランドは 22 週が有給で、それ以降の 30 週が無給です。なお、2018 年 7 月にニュージーランド首相は 6 週間の育児休暇中を取得しました。業務は副首相が代行しました。

- サバティカル（Sabbatical）

10 年など長期間勤続した被雇用者に対し、2 か月から 1 年のように長期間職を離れることを認める制度です。休暇の使途は定められていないのが通例ですが、まとまった時間を使って新技術を学ぶのに用いられることが多いようです。無給なものもあれば、有給なものもあります。大学教員が授業から離れて研究に専念するいわゆる研究休暇が伝統的な例ですが、コンピュータ業界でも一般的になってきています。

- ストックオプション（Stock option）

自社株を購入する権利です。購入価格が購入権を提供された時点で固定されることが多いため、実際の購入時に株価が上昇していればそれだけで利益を確定できます。さらに、購入価格が市場価格から割り引かれていることもあり、購入してすぐ売却しても売却益が得られるメリットがあります。なお、ストックオプションの利益も給与所得の一部なので課税対象な点は注意が必要です。

末端の労働者にも業績向上に寄与するインセンティブが生まれるため、会社の成長と活性化のツールとしてよく用いられます。入社して数年は享受権が与えられないこともあれば、オプション取得から数年は売却できないという制約があるケースもありますが、これらは長期間勤続するよう仕向けるためにわざと

付録 C　特典

設定されています。

日本にも従業員持株制度という類似の制度がありますが、ストックオプションとは異なります。持株制度では一般的に、社内に持株会という組織が設立され、社員がこの組織に一定額を積み立てていく会員となり、組織が代表して自社株を購入します。換金時には、その組織が持株分に相当する金額を支払います。これに対し、ストックオプションは個人のもので、組織から株式を得た時点で個人のものとなるため、（一定の制約はあっても）任意の時点で売却でき、また退職後でも保有し続けることができます。

- 個人年金（Pension）

年金制度は国に応じて多様ですが、拠出が強制されるいわゆる「年金」は特典ではありません（名称が異なるだけで税金と同じです）。ここでいうのは被雇用者が任意に拠出し、雇用者がその一部を負担する個人タイプのもので、この雇用者負担分が特典にあたります。雇用者分は収入として所得税の対象となりますが、どの国でも何らかの軽減策が設けられています。

労使が拠出したおカネはどこかのファンドに作成した口座に入金され、退職時期になったらそこから定期的に引き出されるのが一般的な利用形態です。途中で下ろせないのが一般的ですが、年金と異なり、そこにあるおカネはすべてその人のものです。米国の確定拠出個人年金（401k）が有名ですが、どの会社でも提供しているわけではありません（だからこそ特典なわけです）。

- 医療保険費（Medical care、Health plan）

国営の健康保険のカバー範囲が狭い国では、私営の医療保険プロバイダとの契約が必要となり、それは当然自腹です。そのため、その費用を一部あるいは全額補助するという特典はポピュラーです。一定額を現金で給付、会社が団体加入している医療保険プロバイダとの契約の一部あるいは全額の負担などいろいろなパターンがあります。現金給付は課税対象となるため、実質目減りするというデメリットがあります。団体加入では、自分が加入している保険をやめて新たにその保険に入り直さなければなりません。医療保険プロバイダ名を明記した求人もあります。

インフルエンザの予防接種など単発の費用負担もあります。

285

- 転勤費用（Relocation package）
  採用にともなって現在の居住地から引っ越さなければならないとき、その費用を一部負担してくれます。パッケージ、つまり「ひとまとめ」とあるのは、引越費用にはいろいろな細目があるからです。転勤先での家探しのための旅費や宿泊費、現住所の家の売却と新居の購入にかかわる不動産売買手数料、配偶者の仕事探しの費用、移動および引越費用、新居が決まるまでの仮住居の家賃などが考えられます。
  おもしろいのは、そうした費用負担はわりとよくみかけるのに、支払いますよと明示している求人はあまりみかけないところです。おそらく、給与や条件の交渉中に勝ち取るものなのでしょう。逆に、引越費用は一切負担しません、と書いている求人はときどきみかけます（大学や官公庁など税金で運営されている組織は特にその傾向が強いように思えます）。
  なお、この特典は新規採用時のものです。日本で毎年のように飽きもせずやっている在籍中の転勤のための費用負担はほとんど聞きません。本人がそう希望する、あるいは所属部署の所在地そのものが遠方に引っ越してしまう以外では転勤はめったにないからです。

- 健康維持（Health and wellness）
  会社にフィットネスセンターなどの健康維持施設がある場合はそれを無償で利用でき、なければフィットネスクラブやスイミングクラブにかかる費用を全額、あるいは一部負担してくれます。健康オタクが多い米国の求人では頻繁にみかけます。

- 教育補助（Personal / professional development）
  個人のスキル、キャリア開発の目的で外部の教育機関での学習費用を補助する制度です。書籍、授業、クラウドアカウントなどネットワークサービス、（有償の）開発者コミュニティなどのオンラインサービスを社員なら誰でも利用できるように大口契約をしているというのもこの特典の一形態です。分野を問わない太っ腹な会社もありますが、たいていは業務に関連したものが中心でしょう。なお、社内の業務トレーニングや認定資格試験の受講料は含まれません（それらは業務であり特典ではありません）。

## 付録 C 特典

- 通信費補助（Internet / mobile / phone）
個人のインターネットアクセスや電話の費用を補助するものです。個人用途で
あって社用ではない点に注意してください。たとえば、業務の一環で 24 時間
対応が求められるのなら、通信費は会社が全額負担します。では、自宅勤務な
ら全額払ってもらえるのかというと微妙なようです。歩合給の営業職では全額
自腹のことが多いようです。

- 交通費（Commuter assistance）
普通はありません。しかし、役員クラスになれば会社付近の駐車場を取っても
らったり（会社が都市に所在しているとき）、車を提供してもらったりするこ
ともあるようです。エンジニアに関係ありそうなのはバス定期くらいです
が（米国で電車のある都市は限られています）、交通費補助というよりは、自
家用車の抑制を目指した社会支援活動の色彩が強いです。

- チャリティ補助（Charity）
指定のチャリティ団体に会社が寄付をするというものです。対象となる団体に
は一般に制約があります。これも、雇用者と被雇用者の折半の形式が多いよう
です。

- 自社製品・サービス割引（Discount）
これは日本の製造業でもあるので、わかりやすいでしょう。使わないものをも
らうよりは現金が好ましいのはいうまでもありませんが、愛社精神の涵養が主
眼なので仕方がありません。

- 社内イベント（Event）
「飲みにケーション」が好きで「社員は家族」がモットーな古典的な日本企業
には、歓送迎会、忘年会、新年会、ゴルフコンペを含めた会社あるいは部署主
催のイベントが多くありますが、海外でもこれを売りにしている会社もありま
す。社員だけのリクリエーションイベントはもちろん、その家族も招くファミ
リーイベントや地域社会を巻き込むコミュニティイベントもあります。日本と
違うのは、参加強制ではないのと、会社がすべてのコストを負担するという点

287

です（呑み代不要）。もっとも、勤務時間中ならよいですが、夜や週末の集まりであっても残業代はつきません。

- 社内のドリンク（Drink）
  
  従業員に無料の飲料を提供するのは、羽振りのよい会社ではあたりまえの風景です。日本でも外資系では一般的です。
  
  飲料をふるまうのには、社員満足度の他にもコストが絡んでいます。たとえば、時給30ドルの従業員が2分かけてコーラを買いに出たとしたら、その損失は1ドル。コーラ1缶とほぼ同等です。もちろん、2分で買い物ができるにはよほど立地がよくなければならないので、損失額は一般により大きいでしょう。また、高給取りに皿洗いをさせるくらいなら、洗い物不要のペットボトル飲料を置いたほうが明らかに安くつきます。
  
  Stocked kitchen（買い置きありのキッチン）とも呼ばれます。これは食器、給湯器、流し台、食洗器を備えたキッチンはどのオフィスにもたいていあるので、飲料やスナック類が常備されていることを明示するための言い回しです。ヘルシーなドリンクとフードをそろえていますという求人もみましたが、さすがは健康オタクの多い国です。ランチ、スナック、はたまた夕食まで提供してくれるという剛毅な特典もありますが、夕食って、それ残業しろってことですかねぇ。
  
  金曜日になると15時以降に会社がビールをふるまう行事もしばしばみかけますが、特典として明記している求人は見たことがありません。おそらく、特典というよりは会社のカルチャーだからでしょう。

- 犬（Dog friendly office）
  
  特典と呼んでよいのか迷うところですが、会社に犬を連れてきてよいという制度です。
  
  筆者が勤務している雑居ビルのとある会社もこれを実施しているようで、犬が飼い主とともにいそいそとエレベータに乗り込むところがみかけられます。昼時の散歩中に話しかけたところ、なんと、飼い主ではない別の社員が連れ出していたとのこと。仲のよい職場で何よりだと思います。
  
  それにしても、猫はダメという規則があるのかないのか、筆者は猫を連れた人

をみかけたことは今まで一度もありません。Cat friendly office をご存知の方はご一報ください。

# D キャリアデザインツールキット

● ライフラインチャート

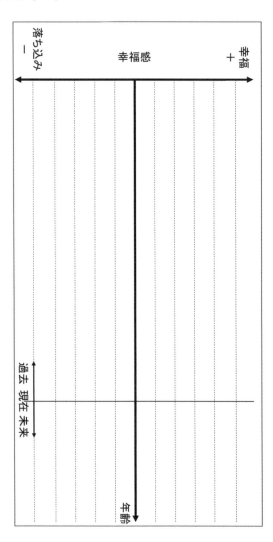

付録 D　キャリアデザインツールキット

## ● バリューカード

コピーして、線に沿って切り離して使えます。
＜使い方＞
1. カードを自分にとって重要な順に並べ、順位を□に記入。
2. 下の罫線の欄に、その順番に並べた理由を文で書く。
3. 文を眺め、自分の価値観を考えてみる。

| | |
|---|---|
| | □ 協調性 |
| □ 他者への影響力 | □ 自立性 |
| □ 権威/責任 | □ 公共性/公益性 |
| □ 社会的評価 | □ 多様性 |
| □ 報酬と豊かな生活 | □ 個性の発揮 |
| □ 安全性/安心感 | □ 美的追及 |
| □ プライベートの時間 | □ 秩序/完璧性 |
| □ 身体的活動 | □ リスク/冒険性 |

この順番に
並べた理由

● **Want-Can-Must 図**

あなたは将来のために
Want 何をしたいか？
Can 何ができるか？
Must 何をすべきか？

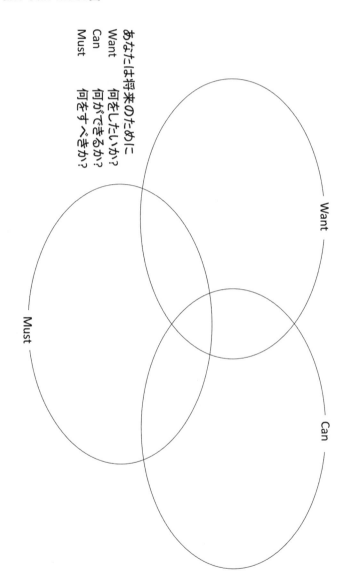

# 索引

## 数字

| | |
|---|---|
| 3 次元体積データ | 44 |
| 3DCG | 49 |
| 3DCG エンジニア | 49 |

## A

| | |
|---|---|
| A/B テスト法 | 218 |
| ACFE | 270 |
| AI | 177 |
| AML スペシャリスト | 235 |
| API | 31 |
| API 開発者 | 31 |
| APM | 274 |
| AR | 48, 50 |

## B

| | |
|---|---|
| BABOK | 105, 273 |
| BCS | 269 |
| Boost | 18 |

## C

| | |
|---|---|
| C++ | 20 |
| C/C++ | 5, 17 |
| C/C++ 開発者 | 17 |
| CAE | 123 |
| CAE エンジニア | 123 |
| CAMS | 270 |
| CCIE | 271 |
| CDN | 13 |

| | |
|---|---|
| CEH | 270 |
| CFE | 270 |
| CG | 187 |
| CI/CD | 13 |
| CIA | 271 |
| CIO | 208 |
| CIPP | 270 |
| CISA | 271 |
| CISM | 270 |
| CISSP | 271 |
| COBOL | 5, 19 |
| COBOL・メインフレーム開発者 | 19 |
| CompTIA | 272 |
| CRM | 97 |
| CRM エンジニア | 97 |

## D

| | |
|---|---|
| DBMS | 82 |
| DevOps エンジニア | 165 |
| DPO | 232 |
| DRII | 272 |

## E

| | |
|---|---|
| e スポーツ | 237 |
| EDR | 70 |
| EHR | 100 |
| EHR エンジニア | 100 |
| ERP | 99 |
| ERP エンジニア | 99 |

293

| | | | | |
|---|---|---|---|---|
| ETL | 87 | IT コーディネータ | 168 |
| ETL プログラマ | 87 | IT コンプライアンスアナリスト | 229 |
| | | IT サポートコーディネータ | 169 |
| **F** | | IT 資産管理 | 141 |
| FPS | 26 | IT 資産管理オペレータ | 141 |
| | | IT システム導入オペレータ | 139 |
| **G** | | IT 担当取締役 | 208 |
| GDBR | 231 | IT 調達コーディネータ | 169 |
| GDPR | 232 | IT プログラマ | 22 |
| Go | 21, 85 | IT 変更管理マネージャ | 206 |
| GPA | 118 | IT 変更コーディネータ | 169 |
| GPGPU | 26 | ITAM | 141 |
| GPU | 26 | ITIL | 207, 272 |
| GPU プログラマ | 26 | | |
| | | **J** | |
| **H** | | JNCIA | 273 |
| HIPPA | 231 | | |
| | | **L** | |
| **I** | | LISP | 179 |
| i18n | 59 | LLVM | 180 |
| ICT | 131 | LMS | 221 |
| IIA | 271 | | |
| IIBA | 273 | **M** | |
| ILR | 215 | MCP | 274 |
| IoT | 28 | MITAM | 141 |
| IoT サポートエンジニア | 163 | | |
| IoT ソフトウェアエンジニア | 28 | **N** | |
| IPAM | 71 | NetOps | 165 |
| ISACA | 270 | NOC | 137 |
| IT | v, 131 | NoSQL | 84 |
| IT エンジニア | 132 | NoSQL データベースエンジニア | 84 |
| IT オペレーションアナリスト | 143 | | |
| IT オペレータ | 134 | | |

## O

OCP ............................................ 274

## P

PCI ................................... 170, 231
PKI ............................................... 70
PM ............................................. 200
PMBOK .................................... 274
PMI ........................................... 274
PMQ .......................................... 274
PoC ............................................. 68
Python ........................... 5, 16, 20, 179
Python 開発者 ............................ 16

## Q

QA ............................................... 54

## R

REST ........................................... 37
RFP ............................................. 69
RHCSA ...................................... 274
RMA ......................................... 142
RPA ................................... 127, 239
RPA スペシャリスト ................. 127

## S

SaaS ............................................ 99
Salesforce .................................... 97
SAP ..................................... 99, 275
SDS ............................................. 72
SE ............................. v, 66, 132, 154
SEO ........................................... 218
SEO スペシャリスト .................. 218

SOX .......................................... 231
SQL ............................................. 86
SQL プログラマ ......................... 86
SRE .......................................... 122
SSAE 16 ................................... 231
Stack Overflow ........................... 21

## U

UI ............................................... 57
UI/UX コピーライター .............. 216
UI/UX デザイナー ...................... 57
Unity .......................................... 25
Unreal Engine ............................. 25
UX ............................................. 57

## V

VCA .......................................... 275
VFX パイプラインエンジニア .............. 128
VR ....................................... 48, 50
VR エンジニア .......................... 50

## W

Want-Can-Must 図 ............... 253, 292
WebTrust .................................. 231

## あ

アーキテクト ............... 13, 75, 89, 91, 117
アカウント ................................. 74
アカウント営業エンジニア ......... 74
アカウントサポートエンジニア ............ 160
アカウント担当 .......................... 74
アセット .............................. 25, 220
アナリスト ............................... 102

295

| | | | |
|---|---|---|---|
| アナリストプログラマ | 22 | | |
| アプリケーション | 4 | | |
| アプリケーションアーキテクト | 75 | | |
| アプリケーション開発者 | 4 | | |
| アルバイト | 277 | | |
| イメージアナリスト | 186 | | |
| イメージング | 187 | | |
| イメージングサイエンティスト | 186 | | |
| 医用生体工学 | 196 | | |
| 医療保険 | 285 | | |
| インストラクター | 223 | | |
| インターン | 5, 6, 103, 278 | | |
| ウェブ開発者 | 34 | | |
| ウェブ管理者 | 152 | | |
| 営業エンジニア | 66, 71 | | |
| 営業コンサルタント | 111 | | |
| 営業システムエンジニア | 66 | | |
| 営業ソリューションアーキテクト | 75 | | |
| エスカレーションエンジニア | 160 | | |
| エミュレータ | 24 | | |
| 遠隔医療サービス | 139 | | |
| エンタープライズアーキテクト | 75 | | |
| エンタープライズアカウントマネージャ | | | |
| | 74 | | |
| エンタープライズソフトウェア | 96 | | |
| エンタープライズソフトウェアエンジニア | | | |
| | 96 | | |
| エンドポイント検出・対応 | 70 | | |
| オーディオ信号処理エンジニア | 41 | | |
| オープンソースソフトウェア | 32 | | |
| オンライン経験デザイナー | 216 | | |

## か

| | |
|---|---|
| 外勤 | 279 |
| 概念実証 | 68 |
| 開発工程管理 | 52 |
| 開発職 | 163 |
| カウンセル | 228 |
| 学士 | 269 |
| 拡張現実 | 48 |
| カスタマーサポートエンジニア | 77 |
| 仮想化 | 148 |
| 仮想化システム管理者 | 148 |
| 仮想現実 | 48 |
| 画像処理 | 42, 185 |
| 画像処理エンジニア | 42 |
| 画像処理サイエンティスト | 185 |
| 価値観 | 248 |
| 環境地図 | 47 |
| 関数型言語 | 34 |
| 企業資源計画 | 99 |
| 技術営業エンジニア | 66 |
| 技術サポートエンジニア | 154 |
| 技術サポートエンジニア・レベル1 | 158 |
| 技術サポートエンジニア・レベル2 | 160 |
| 技術サポートエンジニア・レベル3 | 161 |
| 技術助監督 | 167 |
| 技術マネージャ | 199 |
| キャリア | 242 |
| キャリアデザイン | 242 |
| キャリアパス | 258 |
| 休暇 | 283, 284 |
| 教育 | 220 |
| 教育支援システム | 221 |
| 教材開発者 | 222 |

296

索 引

| | |
|---|---|
| 業務継続計画 | 15 |
| 組み込み | 23 |
| 組み込みソフトウェアプログラマ | 23 |
| クライアント開発者 | 36 |
| クラウド | 120 |
| クラウドエンジニア | 120 |
| グラフィックスエンジニア | 48 |
| クロウラー | 219 |
| クロスコンパイラ | 24 |
| 経営情報システム | 202 |
| 計画された偶発性 | 267 |
| 計算化学サイエンティスト | 194 |
| 計算言語学 | 184 |
| 契約社員 | 277 |
| ゲーム店店員 | 237 |
| ゲームプレイプログラマ | 25 |
| ゲノム解析 | 10 |
| 研究サイエンティスト | 174 |
| 言語化 | 244 |
| 言語の熟達レベル | 215 |
| 検索エンジン最適化 | 218 |
| 公開鍵基盤 | 70 |
| 高可用性 | 149 |
| 交通費 | 287 |
| 顧客関係管理 | 97 |
| 顧客サービス担当 | 157 |
| 国際化 | 59 |
| 国際化エンジニア | 59 |
| 国籍条項 | 46 |
| コンサル | 110 |
| コンサルタント | 109 |
| コンテンツ開発者 | 210 |
| コンテンツ管理システム | 59 |

| | |
|---|---|
| コンテンツデザイナー | 210 |
| コンテンツデリバリネットワーク | 12 |
| コンパイラ開発者 | 33 |
| コンピュータ科学 | v, 171 |
| コンピュータグラフィックス | 48, 187 |
| コンピュータグラフィックスサイエンティスト | |
| | 187 |
| コンピュータサイエンティスト | 172, 175 |
| コンピュータ支援エンジニアリング | 123 |
| コンピュータビジョン | 43 |
| コンピュータビジョン研究者 | 186 |

## さ

| | |
|---|---|
| サーチエンジンマーケティング | 219 |
| サービス水準合意 | 139, 144 |
| サービススペシャリスト | 154 |
| 災害復旧 | 15 |
| 最高技術責任者 | 208 |
| 最高情報責任者 | 208 |
| 最高ディジタル責任者 | 208 |
| 在宅勤務 | 279 |
| サイト信頼性エンジニア | 122 |
| サポート技術者 | 154 |
| サポートスペシャリスト | 154 |
| シェーディング | 49 |
| シェーディング記述言語 | 52 |
| ジェネラルカウンセル | 228 |
| シスアド | 145 |
| システムアナリスト | 108 |
| システム管理者 | 145, 146 |
| システム設置エンジニア | 80 |
| 自然言語処理 | 183 |
| 自然言語処理サイエンティスト | 183 |

297

| | | | |
|---|---|---|---|
| 自然言語理解 | 183 | 潜在意味解析 | 184 |
| 自動運転 | 46 | 層 | 117 |
| 自動運転エンジニア | 46 | ソフトウェアアーキテクト | 13 |
| シフト | 279 | ソフトウェアエンジニア | 2 |
| 社会科学系コンピュータサイエンティスト | | ソフトウェア開発インターン | 6 |
| | 196 | ソフトウェア開発者 | 4 |
| 修士 | 273 | ソフトウェア開発者・上級 | 10 |
| 上級サポート職 | 163 | ソフトウェア開発者・初級 | 7 |
| 上級商標カウンセル | 229 | ソフトウェア開発者・中級 | 9 |
| 情報科学 | 64 | ソフトウェア工学 | v, 1 |
| 情報技術 | v, 131 | ソフトウェア信号処理エンジニア | 45 |
| 情報コミッショナーオフィス | 233 | ソフトウェアテストエンジニア | 54 |
| 情報システム | v, 63 | ソフトウェアビルドエンジニア | 53 |
| 情報システムエンジニア | 64 | ソリューション | 75 |
| 情報セキュリティコンサルタント | 114 | ソリューションアーキテクト | 75 |
| 職級 | 5 | ソリューションエンジニア | 67 |
| 信号処理 | 40 | | |
| 人工知能 | 177 | **た** | |
| 人工知能サイエンティスト | 177 | 対外コンサルタント | 113 |
| 人工知能サイエンティスト（応用） | 182 | タイピスト | 240 |
| 人事部 | 158 | 単著 | 197 |
| 深層学習 | 176 | 知的財産 | 225 |
| 推薦状 | 95 | 知的財産パラリーガル | 225 |
| 数値化 | 104 | チューニング | 82 |
| スタック | 39 | 長所 | 244 |
| 正社員 | 276 | 通信システムサイエンティスト | 191 |
| 製品知的財産カウンセル | 229 | 通信料金分析担当 | 237 |
| 生物計算学 | 196 | ディープラーニング | 176 |
| 生物計算学サイエンティスト | 195 | ディールアドバイザリー | 151 |
| 生命情報学 | 10 | ディザスターリカバリー | 15 |
| セキュリティエンジニア | 125 | ディジタルコンテンツクリエータ | 210 |
| セキュリティとゲーマー | 126 | ディプロイメント | 80 |
| 設置 | 80 | 提案依頼 | 69 |

| | | | |
|---|---|---|---|
| データアーキテクト | 89 | ドメイン名 | 229 |

| | | |
|---|---|---|
| データアナリスト | 103 | **な** |
| データエンジニア | 81 | ナレッジグラフ ... 13 |
| データサイエンス | 189 | ネットワークオペレーションセンター 137 |
| データサイエンティスト | 91, 189 | ネットワークオペレータ ... 137 |
| データ入力事務員 | 239 | ネットワーク管理者 ... 151 |
| データプロダクト | 104 | ネットワークシステムエンジニア ... 117 |
| データベースエンジニア | 81, 83 | 年金 ... 285 |
| データベース管理システム | 82 | |
| データベース管理者 | 149 | **は** |
| データベース正規化 | 93 | パーティクルシステム ... 52 |
| データベースプログラマ | 86 | パート ... 277 |
| データ保護責任者 | 232 | パイプライン ... 49, 128, 167, 213 |
| データモデラー | 92 | 博士 ... 172, 182, 272 |
| テープ | 136 | バックエンド ... 35 |
| 適応的ウェブデザイン | 37 | バックエンド開発者 ... 37 |
| テクスチャ | 49 | バックエンドサポート ... 161 |
| テクニカルアーティスト | 51, 219 | パラリーガル ... 225 |
| テクニカルコミュニケータ | 210 | バリューカード ... 248, 291 |
| テクニカルライター | 210 | ピープルマネージャ ... 199 |
| デジタル信号処理エンジニア | 40 | ビジネスアナリスト ... 104 |
| デジタル法科学者 | 234 | ビジネスアナリティクス ... 105 |
| デスクトップサポート | 154 | ビジネスインテリジェンスアナリスト |
| テスト自動化エンジニア | 54 | ... 104 |
| テレエクジスタンス | 48 | ビジネスインテリジェンスエンジニア |
| テレサポ | 139, 157 | ... 94 |
| 転機 | 242 | ビジネスインテリジェンス開発者 ... 94 |
| 電気通信エンジニア | 117 | ビジネスシステムアナリスト ... 108 |
| 電子医療記録 | 101 | ビジネスプロセスアナリスト ... 107 |
| 電子健康記録 | 100 | ビルド ... 53 |
| 統計技術者 | 189 | 品質管理 ... 54 |
| 動的言語 | 34 | ファーストパーソンシューター ... 26 |
| 特許分類付与担当 | 227 | |

| | | | |
|---|---|---|---|
| フィールドエンジニア | 77 | 方向性 | 252 |
| フィールドサービスエンジニア | 77 | 法務 | 225 |
| フィールドシステムエンジニア | 77 | 法務博士 | 273 |
| ブートキャンプ | 224 | ボーナス | 283 |
| ブランド・ハップンスタンス | 267 | ポスドク | 277 |
| プリセールスエンジニア | 68 | ポストセールスエンジニア | 69 |
| フルスタック | 39 | 翻訳家 | 214 |
| フルスタック開発者 | 39 | 翻訳支援ツール | 213 |
| プログラマ | 4, 7, 132 | | |
| プログラマアナリスト | 22 | **ま** | |
| プログラマライター | 211 | マークアップ言語 | 36 |
| プログラミング言語サイエンティスト | 179 | マネージドサービス | 159 |
| プログラム | 56, 204 | マネージャ | 199 |
| プログラムマネージャ | 204 | マネーロンダリング防止 | 235, 270 |
| プロジェクト | 204 | マルチレベルセキュリティ | 126 |
| プロジェクトマネージャ | 200 | メインフレーム | 19, 136 |
| プロセス改善エンジニア | 107 | メモリ境界外アクセス | 180 |
| プロダクト | 203 | モデルベース推論 | 179 |
| プロダクトマネージャ | 203 | | |
| ブロックチェーン | 30 | **や** | |
| ブロックチェーンエンジニア | 30 | ユーザインタフェース | 57 |
| プロビジョニング | 139 | ユーザインタフェースサイエンティスト | |
| フロントエンド | 35 | | 192 |
| フロントエンド開発者 | 36 | ユーザ経験 | 57 |
| フロントエンドサポート | 158 | ユーザ経験ライター | 210 |
| 分散台帳技術 | 30 | 容量計算 | 71 |
| 米国愛国法 | 236 | | |
| 米国自由法 | 236 | **ら** | |
| 米国障害者法 | 218 | ライフラインチャート | 244, 252, 290 |
| 米国特許商標庁 | 228 | ラインマネージャ | 199 |
| ヘッドマウントディスプレイ | 50 | 立体音響 | 48 |
| ヘルプデスク | 154 | リリース | 55 |
| 変更管理 | 206 | リリース管理エンジニア | 55 |

索引

リリーストレイン ............................ 56
リリーストレインエンジニア .................... 56
リレーショナル型 ............................ 83
レイトレーシング ............................ 49
レイヤー ................................... 117
ローカライゼーション .................... 47, 212
ローカライゼーションスペシャリスト
....................................... 212
ロボティックス .............................. 43

## わ

ワークフロー ......................... 10, 107
ワークフローアナリスト ..................... 107

## ■ 著者プロフィール

### 豊沢 聡（とよさわ・さとし）
主文担当。
国際基督教大学（ICU）を卒業後、電話会社や教育機関をはしごした後、現在はコンピュータネットワークエンジニア。博士(国際情報通信学)。著書、訳書、監修書は、これで 30 冊目。主な著作に「実践 Java インターネットプログラミング」（カットシステム，2002）、「コマンドで理解する TCP/IP」（アスキー・メディアワークス，2008）、訳書に「IPv6 エッセンシャルズ第 2 版」（オライリー・ジャパン，2007）、「詳細イーサネット第 2 版」（オライリー・ジャパン，2015）、監修書に「実践 OpenCV 3 for C++」（カットシステム，2017）、監訳書に「Fluent Python」（オライリー・ジャパン，2018）がある。

### 大間 哲（おおま・てつ）
キャリアデザイン担当。
国際基督教大学（ICU）理学科物理専修卒業。法政大学大学院キャリアデザイン学修士。外資系大手コンピュータ会社にてエンジニア・スペシャリストを経験後、人事教育部門にて社内プロフェッショナル制度の構築、技術者の育成を担当。その後、大学職員を経て、現在はキャリアコンサルティング事務所 B. P. プランニング代表。国家資格キャリアコンサルタントの指導や更新講習の講師、大学、高校、企業や病院等のキャリアデザイン講師を務める。訳書（共訳）に「交渉学ノススメ」（生産性出版，2017）がある。クリスチャン。

### 加藤 ゆきの（かとう・ゆきの）
イラスト担当。
国際基督教大学（ICU）アーツ・サイエンス学科卒業。公益財団法人職員のかたわら、作画に努める。幼少期から絵を描くことが好きで、中学の友人からの「あなたの絵は人を笑顔にする」という言葉をきっかけに、誰かのために絵を描くことを志す。キャンプ、ジャグリング、演劇、ボール遊び、かくれんぼが趣味。尊敬する作家はさくらももこ。

## 情報処理エンジニア職業ガイド
### プログラマ・IT エンジニア・SE のためのキャリアデザイン

2019 年 8 月 28 日　　　初版第 1 刷発行

| | |
|---|---|
| 著　者 | 豊沢 聡／大間 哲 |
| イラスト | 加藤 ゆきの |
| 発行人 | 石塚 勝敏 |
| 発　行 | 株式会社 カットシステム |
| | 〒 169-0073 東京都新宿区百人町 4-9-7　新宿ユーエストビル 8F |
| | TEL （03）5348-3850　　FAX （03）5348-3851 |
| | URL　http://www.cutt.co.jp/ |
| | 振替　00130-6-17174 |
| 印　刷 | シナノ書籍印刷 株式会社 |

本書に関するご意見、ご質問は小社出版部宛まで文書か、sales@cutt.co.jp 宛に
e-mail でお送りください。電話によるお問い合わせはご遠慮ください。また、本書の内容
を超えるご質問にはお答えできませんので、あらかじめご了承ください。

■ 本書の内容の一部あるいは全部を無断で複写複製（コピー・電子入力）することは、法律で認められた
　場合を除き、著作者および出版者の権利の侵害になりますので、その場合はあらかじめ小社あてに許
　諾をお求めください。

© 2019 豊沢 聡／大間 哲

Printed in Japan　ISBN978-4-87783-463-0